新时代
城市文化建设
武汉探索与实践

詹一虹 侯 顺 杨 雯 孙传明／著

知识产权出版社

全国百佳图书出版单位

—北京—

图书在版编目（CIP）数据

新时代城市文化建设：武汉探索与实践/詹一虹等著. —北京：知识产权出版社，2021.12

ISBN 978 – 7 – 5130 – 7888 – 7

Ⅰ. ①新… Ⅱ. ①詹… Ⅲ. ①城市文化—建设—研究—武汉 Ⅳ. ①G127.631

中国版本图书馆 CIP 数据核字（2021）第 237809 号

责任编辑：冯　彤　　　　　　　　　　　责任校对：潘凤越
封面设计：杨杨工作室·张冀　　　　　　　责任印制：孙婷婷

新时代城市文化建设
——武汉探索与实践

詹一虹　侯　顺　杨　雯　孙传明　著

出版发行：知识产权出版社 有限责任公司	网　　址：http://www.ipph.cn		
社　　址：北京市海淀区气象路 50 号院	邮　　编：100081		
责编电话：010 – 82000860 转 8324	责编邮箱：caihong@cnipr.com		
发行电话：010 – 82000860 转 8101/8102	发行传真：010 – 82000893/82005070/82000270		
印　　刷：北京建宏印刷有限公司	经　　销：各大网上书店、新华书店及相关专业书店		
开　　本：787mm×1092mm　1/16	印　　张：15.25		
版　　次：2021 年 12 月第 1 版	印　　次：2021 年 12 月第 1 次印刷		
字　　数：250 千字	定　　价：79.00 元		

ISBN 978 – 7 – 5130 – 7888 – 7

前　言

　　城市是"城"与"市"的组合，其中"城"的本意是防御墙，《吴越春秋》曾记载"筑城以卫君"；"市"的本意则是进行交易的场所，《易经·系辞下》里说"日中为市"。"城""市"都是城市最原始的形态，伴随工商业的发展，"城"与"市"开始结合，从而出现人类群居生活的高级形式——"城市"。从起源上看，城市要么是因"城"而"市"，要么是因"市"而"城"，前者是先有城后有市，多见于战略要地，如天津卫；后者是先有市后有城，多见于商业重镇，如景德镇。

　　城市的出现，是人类走向成熟和文明的标志。那么，城市的未来，将会是什么样子？是走向高度的文明，还是走向颠覆的未知？城市的价值何在？城市该如何建设？城市与人类文明的关系又是什么？明天的我们，将会生活在怎样的世界里？

　　读完这本书，对以上问题，你会有更多的思考。

　　首先，这是为数不多的研究城市文化建设的著作之一。书中总结了近年来关于城市文化建设的相关理论研究，城市是人类社会进入文明时代的客观呈现，而城市文化建设是城市现代化进程中不可忽视的关键性内容。未来，构建文化城市是中国城市进一步转型、迭代与发展，实现新时代文化复兴、民族复兴的关键举措。新时代中国城市文化建设需要立足于文化自信，采取多样化策略，提高新时期城市文化建设的整体水平。

　　其次，本书以武汉作为典型案例来探讨城市文化建设的智慧和密码。在2020年的新冠肺炎疫情中，武汉在万众瞩目下沉睡又苏醒，充分展示了城市坚韧顽强的生命力，这座城市也成为中国乃至世界关注的焦点。本书回顾了武汉的城市文脉及资源禀赋，探讨了武汉文化建设的特殊时代背景，剖析了武汉文化建设的经验与成果，并与国内外同类城市文化发展情况对标分析，以期为当下中国加强城市文化建设、提升城市文化软实力、增强城市核心竞争力给出基于学术研究、经验总结与路径分析相统一的学术指引。

最后，书中所提出的城市文化建设理念对于响应国家战略、引领新时代城市文化建设具有重要的实践价值。本书在探讨武汉文化建设实践成败得失的基础上，从城市文化内涵、城市竞争力、城市文化形象、城市文化遗产保护等角度，总结城市文化建设与发展的一般规律和有效举措，从中提炼对全国城市文化建设具有普遍、典型意义和参考借鉴价值的经验。武汉实践表明，城市文化建设必须着眼于形成新发展优势的时代要求，必须与经济社会发展战略相适应，必须根据经济社会发展、总体发展战略的变化，及时地调整和更新文化发展思路。书中亦系统地探讨了文化城市的国际实践和本土化探索，以期深化对中国特色文化城市建设规律的认识。

CONTENTS

目　录

第一章　城市的生命与灵魂 …………………………………………… （1）

第一节　城市文化建设的背景及意义 ………………………… （1）

　一、新时代的城市文化建设 ……………………………… （1）

　二、城市文化建设与现代化建设 ………………………… （8）

第二节　城市文化建设的基本概念及类型 ………………… （10）

　一、城市文化与城市文化建设 ………………………… （10）

　二、城市文化建设的价值取向和目标定位 …………… （14）

第三节　城市文化建设的构成框架 ………………………… （17）

　一、核心内容：历史和文化资源 ……………………… （17）

　二、建设基础：文化事业 ……………………………… （20）

　三、发展驱动：文化产业 ……………………………… （21）

　四、空间载体：文化空间及景观 ……………………… （24）

　五、综合展现：城市形象与精神 ……………………… （26）

　六、组织保障：政策与机制 …………………………… （28）

第四节　城市文化建设相关理论 …………………………… （30）

　一、文化资本理论 ……………………………………… （30）

　二、城市更新理论 ……………………………………… （33）

　三、创意城市理论 ……………………………………… （36）

　四、城市文化发展阶段理论 …………………………… （41）

　五、文化流动理论 ……………………………………… （44）

第二章　城市的个性与形象 ………………………………… （47）

第一节　城市建设探索历程 ………………………………… （47）

一、古代理想城市模式与探索 ·············· (47)

二、近代城市规划理论与实践 ·············· (53)

三、现代城市发展转向与趋势 ·············· (59)

第二节 国际社会新的共识与行动纲领 ·············· (67)

一、人居环境科学 ·············· (67)

二、城市有机更新 ·············· (71)

三、文化多样性 ·············· (74)

第三节 国内外典型城市文化建设案例 ·············· (77)

一、美国纽约——世界文化创意城市 ·············· (77)

二、英国伯明翰——世界级商业中心城市 ·············· (80)

三、加拿大蒙特利尔——充分利用地下空间 ·············· (83)

四、澳大利亚昆士兰——创意产业驱动城市发展 ·············· (87)

五、日本东京——动漫产业助推文化发展 ·············· (89)

六、中国成都——天府文化公园城市 ·············· (92)

第三章 武汉城市文脉与禀赋 ·············· (96)

第一节 文脉绵长 ·············· (96)

一、古代：盘龙文化与知音文化 ·············· (97)

二、近代：革命文化与码头文化 ·············· (101)

三、现代：汉味文化与东湖文化 ·············· (105)

第二节 自然禀赋 ·············· (111)

一、九省通衢与融通天下 ·············· (111)

二、两江四岸与三镇鼎立 ·············· (116)

第三节 精神气质 ·············· (122)

一、首义首创与图新图强 ·············· (123)

二、兼收并蓄与开放包容 ·············· (125)

三、武汉精神与英雄城市 ·············· (128)

第四章 武汉文化产业发展智慧 ·············· (133)

第一节 新时代武汉文化建设的背景 ·············· (133)

一、国家战略中的武汉力量 ·············· (133)

二、武汉远景发展战略 ·············· (137)

第二节　武汉文化产业发展基础 ……………………… (139)

　　一、阶段转向特征明显 …………………………………… (139)

　　二、文化体系愈发健全 …………………………………… (141)

　　三、重点任务成效显著 …………………………………… (142)

第三节　"文化 +"出新境界 ………………………………… (147)

　　一、"文化 + 设计"提升品位 …………………………… (147)

　　二、"文化 + 科技"激发动能 …………………………… (153)

　　三、"文化 + 旅游"凸显魅力 …………………………… (157)

　　四、"文化 + 体育"养成 IP ……………………………… (163)

　　五、"文化 + 贸易"重现盛景 …………………………… (166)

第五章　武汉文化事业建设密码 …………………………… (168)

第一节　武汉文化事业建设的特色 ……………………… (168)

　　一、普惠型全覆盖公共文化服务体系基本形成 ………… (168)

　　二、文艺精品硕果累累 …………………………………… (169)

　　三、文博非遗事业在传承中创新 ………………………… (170)

　　四、群众文化活动品牌化特色化 ………………………… (171)

　　五、文化人才队伍不断壮大 ……………………………… (173)

第二节　武汉文化事业建设顶层设计 …………………… (175)

　　一、构建文化事业创新发展体系 ………………………… (175)

　　二、制定文化事业建设特色规划 ………………………… (178)

　　三、探索文化事业资本增值路径 ………………………… (182)

第三节　武汉文化事业建设创新措施 …………………… (189)

　　一、深化公共文化服务供给体系改革 …………………… (189)

　　二、全面激活文化事业发展创新智慧 …………………… (191)

　　三、构建武汉"知音江城"城市文化形象 ……………… (193)

第六章　"以文化城"的未来之路 ………………………… (198)

第一节　新时代城市文化建设理路 ……………………… (198)

　　一、中国城市发展动态 …………………………………… (199)

　　二、中国城市文化建设原则 ……………………………… (203)

第二节　新时代城市文化建设类型 ……………………… (206)

一、政府引导型城市文化建设 ………………………… (207)

二、产业聚集型城市文化建设 ………………………… (211)

三、科学教育型城市文化建设 ………………………… (214)

四、生态环境型城市文化建设 ………………………… (218)

五、综合型城市文化建设 ……………………………… (221)

第三节　文化建设让城市涅槃焕新 …………………… (225)

一、更新理念，再塑"肌体" …………………………… (225)

二、更新品牌，再塑"新颜" …………………………… (226)

三、更新产业，再塑"动能" …………………………… (228)

四、更新服务，再塑"智慧" …………………………… (228)

参考文献 ……………………………………………… (230)

后　记 ………………………………………………… (235)

第一章 城市的生命与灵魂

文化是人类在社会历史发展进程中创造的精神和物质财富的总和，城市是人类聚居的形式，也是经济、社会和文化发展的重要载体。城市文化在人们建设和发展城市的过程中生成和发展，可以说，文化是城市的生命和灵魂，它塑造城市的形象、展示城市的精神、凝练城市的气质，是一座城市的独特印记。

城市文化是跨越历史与时代的精神主题，城市文化建设作为中国现代化建设的重要组成部分，是城市可持续发展的核心支撑，也是反映城市现代化建设水平的重要标志之一。

第一节 城市文化建设的背景及意义

一、新时代的城市文化建设

（一）新时代的主要含义及特征

1. 新时代的含义

日月其迈，岁律更新。时代是超越个人时间的宏大历史概念，新时代指向经济、政治、文化等领域发生具有重要进步意义的重大变革时期，是理解中国所处历史方位的重要关键词。新时代一般指中国特色社会主义进入的新阶段，坚持和发展中国特色社会主义，必须把握时代特点、直面时代课题。习近平总书记在党的十九大报告中明确指出："经过长期努力，中国特色社会主义进入了新时代，这是我国发展新的历史方位。"❶ 中国特色社会主义进入新时代，实现了从"赶上时代"到"引领时代"的伟大跨越，在中华人民共和国发展史上、中华民族发展史上具有重大意义，在世界社会主义发展史上、人类社会发展史上也具有重大意义。这意味着中华民族迎来了从站起来、富起来到强起来的伟大飞跃，迎来了中华民族伟大复兴的光明前景，意味着中国特色社会主义道路、理论、制度、文化不断发展，拓展着中国走向现代化的途径，为解决人类问题贡献了中国智慧和中国方案。

新旧时代的核心区别在于社会矛盾的不同，社会主要矛盾状况及变化是社会发展阶段性划分的重要依据。进入新时代，我国社会主要矛盾由"人民日益增长的物质文化需要同落后的社会生产之间的矛盾"转化成为"人民日益增长的美好生活需要和不平衡不充分的发展之间的矛盾"，人民的需要从"物质文化需求"发展到"美好生活需求"、"落后的"社会生产发展到"不平衡不充分"的发展。这就要求我们在继续推动发展的基础上，着力解决好发展不平衡不充分的问题，大力提升发展质量和效益，更好地满足人民各方面日益增长的美好生活需要，更好地推动人的全面发展、社会的全面进步。站在历史发展的角度对社会矛盾和人民需求进行的历史判断，是界定新时代内核的关键。

除了社会矛盾发生的新变化，新时代还新在党的理论创新实现了新飞跃、新在党和国家事业确立了新目标、新在中国和世界关系开创了新局面、新在中国共产党展现了新面貌。❷

（1）党的理论创新实现了新飞跃。

伟大时代呼唤伟大理论，伟大时代孕育伟大理论。中国共产党在领导中国革命、建设和改革的实践中，不断地推进马克思主义的中国化，先后形成了毛泽东思想、邓小平理论、"三个代表"重要思想、科学发展观等

---

❶ 习近平. 决胜全面建成小康社会 夺取新时代中国特色社会主义伟大胜利——在中国共产党第十九次全国代表大会上的报告 [R/OL]. (2017 – 10 – 27) [2021 – 05 – 01]. http://www.gov.cn/zhuanti/2017 – 10/27/content_5234876.htm.

❷ 中共中央宣传部. 习近平新时代中国特色社会主义思想学习问答 [M]. 北京：学习出版社，人民出版社，2021：37 – 40.

重大理论创新成果。在新时代，以习近平同志为核心的党中央实现了马克思主义中国化的新飞跃，创立了习近平新时代中国特色社会主义思想，这一思想谱写了党的理论创新的新篇章。

（2）党和国家事业确立了新目标。

我们党在领导革命、建设和改革各个历史时期，总是与时俱进提出新的奋斗目标，引领党和国家事业不断迈上新台阶。党的十八大发出了向"两个一百年"奋斗目标进军的时代号召。党的十九大综合分析了国际国内形势和我国发展条件，既对决胜全面建成小康社会、实现第一个百年奋斗目标提出了明确要求，又将实现第二个百年奋斗目标划分为"基本实现社会主义现代化"和"建成富强民主文明和谐美丽的社会主义现代化强国"两个阶段，明确了实现"两个一百年"奋斗目标的时间表和路线图。

（3）中国和世界关系开创了新局面。

当代中国已不再是世界秩序的被动接受者，而是积极的参与者、建设者、引领者，日益走近世界舞台的中央。在新时代，中国更加自信地敞开胸怀、拥抱世界，把开放的大门越开越大，在与世界深度交融中不断发展壮大，国际影响力、感召力、塑造力进一步提高。从提出构建人类命运共同体理念到共建"一带一路"倡议，从APEC北京会议到G20杭州峰会，从发起创立亚洲基础设施投资银行到举办中国国际进口博览会……全方位、多层次、宽领域的对外开放格局徐徐展开，中国在世界舞台上发挥着前所未有的重要作用。

（4）中国共产党展现了新面貌。

百年征途展新篇，百年大党焕新颜。党的十八大以来，加强党对一切工作的领导，坚决维护以习近平同志为核心的党中央，全面增强党的领导水平和执政能力，推动党的执政方式和执政方略实现重大创新，为党和国家各项事业发展提供了根本保证，并推进全面从严治党，勇于进行自我革命，以排山倒海之势正风肃纪，以雷霆万钧之力反腐惩恶，直击积弊、扶正祛邪，党的建设新的伟大工程呈现出崭新局面，党的面貌焕然一新。

2. 新时代的特征

新时代代表着新的伟大征程，当今中国处于"两个一百年"奋斗目标的历史交汇期，要在全面建成更高水平的小康社会基础上，开启全面建设社会主义现代化国家新征程，迈向第二个百年奋斗的目标，新时代展现着新的宏伟蓝图。在这一关键的战略机遇期内，我国经济社会发展追求实现"新成效""新步伐""新水平""新进步""新提升""新提高"，致力于构建国内国际双循环发展新格局；新时代昭示着新的壮丽开局。时代是思想之母，实践是理论之源。"十四五"建设大幕初启，中国进入新发展阶段，新的发展理念和新的发展格局彰显着中国新的实践特色。党的十九大报告中用"五个时代"阐释时代之"新"：新时代是承前启后、继往开来、在新的历史条件下继续夺取中国特色社会主义伟大胜利的时代，是决胜全面建成小康社会、进而全面建设社会主义现代化强国的时代，是全国各族人民团结奋斗、不断创造美好生活、逐步实现全体人民共同富裕的时代，是全体中华儿女勠力同心、奋力实现中华民族伟大复兴中国梦的时代，是我国日益走进世界舞台中央、不断为人类做出更大贡献的时代。新时代不仅从时间维度上体现了中国把握国际局势和国内发展的准确研判，更从实践维度指明了新时代的新方向，即新时代是"大"时代，新时代是"正"时代，新时代是"聚"时代，新时代是"跨"时代，新时代是"赢"时代。❶

新时代是"大"时代。新时代体现着中国大党大国"大胸襟、大气魄"的精神气质，"大智慧大格局"的发展追求，"大历史大贡献"的国际责任，"办大事、成大事"的目标要求，"大发展大跨越"的模式转变。"一带一路"如双翼扶摇，京津冀一体化深入推进，粤港澳大湾区建设正积极推进，长江经济带福泽东西，纵横交错的高铁网络、超高速的轨道交通、颠覆时代的人工智能、探星探空的航天技术、超级稻的惊人产量等，都是中国在大时代办的大事。中国以复兴伟业为追求，以重要的时间节点为坐标，不仅在追求国家的宏伟蓝图，更是在重新定义世界，新时代是一个"至大无外"的世界。

新时代是"正"时代。新时代新风气，正气充盈，满满正能量。道路正、制度正、理论正、文化正、党风正、民风正、人心正，在新时代人人

---

❶ 人民日报评论. 人民日报评论合集：新时代，我们的好时代 [EB/OL]. (2012–12–11) [2021–05–01]. https://mp.weixin.qq.com/s/j5ocuYcfkIAT4npTNL1QCw.

内心充满自信和力量。全社会正气上扬，法治环境愈发完善，社会风气日益好转，党内清风正气集聚。正时代不仅是国家层面的正，更是个人层面的正，人民信念坚定、求实求正，争当实干家、行动家。"不要人夸颜色好，只留清气满乾坤"，新时代的建设者砥砺能成事的真本领，高唱走正道的正气歌，积极投身社会主义现代化建设，为人民的幸福而努力、奋斗。

新时代是"聚"时代。在党的十九大报告中"团结"出现了33次，"五个时代"描述的未来图景，都蕴含着"团结奋斗、勠力同心"的要求，同一个梦想实现信念的凝聚。新时代强调，无论是海内外、民族内外还是党内外，都应聚在一起，人心的凝聚、智慧和力量的凝聚是我们战胜艰难险阻的不二法宝。上下同欲者胜，风雨共舟者兴。团结一心早已深融中国人的文化基因，在长征中、在抗日战争中、在汶川地震中、在也门撤侨中，既实现了思想政治的大团结，又在具体行动上聚众力克难关。"聚"在新时代，是一种力量源泉，是重要法宝，心往一处想、话往一处说、劲往一处使是新时代团结一心的要求，我们要在新时代画出"最大的同心圆"。

新时代是"跨"时代。从 2017 年起三年时间决胜建成全面小康，从 2020 年到 2035 年 15 年时间实现基本现代化，从 2035 年到 2050 年再用 15 年时间建设富强民主文明和谐美丽的社会主义现代化强国，每一个时间段都是一个大跨度。新长征就在脚下，要跨过时间、跨过问题、跨过险阻，实现深化改革，实现精深创新，实现"五个时代"的建设目标。与清王朝的国际形象相比，中华民族实现了从站起来、富起来到强起来的大飞跃，每一步的大跨越都是国家愈发强大的体现，亦是中国人民艰辛奋斗的努力结果。新时代，是让世界见证中国实现一步又一步跨越传奇的时代。

新时代是"赢"时代。在美国《时代》周刊上出现"China Won（中国赢了）"，中国在推动世界发展的进程中贡献了独一无二的强大力量，"中国赢了就是世界赢了"，"赢"是我们新时代的一个重要特征。在新时代，要为"实现中华民族伟大复兴、为人类做出更大贡献"的使命奋斗到"赢"，要为人民"赢"得美好生活，为人类"赢"得长久发展。赢是一种拼搏的精神，是一种向上的态度，是我们奋斗的价值所归，也是中国天下情怀的美丽期许，从提出构建人类命运共同体的号召就可得知，中国新时代的"赢"是全人类的"赢"，意味着我们要承担更多的国际责任，努力让更多的人受益。

（二）新时代城市文化建设内容

联合国人居组织在1996年《伊斯坦布尔宣言》强调"我们的城市必须成为人类能够过上有尊严的、身体健康、安全、幸福和充满希望的美满生活地方"。不同领域的专家对城市的界定有不同的侧重点，政治家将城市看成政治权力的物质表现和政治活动开展的舞台；经济学家认为城市是发达生产力的聚集区和开展经济活动的中心；社会学家将人口与城市相连，认为城市的本质是围绕文化和生活开展的人口高度密集的大型社区；历史学家认为城市是历史发展留下的痕迹，建筑和空间是供人阅读的活史书；地理学家则强调城市是人口和生产活动在特定地理空间的集聚和联结；规划师和建筑师主张城市是建筑的城市，建筑构成的生态系统为人们提供生产和生活空间，并不断随着时代而发展。

在新时代，城市不仅承担着居住功能和经济功能，更是一个能带给人尊严和幸福的人文空间，城市文化则创造着这样的人文空间。英国社会学家迈克·费瑟斯通提到城市与城市间的区别在于城市文化，城市文化创造独具个性的生活方式、行为理念、人文景观、建筑风貌、文化产品等，影响城市的空间结构、建筑物的布局设计等，表现各具色彩的文化符号。

新时代城市文化建设应坚持以人为中心，顺应人民群众对美好生活的向往，把增进人民福祉、促进人的全面发展作为城市文化建设的出发点和落脚点，并统筹好城市文化建设与教育、就业、经济发展、环境保护、社会保障等领域的协调发展，不断提高人民的文化生活水平。更要以民为本、以人为本，坚守人文理念。打造有文化、有灵魂的城市，离不开最广大的人民群众，在文化建设过程中，要全面调动人的积极性、主动性和创造性，做到为了人民、依靠人民和成果共享。有文化、有灵魂的城市，是实现"诗意栖息"的根本条件，城市是人类社会权力和历史文化所形成的最大限度的汇聚体，每个人都应在城市中焕发光彩，在新时代城市建设中人本位是最基本的原则，最重要的是满足人民对美好生活的追求，提高人的尊严和幸福感。

放眼世界，《世界城市文化报告2012》对城市发展进行了全球性的倡议，对城市文化建设内容提出了许多先见性指导，如城市文化表现在行为模式、文化习俗、社会生活、制度、宗教信仰、艺术创意、空间、建筑、科学技术、生产方式等许多方面。城市文化建设在新的时代应有更广泛的意义，要构建关心地球生态环境和可持续发展的文化，构建有效满足人类需求、保证能源可持续的节约型文化，构建促使经济顺利运行的文化，构建城市管治的文化，构建知觉、感情、思想和表现等方面全部才能的文化，构建科学技术和哲学的文化，构建艺术的文化，构建建筑和人文景观的文化。聚焦中国，我国对城市文化保护及建设着重于如下六个方面：其一，一个城市的历史遗迹、文化古迹、人文底蕴，是城市生命的一部分，文化底蕴毁掉了，城市建得再新再好，也是缺乏生命力的；其二，城市规划和建设要高度重视历史文化保护，不急功近利，不大拆大建；其三，要妥善处理好保护和发展的关系，注重延续城市历史文脉，像对待"老人"一样尊重和善待城市中的老建筑，保留城市历史文化记忆，让人们记得住历史、记得住乡愁，坚定文化自信，增强家国情怀；其四，我们爱这个城市，就要呵护好她、建设好她；其五，历史文化是城市的灵魂，要像爱惜自己的生命一样保护好城市历史文化遗产；其六，现在许多城市在开发建设中，毁掉许多古建筑，搬来许多洋建筑，城市逐渐失去个性，在城市建设开发时，应注意吸收传统建筑的语言，这有利于保持城市的个性。这六条指示为我们指明了新时代城市文化建设的新内容，历史学家斯宾格勒说"一切伟大的文化都是城市文化"，❶ 城市中的历史遗迹、文化古迹、人文底蕴、历史文脉、文化记忆、文化遗产、传统（老）建筑等都是我们需要重点挖掘、保护和开发的宝贵资源，也是新时代城市文化建设的核心内容。

本书新时代城市文化建设主要从核心内容"历史与文化资源"、基础"文化事业"、"文化产业"、物质载体"文化景观及空间"、"城市形象与精神"和组织保障"政策与机制"六大方面着手推进。具体而言，要在更

---

❶ 奥斯瓦尔德·斯宾格勒. 西方的没落 [M]. 齐世荣，田农，译. 北京：商务印书馆，1995：200.

高水平上全面建成小康社会、基本建成具有一定影响力的文化城市并在此基础上，积极培育和践行社会主义核心价值观，大力弘扬各具特色的城市精神，并融入城市发展的各个方面；不断完善多层次高水平的公共服务和社会保障体系，满足人民日益增长的美好生活需要，使之成为治理完善且共建共治共享的幸福、健康、人文城市；塑造城市文化品牌，坚定文化自信，坚持中国特色社会主义文化发展道路，促使城市文化建设从"工具理性"回归"价值理性"，坚守文化建设的目标，从提升城市居民素质、弘扬主流价值和传承中华优秀传统文化到高度重视城市文化建设，更好地满足人民群众对美好生活的新要求。

二、城市文化建设与现代化建设

习近平总书记在党的十九大报告中指出："文化是一个国家、一个民族的灵魂。文化兴国运兴，文化强民族强。"[1] 文化能为城市发展提供坚强的思想保障、强大的精神力量和丰润的历史底蕴，必须不断加强文化建设。对于城市建设而言，文化在现代化进程中具有某种终极意义，"国际大城市以文化论输赢"已经成为各国公认的发展原则。从历史发展的角度看，城市文化建设与现代化发展并不矛盾，而是呈现出相辅相成、互相促进的关系。城市现代化建设的方方面面都离不开文化，城市化不仅意味着人们被吸引到城市、被纳入城市生活体系中来，更指向城市发展给生活方式带来的不断增强的变化。我们塑造着城市，城市文化亦在不断滋养我们的生活。

城市的发展不止意味着社会经济的增长，而更强调实现经济增长的基础，包括社会的文化经济结构、人的全面发展、生活质量的提高等，经济、政治、文化、环境、资源、人口等社会全面进步的方方面面。经济上数量的增长无法完全改善社会发展的基础，归根结底还需要靠人的价值观念、思想文化素质的提高。一个文化本位的城市才是有价值的城市，城市的现代化首先必须实现文化的现代化，文化建设是城市现代化建设的重要

---

❶ 习近平. 决胜全面建成小康社会　夺取新时代中国特色社会主义伟大胜利——在中国共产党第十九次全国代表大会上的报告 ［R/OL］.（2017－10－27）［2021－05－01］. http://www.gov.cn/zhuanti/2017－10/27/content_5234876. htm.

组成部分，是城市可持续发展的核心支撑，更是反映现代化建设水平的重要标志。

城市文化建设是现代化建设的重要组成部分。首先，文化是促进城市发展的重要因素之一，文化是人的思想支柱和精神动力，积极向上的文化氛围会使城市充满朝气，从而促进城市的多方面发展。优美的城市环境、积极活泼的生活氛围、高素质的城市居民、自由宽松的工作机会等会大大增强城市的吸引力，帮助城市顺利引进优秀的管理经验和先进技术，引入充足的建设资金和大量的高层次人才，从而不断增加城市的综合价值，为城市更新创造条件。其次，城市发展的核心竞争力在于创新力和创造力，而文化是创新力的不竭源泉。宽松的创新环境、高素质的人才、广阔的思维、探索的精神等决定城市创新发展的重要因素都是文化的具体体现，一个城市文化功能发挥的强弱，在很大程度上影响城市竞争力与可持续发展能力的强弱。最后，城市文化是凝聚人心、实现社会和谐稳定的巨大力量，是推动区域繁荣发展的重要支撑。共同的价值追求和生活理念，是形成强烈的感召力、向心力及合力并集中力量办大事的关键。人们是否拥有共同的进取心和创新意识及创新能力，是否拥有现代化建设要求的精神素质，在经济社会发展中起着至关重要的作用。如中国香港，本身为自然资源匮乏的城市，但在国家政策的引导下，发挥独特的区位优势，实施开放而包容的文化发展战略，创造了宽松、自由、富有创新力和活力的人文环境，带动了金融、贸易及物流、专业服务和旅游等产业的发展，成为闻名于世的国际大都市。

城市文化建设是城市可持续发展的核心支撑。1987 年，世界环境发展委员会提出可持续发展的概念，即在满足当代人需要的同时不影响后代人满足其需要之能力的发展，在发展计划和政策中纳入对环境的关注与考虑，强调经济活动的生态合理性。在新时代，可持续发展的概念突出内涵式、高质量的发展，除了强调经济的自然生态合理性，更注重文化生态的合理性。在发展过程中健康的文化观念和文化价值改变着人们对发展的认知，单纯的经济增长不是美好生活，文化建设和文化现代化是可持续发展的灵魂，离开正确的文化观念，可持续发展就不是真正意义上的可持续发展。

城市文化建设是反映城市现代化建设水平的重要标志之一。城市发展是集多种因素于一体，将矛盾的各个方面辩证统一起来，实现居民生活质量和人文空间的全面优化。随着人类社会经济的优化发展，标志城市发展水平的城市现代化内涵也在发生着变化。社会的信息化程度、政治的法制化和居民参与程度、经济发展的协调性与持续性、技术的先进性和迭代速度、创新的深度和广度、城市文化的影响力和资本化程度等都已成为描述现代城市发展水平的重要指标。其中城市文化是人类创造力的凝练和外化，文化包含发展理念、规范和原则等诸种价值结构，反映着城市的历史存在和意识结构。高品位的城市文化是现代文明城市的象征，未来的智慧城市、柔性城市、文化城市、生态城市都是城市文化发展到一定程度的体现。

第二节　城市文化建设的基本概念及类型

一、城市文化与城市文化建设

（一）城市文化

人类有意识地作用于自然和社会的精神和物质活动成果，都属于文化的范畴。简单地讲，文化是人类在历史发展进程中创造的精神和物质财富的综合。城市是经济发展和文化发展的集中地，但城市文化不能简单地理解为在城市内创造的文化，而是一个复杂的概念体系。从本质上说城市本身就是一种文化，城市在建设和发展过程中也创造了自己的城市文化，成为文化系统中最积极、最有创造力、影响最广泛的组成部分，可以说是人类创造文化的高级表达和集大成者。文化是城市的灵魂，它养育人的精神，塑造城市文明的高度，展示城市的精气神，是一座城市的独特印记，城市文化是跨越历史与时代的精神主题。

1. 城市文化的含义

城市文化最早由美国学者刘易斯·芒福德于1938年在《城市文化》一书中提出并研究。城市文化可以从"城市"及"文化"两个维度去理解。从文化的角度来看，城市是人格化的主题空间，映射着民族的、时代的、人格的光辉，是宗教、哲学、道德、审美等文化的集中表现。有学者引用泰勒关于文化的经典定义，将城市文化定义为人类生活于城市社会组织中，所拥有的知识、道德、艺术、信仰、风俗、法律，和一切在城市社会中获得的习惯及能力。也有学者把城市文化分为物质文化和非物质文化，或者分为形态文化、经济文化、社会文化和精神文化。从广义文化的定义出发，有学者认为城市文化是人们在城市中创造的精神和物质财富的综合，是城市人群行为方式、精神特质、生活状态、城市风貌的总体形态。也有的学者从更广泛的时空维度探究城市文化，将城市文化定义为大视角文化，是发生在城市里、与城市发展息息相关的文化现象，包括经济贸易、政治制度、地理布局、社会文化和精神文化。还有的学者侧重城市文化的精神层面，认为城市文化是城市发展的传承记忆、思想智慧、精神支柱和个性展示，具体形式和内容包括思想文化、历史文化、山水（自然）文化、布局（形态）文化、建筑文化、园林文化、景观文化、社区文化、地名文化、特色文化和其他（如标志性文化、象征文化、非物质文化遗产、科学技术与艺术等）。总之，城市文化是人类在城市发展过程中所创造的以及从外界吸收的思想、准则、艺术等思想价值观念及其表现形式。它不仅是城市人类的思想结晶，更代表了整个人类的智慧。

从城市角度出发，多将城市结构、城市规划建设、城市居民生活、城市发展、城市竞争力等方面与城市文化定义相连。著名经济学家埃里克·兰巴德（Eric Lampard）将城市分为四个层次：最底一层由基本社会要素构成，主要包括人口、地理、经济和社会组织；第二层由城市领导、政府程序和城市文化三个因素构成，城市领导通过制定和执行政府程序作用于最底层的四个要素，城市文化则作用于任何要素；第三层为城市的内外部环境，内部的人文风情、建筑风格、居民生活，外部的对外关系、交流互动，等等；第四层为政府城市管理和城市建设过程。城市是由相互影响的多因素构成，而构成城市的四层次内容，除提出的"城市文化"外，其他三层次也属于城市文化的范畴。城市的本质多指向城市文化，英国社会学家格迪斯和布兰福德指出"城市的含义一方面是一个个具有个性的城市个体——它像是一本形象指南，对你讲述其所在地区的现实生活和历史记录；另一方面，总括而言，城市又成为人类文明的象征和标志——人类文明正是由一座座富有个性的具体城市构成的"。他们直接将文化遗产作为城市的核心，"城市积累着、包蕴着本地区的人文遗产，同时又以某种形式、某种程度融汇了更大范围内的文化遗产——包括一个地域、一个国度、一个种族、一种宗教，乃至全人类的文化遗产"。❶《城市季风：北京和上海的文化精神》一书的作者杨东平对北京和上海的文化精神进行对比研究，得出城市文化是市民在共同长期生活中所创造的、具有城市特点的文化模式，是城市生活环境、生活方式和生活习俗的综合，可以从城市的历史传统和社会发展、城市的制度组织和社会结构、城市的文化建设和文化产品、城市的人口构成和文化素质、市民的生活方式和生活质量去感知城市文化。城市社会的变迁是一个文化大题目，城市建筑和人文景观是外在表现，制度和结构是制度文化层面对现代化发展的观测，文化建设和文化产品能最直观地反映城市文化状态，人口及文化素质是城市文化形成和发展的动因和动力，生活方式及质量是城市文化的深层基础。

伊利尔·沙里宁曾说："让我看看你的城市，我就能说出这个城市居民在文化上追求的是什么。"❷ 城市是人类文明和文化的象征和标志，城市既为人类共同生活提供了物质空间和解决生存问题的物质手段，同时又记述着人类共同生活方式和产生的一致性象征符号。在芒福德看来，作为"人类社会权力和历史文化所形成的一种最大限度的汇聚体""象征着人类社会中种种关系的总和"的城市，不仅是"世俗物质世界——市场的所在"，"促使人类文明的生成物不断增多、不断丰富"，也是"神圣精神世界——庙宇的所在"，是"法庭的所在"，是"研求知识的科学团体所在"，"促使人类经验不断化育出生命含义的符号和象征，化育出人类的各种行为模式，化育出有序的体制、制度"。❸ 城市这个环境让各民族各时期的时令庆典和仪式活动，绽放成一幕幕栩栩如生的历史事件和戏剧性场

❶ 刘易斯·芒福德. 城市文化 [M]. 宋俊岭，李翔宁，周鸣浩，译. 北京：中国建筑工业出版社，2009：10.

❷ 伊利尔·沙里宁. 城市：它的发展、衰败与未来 [M]. 顾启源，译. 北京：中国建筑工业出版社，1986：5.

❸ 刘易斯·芒福德. 城市文化 [M]. 宋俊岭，李翔宁，周鸣浩，译. 北京：中国建筑工业出版社，2009：30－35.

面，映现着一个全新而又有自主意识的人类社会。城市文化具有时间结构特性，让时间变得可以看得见、摸得着，感召着一代又一代人。建筑物、纪念碑、大街小巷、文化标识等比书写的文字记载更加公开而真实，更容易被大众观察到、注意到，尤其是历史文化遗产，"历史文化遗迹遗产一代代保护下来了，时间就会向时间挑战，时间就会与时间发生冲撞"❶，历史上的文化习俗、价值观念、生活理想、行为模式等流转演化到当今时代，城市文化将不同的历史时间层次及其具体特征串联起来。

2. 城市文化的特性

城市文化具有主体性、地域性、群体性、符号性、价值性和时代性等特性，根据不同的划分维度，城市文化有多样的类型。以时间为划分标准，城市文化可分为历史文化和现代文化；以存在形态为划分标准，城市文化可分为精神文化和物质文化；以作用区域为划分标准，城市文化可分为企业文化、校园文化、商圈文化、社区文化、街道文化、公园广场文化等；以行业为划分标准，城市文化可分为建筑文化、金融文化、管理文化、生态文化、旅游文化、饮食文化、消费文化、工业文化等。

（二）城市文化建设

城市文化特性鲜明，类型多种多样，有的城市文化自发形成并得到良好的传承和发展，有的则需要进行后天的保护与建设。城市文化是城市社会群体所共同具有和认同的文化，发展建设过程中也会出现一些问题与挑战，所以城市文化需要一定的建设，即政府、企业、公民等多元主体共同参与，在一定的意识形态、权力结构、规范要求的约制下对城市文化进行建设。尤其在新时代，人的流动性增强，文化交流的便捷性大大加强，传统特指城市地域范围内的城市文化，来源远大于城市范围，不论是大量的外来人口、流动人口，还是城市与城市、区域与区域之间的文化交流、文化碰撞、文化交融，都给城市文化不断创造和发展带来了新的生机和新的挑战。

在我国城市文化建设过程中，存在"工具理性"大于"价值理性"、

---

❶ 单霁翔. 关于"城市"、"文化"与"城市文化"的思考［J］. 文艺研究, 2007（05）: 35－46.

主观倾向较为明显、政府与市场关系尚未厘清、社会力量参与文化建设的良好格局尚未形成、基层公共文化服务建设十分薄弱、对外文化交流形式较为单一等关键挑战，文化建设"重手段、轻目标""重短期、轻长期""重经济效益、轻社会效益"的现象尚未根本改变；公共文化服务和产品的供给中存在较为明显的部门意志和主观倾向，以群众需求为导向的公共文化服务意识不强；作为政府基本责任的公共文化领域投入相对不足，发展相对滞后，效能难以有效发挥。在本应由市场发挥作用的文化产业领域，政府干预过多；鼓励社会力量参与文化建设的政策力度不够、实施细则不完善、税收减免的程序和手续过分繁杂等，社会力量参与文化建设的渠道不够畅通，参与积极性不高，参与程度非常有限。文化社会化发展的环境和氛围不成熟，缺乏真正具有公共价值和公益情怀的文化类社会组织；当前优质的公共文化资源主要集中在城市和东部，集中在相对少数的大型文化设施和机构，基层文化资源总量不足与结构失衡并存，既有资源配置的不均衡，又有重复建设和闲置浪费，导致城乡间、区域间和群体间差距仍然较大；在对外文化交流时，对国外受众的接受习惯、审美需求等缺乏一定的考虑，传统内容多，当代内容少，内涵性不足，既能展现中国特色又能符合国外民众审美取向的项目和作品较少，文化折扣较大，引起的文化互动和文化共鸣较少，收效不大。

这些挑战对我国城市文化建设从个人、国家、世界层面提出了相关要求。从个人层面上看，城市文化建设应发挥"以文化人"的作用，不断满足提升人民素质、融入群众生活的目标；从国家层面上看，文化要能体现民族精神、促进国家发展和治理；从世界层面上看，文化建设应该鼓励包容并蓄、能够屹立于国际舞台的文化。

二、城市文化建设的价值取向和目标定位

（一）城市文化建设的价值取向

城市文化建设是一个博大而复杂的系统、一个发展的概念、一个开放的体系、一个永恒的话题。对于城市文化建设的认知也随着实践经验不断被检验、被证明、被修正、被丰富，整个认知体系处于发展变化之中。因此，我们对于城市文化建设的价值取向，既不能脱离特定的时空框架而形成，也不

能抛开人们对城市文化价值的判断来认知。早期大拆大建"推土机式"的城市改造给人们带来了普遍的文化失落感，加之现代生活环境的急速变迁引发人们对传统文化的精神回归，人们对于正确进行城市文化建设的观念正在迅速觉醒，成为政府和企事业等社会各界的关注焦点，认识的不断深化引导和推动着城市文化建设工作的实践，朝着令人欣喜的发展方向前进。

文化的发展和繁荣需要正确的价值导向和价值目标，涉及文化为谁发展、为什么发展的问题。城市文化建设的重点是核心价值观的培育和践行，而文化自身发展的方向则主要表现为对正确价值目标的守持和传播。城市文化建设需要正确的价值导向，否则就会失去正确的发展方向，难以发挥文化应有的积极作用。城市文化建设的价值维度体现在两个方面：一是城市文化的核心内容是价值观念，价值观是城市文化的内核和灵魂；二是文化建设及发展受一定价值目标的引领。价值观反映一定社会主体的利益和需求，在中国，文化建设反映的是最广大人民群众的利益和需求，并渗透在文化的各种形态中，强烈地影响社会和人的行为。当代中国的主流价值观在中国特色社会主义实践基础上产生，实践为中国特色文化发展提供了基础和动力，党的十九大报告提出："发展中国特色社会主义文化，就是以马克思主义为指导，坚守中华文化立场，立足当代中国现实，结合当今时代条件，发展面向现代化、面向世界、面向未来的，民族的科学的大众的社会主义文化，推动社会主义精神文明和物质文明协调发展。"❶ 这为文化建设提供了基本思路与根本遵循，更是城市文化建设的根本价值取向和最高指导。其中，社会主义核心价值观为我国城市文化建设提供了价值目标、价值标准和价值维度，富强、民主、文明、和谐是国家发展的价值目标，自由、平等、公正、法治是社会发展的价值取向，爱国、敬业、诚信、友善是个人发展的价值准则。

中国城市文化建设过程中，存在认识上的误差和实践上的偏差，在认识上尚未明确城市文化建设应该坚持什么样的价值导向和价值目标，在现实中还存在一定偏离中国特色社会主义核心价值理念和本质要求的建设行

---

❶ 习近平. 决胜全面建成小康社会 夺取新时代中国特色社会主义伟大胜利——在中国共产党第十九次全国代表大会上的报告［R/OL］.（2017－10－27）［2021－05－01］. http：// www. gov. cn/zhuanti/2017－10/27/content_5234876. htm.

为。郝立新认为要重点关注思想教育和文化体制改革中的价值目标问题。❶思想道德教育注重人民群众的精神生活，包括精神追求、精神寄托、思想道德状况和文化生活等，并不断增强国家精神力量，尤其是国家文化发展过程中的领导力、国家道义影响力、国家工作人员及公民的思想精神状态。文化体制改革是"五位一体"改革中的重要部分，整体价值目标的出发点和落脚点在增进人民福祉和促进社会公正，坚持以人民为中心的导向，坚持把社会效益放在首位、社会效益和经济效益相统一，以激发全民族文化创造活力为中心环节。这些都是城市文化建设过程中从国家层面到地方层面在实践过程中不断探索出的价值追求。

（二）城市文化建设的目标定位

城市文化建设的目标为"文化城市"，一个有文化内涵的城市，一个以文化为中心的城市。"文化城市"是以文化资源为客观生产对象，以审美机能为主体劳动条件，以文化创意、艺术设计、景观创造等为中介与过程，以适合人的审美生存与全面发展的社会空间为目标的现代城市理念与形态。总体说来，文化城市具有两层内涵，即它既回答了当前城市发展的理想图景，也回答了实现这一目标图景的基本路径。文化城市理念的出现是世纪之交城市发展中的重大事件。从宏观语境而言，这一理念的出现得益于文化在当代世界各国整体战略地位中的跃升，文化的繁荣成为发展的最高目标。从微观语境而言，"文化城市"理念契合了城市转型的需要，许多城市将文化视为城市发展的新动力。在西方语境中，这一理念与欧洲一体化和城市复兴有着紧密联系，在我国则与城市转型和城市创新发展相关。尽管东西方城市在整体上对"文化城市"理念选择的时代语境稍有不同，但在城市现代化、全球化和城市化的历史进程中，"文化城市"理念以其独有的特性彰显出的魅力，将城市文化的地位提升到了一个全新的高度，并在多种形式的城市实践中不断丰富这一理念内涵。

文化城市作为一个当代性范畴，在理论层面上是对当代城市与文化关系的再认识。从城市发展的阶段性进程和实践来看，则构成了城市发展的高级阶段和新目标。文化城市本质上是一种不同于"政治城市""经济城市"的

❶ 郝立新.文化建设的价值维度［N］.光明日报，2014－02－19（013）.

新的城市发展模式。文化城市，必须以文化为其基本组织核心，贯注于"以文化城"这一基本理念。文化的多样性、多层次性决定了文化城市发展战略的多维度性。不仅需要关注城市居民的理性趋利决策这一本质特征，还需要关注城市居民构成的多样性引起的理性趋利决策产生的结果的多样性。与此同时，在满足这一趋利与增长需求的同时，还必须通过文化手段降低趋利心理所造成的城市认同感与归属感削弱、物质空间冷漠等负面影响。

"文化城市"的核心理念是"以人为本"，作为一个充满人情味的生活空间，应努力实现城市的发展依靠人民、城市的发展成果惠及人民、人民共享。"文化城市"作为城市的发展目标而言，也具有一定的阶段性，初级阶段是建设成为"一个有文化的城市"，高级阶段是成为以文化为中心的"文化中心城市"，如建设国际文化大都市、世界文化中心城市等。陈少峰提到文化城市的五方面要素：其一，一个城市要有丰富的文化内涵；其二，城市文化应以其生活文化为导向；其三，城市文化要有一定的独特性；其四，城市文化建设最好建设一种未来导向的文化；其五，文化人才是城市文化建设中的第一资源。❶ 同时，建设城市文化也有具体的目标要求和趋势。优秀的城市文化建设要对文化有特别高的敏感性，城市文化建设要具有较发达的满足型文化、提升型文化、支撑型文化和竞争型文化，要能不断地吸引优秀的文化人才进入城市文化建设中，不断输出城市自身的文化内容和文化产品，形成具有城市特色的文化产业和产业链，并重视文化与科技融合的发展趋势，注重青少年在新媒体时代的需求，重视文化内容生产和激励机制存在的根本性结构问题，扶植文化内容产业和提升文化内容产品的质量。

第三节　城市文化建设的构成框架

一、核心内容：历史和文化资源

历史和文化资源是新时代城市文化建设的核心内容，不仅代表城市身

---

❶ 陈少峰. 城市文化建设的几个视角［J］. 文化月刊（下旬刊），2013（02）：12－15.

份，蕴藏深厚的文化记忆和开发潜力，更是坚持文化自信，讲好城市故事、中国故事的珍贵资源。一方面，城市文化发展图景必须以深厚的历史背景和多样的文化资源为基础构成基本内涵，以满足城市居民多样性文化消费以及文化与情感交流的需求；另一方面，只有通过保护、传承、发展、创新，资本化转换、产业化运营和现代化宣传，一个城市的历史和文化资源才能被了解、认知、接受、传播，甚至形成产业化的发展。

伴随着经济全球化的发展，资本、技术等要素超越国界在全球范围内进行配置，从而加快了中国工业化、城市化进程。在城市面貌全面改观，为人们带来工作生活便利的同时，也出现了文化的失落、历史遗迹的消失、千城一面等诸多结构性问题。城市的历史厚度和文化资源禀赋一定程度上决定了城市文化的深度和维度，从城市历史积淀来看，城市拥有的悠久历史及留存到当代的物质文化遗产和非物质文化遗产，历史名人、城市典故、民间手工艺、城市的整体风貌等一切都是一个城市独一无二的特色。

城市历史与文化资源内涵丰富且形式多样，在城市文化事业和文化产业发展中可以找到很好的契合点，发挥重要的作用。如物质文化资源，保存较好的遗址、遗迹、纪念物等形式，可以真实地还原当时的历史场景，用于发展新闻出版、广播影视、文学艺术等事业，也可以作为文化企业开发的产品。同时，非物质文化资源有助于培育城市精神。新时代城市居民思想观念的综合就是城市精神，余秋雨曾说"文化是精神价值和生活方式，最后成果就是集体人格"❶，集体人格的形成离不开批判地继承和发展历史文化。结合城市的历史文化和现实特点凝练城市精神，更容易被居民认同和接纳，并在日常生活中不断实践。

利用城市的历史和文化资源加强城市文化建设，可以提高城市的文化品位，有效地抵制庸俗、低俗、媚俗之风。新时代城市文化建设亟须改进的问题就是"千城一面"，其根本问题在于城市缺乏特色。文化是一座城市凝聚力和自信的源泉，城市文化是城市的灵魂。建设什么样的城市文化就会形成什么样的城市特色，城市特色蕴含在城市的历史文化中。因此，

---

❶ 余秋雨. 文化：精神价值、生活方式和集体人格［EB/OL］.（2013－04－23）［2020－05－01］. http：//www.chinawriter.com.cn/news/2013/2013－04－23/160602.html.

要努力培育植根于城市历史、体现于城市现实、昭示着城市未来精神风貌的城市文化，统领城市制度文化、物质文化和精神文化建设，从而营造出与众不同的城市风格。

在中国，对于城市历史和文化资源的保护机制早在 1982 年就已经存在。1981 年，国家建委、国家文物局等部门向国务院提交了《关于保护我国历史文化名城的请示》报告；1982 年 2 月，国务院转批了这一请示，公布了首批24 个国家历史文化名城；同年出台的《中华人民共和国文物保护法》明确将保存文物特别丰富并且具有重大历史价值和革命纪念意义的城市公布为历史文化名城，标志着历史文化名城制度的设立（见表 1 - 1）。"国家历史文化名城"，即"保存文物特别丰富、具有重大历史价值或者纪念意义、且正在延续使用的城市"，并可细分为历史古都型、传统风貌型、一般史迹型、风景名胜型、地域特色型、近代史迹型和特殊职能型七大类。

表 1 - 1　历史和资源较为丰富的部分城市

城市名称	特色历史和资源	详情介绍
敦煌	"西域风情"城市	敦煌是一座具有"西域风情"的城市，以"敦煌石窟""敦煌壁画"闻名世界，地处中国西北内陆，戈壁、山脉、沙漠景观与中原差异巨大，个性化的自然景观使敦煌蒙上了一丝神秘的色彩。历史上的敦煌属于少数民族聚集地，处于西北游牧民族和中原农耕民族的交汇点，是丝绸之路上的重要节点城市，其人文建筑如"敦煌莫高窟"具有中西文化交融互渗的独特魅力，城市文化呈现出"华戎所交，一大都会"的特点
哈尔滨	冰雪文化名城	哈尔滨是一座冰雪文化名城，城市文化的特色主要来源于得天独厚的自然环境条件，纬度较高，冬季漫长寒冷，1月平均气温-19℃的气候条件赋予了哈尔滨独特的冰雪资源，依托冰雪资源开展的冰雕节、冰灯博览会、花样滑冰等人文活动使这座城市有了"冰雪之城"的称号
大理	浪漫之都	大理地处中国西南高原，自然环境景观引人入胜，蝴蝶泉、苍山、洱海、巍宝山、石宝山、鸡足山、茈碧湖等形成"洱海月照苍山雪，下关风吹上关花"（风、花、雪、月）的迷人景色，使大理具有别样的浪漫。同时《还珠格格》《北京爱情故事》等影视宣传，加深了大理"浪漫之都"的城市文化印象，酒吧、民宿以及互联网上的旅游宣传都具有浓郁的浪漫气息，形成了吸引青年男女的独特魅力

城市名称	特色历史和资源	详情介绍
乌镇	中国最后的枕水人家	乌镇地处中国江南地区水网平原，被称为"中国最后的枕水人家"，有"鱼米之乡、丝绸之府"之称。枕水而建，枕水而起，乌镇拥有最原始的水上阁楼，自然环境造就的人文建筑特色是城市文化最鲜明的亮点。2015年，世界互联网大会在乌镇召开，因此又得名"互联网小镇"，千年的古代文明与互联网文明相互交融，形成乌镇独特的城市文化名片
三亚	东方夏威夷	三亚市地处热带岛屿地区、拥有独特的海岛风情，四季温暖被称为"东方夏威夷"。三亚北靠高山，南临大海，有大小岛屿40个，主要岛屿10个，年平均气温25.7℃。三亚市拥有丰富的海滨风情特色文化旅游资源，其大东海旅游风景区、西岛海上游乐世界、三亚贵族游艇俱乐部、南山佛教文化苑皆为著名景区。除此之外，由于文化旅游资源丰富多样，三亚市也成为全国婚纱摄影取景的热门城市、蜜月旅行城市，围绕海滨旅游业的一系列配套设施的完善和文化旅游产品的创新，使"东方夏威夷"的影响力逐渐扩大

二、建设基础：文化事业

在我国，文化事业具有两层含义：其一，指文化事业单位组织；其二，指文化事业单位提供的文化服务和文化产品。二者相辅相成，构成了文化事业内容和形态的维度关系。何为文化事业，目前尚无统一公认的概念，现有概念主要从三个方面的定义：从目标取向来定义的、从价值取向来定义的及从层次内容来定义的。第一，从目标取向看，文化事业是指为满足人们娱乐、休闲、健身、求知、审美、交际等精神需要和求知需要而组织的活动，并提供经费、场地、器材和各种服务的社会公益性而非营利性的工作。第二，从价值取向看，文化事业是指以继承和弘扬优秀传统文化，吸收和同化优秀域外文化，丰富和提高人们的审美水平、思想觉悟、道德素养和才智能力，纯化和优化社会风气、生产秩序、行为规范与价值取向，并能给人的全面发展和社会的全面进步提供精神动力与智力支持为目的的文化建设。第三，从层次内容看，文化事业包括三个层次：第一层次是泛指整个文化，人们通常所说的"发展文化事业"就是指发展整个文化；第二个层次是指与文化产业相对的整个文化事业，具体包括公益性文化和部分亚市场文化；第三层次是指文化事业单位，包括音乐、歌舞、戏曲、话剧、杂技等艺术表演团体，地方公共图书馆、博物馆、文化馆，文学艺术、文物研究单位、画院等。在本书中，文化事业是指与文化产业相对的概念，作为中国特色社会主义建设的精神动力和智力支持，强调文化事业的公益性属性和传承中华民族优秀传统文化的独特性，既包括公共文化的产品和服务，又包括相关文化事业单位。

新时代城市文化建设的核心是满足人的精神需求，满足精神文化需求是满足人民日益增长的美好生活需要的重要内容。满足人民过上美好生活的新期待，必须提供丰富的精神食粮。这说明，作为公共文化产品及服务提供者的文化事业是城市文化建设的基本保障，为人民服务、为社会主义服务，实施文艺作品质量提升工程、实施全媒体传播工程、创新实施文化惠民工程、加强国家重大文化设施和文化项目建设等，让人民享有更加充实、更为丰富、更高质量的精神文化生活，从而不断增强人民的文化获得感、幸福感。习近平总书记在党的十九大报告中指出要"完善公共文化服务体系，深入实施文化惠民工程，丰富群众性文化活动"❶。在中国，文化事业建设以公共文化服务体系建设为主要内容，公共文化产品是公共文化体系构建中的重要要素。公共文化服务体系主要包括先进文化理论研究服务体系、文艺精品创作服务体系、文化知识传授服务体系、文化传播服务体系、文化娱乐服务体系、文化传承服务体系、农村文化服务体系七个方面，致力于构建公共文化服务网络和建设公共文化服务的各项工程。

三、发展驱动：文化产业

"文化产业"概念的提出起源于德国的霍克海默（Max Horkheimer）和阿道尔诺（Theodor Adorno）在 1947 出版的《启蒙辩证法》中的"Cultural

---

❶ 习近平．决胜全面建成小康社会　夺取新时代中国特色社会主义伟大胜利——在中国共产党第十九次全国代表大会上的报告［R/OL］．（2017－10－27）［2021－05－01］．http：//www. gov. cn/zhuanti/2017－10/27/content_5234876. htm.

industry"。以霍克海默和阿道尔诺为代表的法兰克福学派对文化产业基本持否定态度，他们认为，文化产业的存在和发展是资本主义社会衰退的标志，是一种严重的异化行为。在不同的国家、不同的历史与文化背景和不同的意义上，这一概念有时候也被称为"文化工业""大众文化""通俗文化""媒体文化""内容产业""版权产业"等。英国称为"创意产业"（Creative Industries），在日本则统称为"娱乐观光业"。联合国教科文组织将文化产业定义为结合创造、生产与商品化等方式，其本质是无形的文化内容。这些内容基本上受到著作权的保障，其形式可以是商品或服务。虽然不同组织和国家对文化产业的界定表述不一致，但是具有共识和互补性，其内涵包括：符号性商品和服务、凝结知识产权、传递象征意义、传统与现代共存、具备产业体系。

我国对文化产业的认识可以追溯到 1985 年。在国务院办公厅转发国家统计局《关于建立第三产业统计的报告》中，文化艺术作为第三产业的一个组成部分被列入国民生产统计的项目，从而确认了文化艺术的商品属性和产业属性。但直到 2000 年，文化产业的概念才出现在中共中央关于制订"十五"计划的建议中。2003 年 9 月，文化部制定下发的《文化部关于支持和促进文化产业发展的若干意见》将文化产业界定为"从事文化产品生产和提供文化服务的经营性行业"。文化产业是与文化事业相对应的概念，两者都是社会主义文化建设的重要组成部分。2004 年，国家统计局对"文化及相关产业"的界定是：为社会公众提供文化娱乐产品和服务的活动，以及与这些活动有关联的集合。本书认为，文化产业是指从事文化产品的研发、生产及营销的经济业态。随着网络直播、手机游戏等数字文化产业的出现和发展，文化产业的内涵与外延将随之发生改变。

文化产业作为新兴的产业类型，兼具经济效益和社会效益，是城市文化建设的主要发展驱动力。文化产业不仅是光鲜的城市名片，更是城市经济发展的新引擎。（见表 1-2）文化产业不但能提升城市居民生活品质，还能吸纳就业人口、丰富文化产品与市场。随着经济结构的调整，文化产业在城市经济中的比重会越来越大，将成为衡量城市经济发展水平的重要标志。创意农业、观光工厂的迅速崛起就是得益于文化产业对第一、第二产业的支持和丰富。同时，文化产业是感性和理性的结合，也是科技和文化的融合，在物质生活极为丰富的今天，人们在文化消费的时候更加注重价值感、情感以及美感的体验和收获，而文化产品的品牌最大程度地满足了消费者对于某种文化的认同，所以在互联网及社交媒体的发展改变了人们接受和传递信息方式的当下，"文化产业"本身则成为一种传播内容及传播渠道，更为直接、有效地传递城市形象的渠道。

表1-2 文化产业发展较快的部分城市

城市名称	代表性文化产业	详细介绍
中国横店	影视产业——影视文化	横店镇位于浙江省金华市东阳市中南部，始建于1996年的横店影视城，是全球规模最大的影视拍摄基地，更是集影视旅游、度假、休闲、观光为一体的大型综合性旅游区。影视城包括广州街、香港街、明清宫苑、秦王宫、清明上河图、梦幻谷江南水乡、明清民居博览城、华夏文化园、屏岩洞府、大智禅寺、民国街、春秋园、唐宫等十余个影视拍摄基地。2004年，横店影视产业实验区被确立为中国唯一的"国家级影视产业实验区"，被美国《好莱坞》杂志称为"中国好莱坞"。 每年平均有一百多部电视和电影在横店进行拍摄，中国三分之一的古装剧基本都在横店完成。横店不仅是一个巨大的影视生产基地，更是一个以影视文化为特色的综合旅游区，影视演职人员、艺术家、粉丝、游客等各类人群交汇在横店，彰显着多元包容、锐意拼搏、吃苦敢干、娱乐休闲的特色影视文化
中国景德镇	"陶瓷之都"——陶瓷文化	景德镇是中国作为"瓷器之国"的代表和象征，制瓷历史悠久，瓷器精美绝伦，闻名全球，有"瓷都"之称。 景德镇位于中国江西省东北部，坐落在黄山、怀玉山余脉与鄱阳湖平原过渡地带，被称为"世界瓷都"。宋真宗景德元年（1004），因该镇产青白瓷质地优良，遂以皇帝年号为名置景德镇，沿用至今。 在新时代，景德镇以陶瓷文化资源为依托，以陶瓷文化大项目建设为带动，积极发展陶瓷创意文化产业，构建了景德镇陶溪川国家陶瓷文化产业园、市中心城昌南拓展区、陶瓷工业园区和高新技术产业园区等文创产业园区，并以古窑民俗博览区为重点，打造了绿地陶瓷文化旅游城，首创了"中国高岭国际陶瓷艺术大赛展"品牌文化会展及配套陶瓷交易平台，带动陶瓷教育和资讯传媒中心的建设及文化创意、经营、经纪、科技研发等高级专业人才的培养

四、空间载体：文化空间及景观

城市文化空间及景观是城市文化建设的物质载体。空间作为城市发展所依赖的重要资源之一，要塑造独特的城市文化特质与内涵就必须认真审视、规划和营造城市的文化空间。空间和景观是一种物理空间形态，但在城市文化建设中最终表现为一种社会关系。对物理空间形态进行分工、布局与建构，展现的是关于人的精神关怀、精神满足和精神自豪。列斐伏尔著名的空间生产理论就强调城市文化空间建设中所含的文化关系、政府关系与经济关系。文化空间是城市的有机片段，本质上是文化习俗和城市记忆的产物，文化的一部分被编译到空间及景观的具体表现形式中。德波（Debord）提到，资本主义发展模式使社会景观化，而具象空间是空间表征控制下的服务于统治阶级的符号积累，常见的表达中"高耸入云的摩天大楼则隐喻着权力中心"。随着城市建设的发展，城市景观从垂直化带有权力符号的隐喻逐渐出现水平化、扁平化趋势，代表着亲民、平等、包容、博爱等。中国学者王树声则提出了从"人聚"发展到"人居"再到"仁居"城市文化空间规划的"中国模式"。城市生产功能之上还承载着生活功能，而对于城市文化建设而言，在生产、生活之上还有生命，按照中华民族的文化价值观和理性的图景来营造城市，那就是"仁居"。将重点放在城市物理空间文化建构的城市表达语言和叙述语言体系上也是文化空间发展的重要趋势，伴随着城市公共权力的积累、城市市民生活的积累和城市记忆及城市文化遗产的积累，城市公共文化空间的表达语言及叙述语言体系也愈发复杂，一座城市一定体现着某种"中心性"，可能是神圣的中心、权力的中心、资本的中心、商业的中心等。这种中心性的体现，往往通过庄严的宫殿庙宇、宏伟的建筑、宏大的广场、宽广的街道，显示城市的宏丽与庄严。市民生活主要体现在社区、街巷、商业中心、市民生活广场等空间上，其空间形态往往呈现出小街区、小广场、密路网、混合业态等特征，这些空间是宜人的城市文化生活尺度，也是体验城市文化生活的最佳场所。最重要的城市记忆和城市文化遗产的积累，主要表现在城市历史建筑、历史街区、历史纪念物形成的历史记忆空间，以及由博物馆构筑的城市遗产记忆的保存和展示空间。一座有丰富文化内涵的城市，一定是一座"博物馆之城"，例如阿姆斯特丹由博物馆协会登记在册的便有63座博物馆，另外还有为数众多的历史纪念建筑或私人博物馆在特定日期开放。

具体而言，文化空间有三层含义：首先，文化空间是城市各种历史记忆、现代文化、创新思维的重要载体，满足民众多样的精神需求；其次，文化空间能够反映城市独特的面貌与内涵，在决定城市的精神尺度与价值追求的同时，也是推动经济发展和社会和谐的主要因素，是国际城市吸引力和竞争力的核心内容；最后，文化空间是城市空间体系的重要组成部分，可以通过规划的手段对资源进行优化配置，从而实现城市更新语境下的城市文化再塑造。从旅客视角看，城市文化空间及景观是短时期内形成对城市认知、体验和综合性印象的直观载体，人们可以通过城市空间格局、建筑、景观等外在形象以及在空间中生活的城市居民的生活状态及精神面貌了解一个城市。尤其是一些历史性景观，历史性景观的呈现，不仅是为了讲述历史故事，更蕴含着对当下"宜居"发展的诉求，时间范畴上属于历史，空间表征却属于当下，具有更深刻的含义和影响力。

当代城市文化空间及景观构建过程中，注重城市地方文化特质的营造、注重文化和商业的结合、注重标志性文化景观的打造。通过对空间、建筑、景观、商业设施、公共设施赋予其具有地方特色的文化元素和符号，让某一空间成为表达和体验城市文化特色的最集中的区域，并结合商业发展趋势，发挥文化空间的多重功能属性，打造知名的文化地标和标志性的文化景观，如长沙超级文和友、北京南锣鼓巷等。

长沙超级文和友。文和友是湖南文和友文化产业发展集团有限公司旗下的品牌，致力于传统民俗餐饮文化的研究和文化消费场景的综合营造，创造中国美食迪士尼。文和友餐饮模式，注重挖掘地域民间小吃，结合潮流文化打造消费场景，发扬市井美食的魅力，将故事和人情融入场景中。并坚守"正直、荣誉、牺牲、创新、个性、分享"的价值观念，打造独具老长沙韵味的文化空间和文化景观。文和友围绕复古文化、市井文化的主题核心，影响游客对时间、空间以及事物的体验，引导游客对文和友这一空间的感知。以长沙超级文和友为例，其通过2万平方米的空间"还原"

了 20 世纪 70—80 年代的老长沙社区生活景象，这一设计获得了 2019 年德国红点奖年度最佳设计奖，复古空间设计与当下的现代都市建筑形成强烈反差，一方面可以满足消费者的猎奇心理；另一方面市井氛围能够为消费者带来情感上的共鸣，激发消费者的怀旧心理与复古情怀，并进一步促进文化传承、传播传统人文艺术、推广潮流文化，"超级文和友不再只是一个龙虾店，更是一个文化展示的场地、青年聚会的空间"。

北京南锣鼓巷是北京最古老的街区之一，位于北京中轴线东侧，拥有北京保护最完整的四合院区。南锣鼓巷是一条南北走向的街巷，长约 786 米，东西各延伸出 8 条胡同，保存着元代"鱼骨式"街巷空间结构模式，由于其特殊的空间肌理，又被称作"蜈蚣巷"。胡同里有不同年代各种形制的府邸和宅院，保存着元大都里坊的历史遗迹，拥有各级文物保护单位 19 处，被北京市政府列为第一批 25 个历史保护街区之一，是中国同类历史街区中规模最大与文化最丰富的街区之一，文化空间呈现出历史厚重深邃的特点，有极为重要的历史文化价值。当今，南锣鼓巷的发展是历史和文化的结合，建筑本体、衍生产业空间和创意空间成为古巷发展的最大特色。电视剧及电影常在南锣鼓巷取景拍摄，国外游客将其列为北京的必游景点之一，时尚青年常来古巷酒吧打卡，将南锣鼓巷酒吧称为"翠绿色的酒吧"。四合院小平房，门口高挂红色灯笼，传统、朴实的建筑外观，传统的老北京居民区，每一处景观都诉说着历史，展现着老北京味道。而僧格林沁、齐白石、茅盾等名人故居，遗存的王府和宅院，更生动地为我们讲述着当年的历史和文化。相关咖啡馆、酒馆、住宿、书店等文创产业的发展，又为南锣鼓巷注入新鲜血液，在空间上体现出传统与现代的交相呼应、传承与创新的和谐统一。

五、综合展现：城市形象与精神

城市形象与精神是城市文化建设的综合展现，高度凝练着城市的整体风貌和集体性格。作为国家形象子系统，城市形象的概念内涵广泛，既有城市形象是城市景观特色的景观说，也有城市形象是城市真善美高度统一的艺术说，还有城市形象是城市知名度和影响力的传播说，以及城市形象是独有的城市文化、城市精神、城市性质、城市区位和城市底蕴的综合体说。城市形象是城市本质的自然流露，更是政府经营的重要领域，不仅作为城市可资经营的无形资产，更能成为城市竞争的资本实力，不好的城市形象会造成城市资产的贬值，继而损坏城市公共利益，导致城市资本的流失。在本书中，城市形象侧重的是城市认知，是社会公众对某一城市认知的印象综合，是人们对城市的主观看法、观念及由此形成的具象或镜像，由精神形象（信念、理念等）、行为形象与视觉形象（形象与识别系统等）三个层次组成。

城市形象能够增加城市的知名度，提高城市的核心竞争力。城市形象反映了城市自然地理形态和城市文化的历史延伸，反映了一个城市的内在文化性格和魅力品格。在大众心目中产生好感且具有鲜明形象的城市，往往成为世界聚焦之地，引领世界经济、文化潮流。城市形象使城市竞争具有了垄断性资源，在城市竞争手段、方法、内容和形式越来越趋同的情况下，城市形象是城市寻求差异化竞争、追求注意力经济的绝佳手段，特别是在文化经济时代，城市形象的影响力显得比以往任何时候更加重要。良好城市形象就像一个巨大的磁场，不断吸引人才和投资，通过重新优化组合，形成强大的核心竞争力，从而推动城市的全面协调发展。

城市形象本身就是一种无形资产，能提高城市的增值能力。城市形象是在城市文化资源开发的基础上对无形财富的有形化。对城市形象的营销和推广则是对其进一步的资本化，城市形象既是一种产业力量又决定着城市发展的质量。良好的城市形象在推动城市经济社会发展的同时，可以提高城市凝聚力，优化城市结构。首先，构建城市形象可以达到整合城市政治、经济、文化、社会和心理等方面的各种要素形成整体统一的传达机制和识别机制，最终达到城市经济、政治、文化和社会各要素的优化。其次，城市形象能促进城市所特有的产品、服务乃至产业的发展，为本地企业开拓市场提供巨大支持，引领城市的各种文化资源获取发展优势。最后，城市形象可以与消费者在精神高度上形成共识，达成与消费者的共鸣，促成消费者的购买行为，并逐渐培养一批忠诚于本地城市文化的消费者，形成城市文化品牌，从而获取持续和差异化的竞争优势。

城市形象能够引导城市文化空间的建设，保障城市居民的文化权益。公共文化空间是一个城市现代化水平的重要衡量标准之一。城市文化空间的布局及建设水平与城市居民的文化权益息息相关，以城市形象为引导构建特色鲜明的城市标志性文化空间可以满足现代人在博物馆、美术馆、图书馆、音乐厅等地方享受文化，触摸一个城市独一无二的气质，寻找城市归属感的内心需要。文化产业园区和城市文化综合体则是近几年新兴的城市文化空间，改变再造了城市的空间格局，使文化创意产业集聚发展，与原有文化生态环境和人们的生活方式很好地结合起来，逐步凸显了一个城市的文化魅力。城市形象是对一个城市文化的历史记忆，它能够引导产业园区，实现历史文化遗产保护和现代城市功能扩展相结合。西安曲江着眼于挖掘城市的历史文化资源，使中华唐文化与现代体验生活实现了良好的融合，把"大唐盛景"打造成文化产业园区品牌，拉动了西安具有文化资源优势的后发中心城市的文化产业发展。华侨城延续并升华了深圳创新、时尚、前沿的城市形象，致力于打造独特的创意文化和个性化的生活体验，不断提升市的生活品质，以文化旅游业引领文化产业的整体发展，产生了良好的经济和社会效益。

城市形象有利于开展对外交流，提高城市国际化水平。现代城市发展进入了"以人为中心"的个性发展阶段，城市的个性化和独有的历史文化特质，不仅满足人的个性化需要，而且成为现代城市竞争和发展的新需要，独特的城市形象不但可以增加城市的文化吸引力，还可以带领城市走出国门、走向世界，进而引领城市企业、产品、品牌和旅游资源走出城市、走向世界。中国是一个地域辽阔的国家，不同城市无论是在地理环境、资源环境还是人文社会环境等方面都有着很大的差异，具有鲜明的文化特色。在城市开展对外交流的过程中，成功的城市形象更易于搭起城市与世界各国交流合作的平台，从而减少文化摩擦，达成文化认同，赢得国际公众的了解，在众多城市中脱颖而出，赢得发展先机。通过吸引国外大的公司和金融机构进驻，在国际范围内带动更多的资金流、人才流、信息流，从而提高城市的国际化水平。

六、组织保障：政策与机制

城市文化建设要软硬兼施，既要有硬件设施、政策、体制、机制的支撑，也要有软件内容、项目、活动、品质的提升，内外兼修才能促进城市文化焕发新时代的光彩。而政策与机制是城市文化建设最坚强的组织保障，文化政策指在一定时代、一定社会条件下，国家级、省级、市级行政机构针对文化领域所颁布的相关规定和政策原则，主要为文化事业和文化产业两大领域进行行政管理所采取的一整套制度性规定、规范、原则和要求。文化机制为文化领域各要素之间的结构关系和运行方式，包括城市文化建设有机体的构造、功能及各要素之间的相互关系，协调各个部分的关系以更好地发挥作用的具体运行方式等。城市文化机制的建立靠体制和制度，体制可简单地理解为城市文化建设组织职能和岗位权责的调整与配置，制度包括国家和地方的法律、法规以及各级组织内部的规章制度。只有通过相应体制和机制的建立以及改革，才能在实践中得到体现。城市文化建设机制可以划分为运行机制、动力机制、创新机制和约束机制。文化机制是具体制度背后更具稳定性的原理原则，是基于外在刚性（强制或物化）的行为准则或导向。

在中国，政策与机制应以满足人民群众对美好生活新期待为出发点和落脚点，文化政策已经从高度集中管制的管理模式中脱胎出来，文化政策及体制机制覆盖面广、改革动力强、指导性强，为促进社会主义文化大发展大繁荣、文化发展结构优化升级、现代文化市场主体加快构建、国际文化稳步提升、文化自信不断强化，文化政策及机制必须坚持把社会效益放首位，坚持社会效益与经济效益相统一。

政策及机制的配套，有利于加强部门联动，不断促进综合型政策成主导。现有文化政策涉及文化消费、公共文化服务体系构建、知识产权建设、数字创意产业、对外文化贸易、文化法律法规等各个领域，综合性较强，文化发展多方发力、联动实施不仅能够提升文化政策的实施效率，也能够拓宽文化发展领域、提升文化政策制定的科学性。部际联系加强，推进文化政策从"小文化"向"大文化"转变，这些已经成为城市文化建设的大趋势。而在机制配套上，中国城市文化建设实现了从"办文化"到"管文化"再到"治文化"的转变。近几年政府积极推动文化产业发展，促进市场化改革，加快政府职能转变，大幅度减少对资源的直接干预，并且根据市场规律、市场价格和市场竞争来促进资源配置，通过出台各种管理办法、规划计划、行政审批等行政管理手段来指导和规范文化发展，推动从文化管理向文化治理的转变，从"办文化"到"管文化"转变效果明显，从"管文化"到"治文化"的管理方式也在稳步进行。

第四节　城市文化建设相关理论

一、文化资本理论

在文化研究领域，关于文化修养、文化能力、文化权利、文化霸权、文化分层、文化品位等将文化作为社会构建与社会发展重要因素的论述不计其数。但最早将文化定义为一种可生产、可传递、可积累、可转化、可再生的能作用于社会发展、家庭建设和个人成长的资本的是皮埃尔·布迪厄（Pierre Bourdieu）基于隐喻意义提出的"文化资本"（Cultural Capital）概念。布迪厄 1973 年将文化资本描述为"语言和文化能力，并且只有在文化传播主导文化时由家庭抚养才能产生对文化的熟悉关系"，是文化资本的最早定义之一。

1986 年，布迪厄在《资本的形式》一书中对资本进行了独特阐述，他认为资本积累是劳动的结果，资本形成的过程是劳动积累的过程，物质世界因为劳动而呈现出"人化"特征，并逐渐转化成文化世界。这与马克思将资本定义为能"带来剩余价值的价值"、能"增殖的价值"有相近之处。对于布迪厄来说，资本是指可以创造、积累、交换和消耗的有价资源形成的权力。当有价值的资源通过成为"争夺"的对象而充当"社会权力关系"时，它们就变成了资本。资本是通过人力劳动产生的，并以四种通用形式呈现：经济（金钱和财产）、文化（信息、知识、教育证书）、社会（熟人和人脉）和象征（合法性、权威、声望）。它们可以包括但不限于马克思定义的剥削技术过程，更一般地指向任何类型的权力资源，其功能是施加将内部人与外部人分隔开来的社会封闭形式。

故布迪厄提出经济资本（Economic capital）、社会资本（Social capital）和文化资本（Cultural capital），用以解释新的社会世界的结构和作用，用以阐明经济场域和非经济场域中个人行为选择的不同及依据，用以标识物质社会中知识经济的新趋势和知识社会的形成。经济资本最接近马克思界定的"资本"概念，能"带来剩余价值的价值"，能"反映一定历史社会形态的生产关系"，能"体现在一个物上，并赋予这个物以独特的社会性质"，并落脚到"支配一切的经济权力"，以金钱为符号表征，以私有财产为主要区分内容，以产权制度为保障。社会资本强调在社会关系网络中个人的特殊地位和特定联系，以身份地位、职业职位、声望名誉、社交网络等为符号表征，指向社会地位，以社会权力制度为保障。文化资本是新的文化世界出现和发展的产物，传统的资本观不能解释在非经济场域下每个人的行为选择及背后原因。文化资本以三种不同的状态存在：体现的（内部化的文化倾向）、客观的（文化产品）和制度化的（教育证书）。❶ 布迪厄和沃克奎特（Wacquant）1992年（根据相对于布迪厄更广泛的理论框架的文化资本引述）指出，文化资本可以更恰当地被视为"信息资本"，以包括任何具有文化功能的文化形式，而不仅仅是精英文化。在资本的这种概念化中，布迪厄认为文化资本虽然不同于经济资本，但通常与经济资本密切相关，因为在幼儿期和扩展的正规教育中积累文化资本所需的时间和资源以足够的经济资本为先决条件。

布迪厄将文化作为一种资本形式的概念源于他早期的实证研究，该研究表明在法国教育成就与家庭文化背景（特别是父母的教育）的关系比收入更为密切。在20世纪60年代初期，布迪厄发现，尽管在没有学费的体系中制定了扩大教育机会的政策，但在法国的大学和专业学校中仍然很少见法国工人阶级青年。对于布迪厄来说，使用"文化资本"这个词是对研究发现的强调，即打破教育成功源于"自然态度"的普遍认知，而点出在家庭代际传递的文化优势具有重要影响。

随着布迪厄研究的深入和领域的扩展，文化资本概念逐渐演化为指代作为权力形式发挥作用的各种文化资源，比如教育学位、知识、文化敏感性或倾向、信息等。布迪厄用文化资本来分析教育不平等、文化和艺术生产、品位和生活方式、政治观点的形成、精英及行使权力等的研究。《区分：鉴赏判断的社会批判》一书是布迪厄关于法国分层结构的重要的概念

---

❶ 朱伟珏. "资本"的一种非经济学解读：布迪厄"文化资本"概念 [J]. 社会科学, 2005（6）：117–123.

和实证工作。这本书将各种文化习俗和观点与教育资本和社会起源联系起来，并考察了法国不同社会阶层中各种形式的文化资本的不平等分布，展示了这些不同形式的文化资本如何塑造品味、生活方式和政治观点。《艺术的法则——文学场的生成与结构》一书汇集了布迪厄关于艺术、文学和美学的一些重要研究，包括许多对文化资本的引用，说明了布迪厄如何在文学和艺术领域运用这一概念。《国家精英：名牌大学与群体精神》为布迪厄对法国官僚和企业精英的形成和合法化的最广泛研究。《继承人》记录了社会出身与学校成功之间惊人的统计关系，并表明那些因家庭背景而拥有文化资本的学生最受学校系统青睐。此外，学校表面上根据学生的天赋和努力奖励学生的精英意识形态掩盖了社会特权通过文化资本的传播而得到加强的过程，从而使不平等的社会秩序合法化。《再生产》被认为是当代经典，并在教育社会学中被广泛引用。该书使文化支配理论正式化，并通过实证研究将文化资本的不平等分配与法国高等教育中的中上阶层支配地位联系起来。

在社会学领域，文化资本包括一个人的社会资产（教育、智力、言语风格、着装风格等），它们促进了分层社会中的社会流动。文化资本在实践经济（即交换制度）中作为一种社会关系起作用，并包括赋予社会地位和权力的积累的文化知识。它包括社会认为稀有且值得寻求的所有物质和象征性物品。文化资本将社会阶级与文化联系起来，本被认为是社会阶层微妙地影响教育成就的一种方式，被描述为通过将阶级优势传递给下一代来支持社会再生产的文化再生产，通过教育实现文化和社会再生产的一种机制。

在教育学领域，文化资本强调文化能力的习得和代际传递，注重家庭教育和学校教育的研究，尤其根据布迪厄的文化资本再生产这一论述，对家庭初期教育和学校的精英教育有广泛的研究。布迪厄认为社会在生产中主要分为两种：一种为经济资本的再生产，家庭的私人财产从一代传向下一代，为直接再生产；另一种是文化资本的再生产，主要通过家庭教育和学校教育进行间接传递，教育使不同阶级或等级的人群及后代获得进入不同阶级或等级的机会或凭证。从早期家庭内部的社会化中，子女获得父母的"惯习"，文化资本成为家族隐性传承的非物质财富；到后期学校教育作为文化资本积累的重要渠道，个人为实现自我价值而对自身进行教育投资，以便获得一定文化能力或文化技能。

在经济学领域，文化资本更贴近"资本"的经济学语义，戴维·思罗斯比说道："文化资本是以财富的形式具体表现出来的文化价值的积累。这种积累紧接着可能会引起物品和服务的不断流动。与此同时，形成了本身具有文化价值和经济价值的商品。"经济学并不是文化资本的对立，相反，只有在联系文化价值和经济价值的基础上，才能构建出完整的资本概念体系。不论是有形的文化资本，如富含文化意义的建筑、遗址、艺术作品等，还是无形的文化资本，如信念、信仰、传统、想法等，这些文化财富促进了服务的流通，最终被当作私人或公共物品被消费，并可能产生新的文化商品和服务，甚至文化资本。而值得关注的是，文化资本是文化产业概念体系中十分重要的一环。有的学者认为，文化并非资产，而在现代产业产权制度作用下，文化资本才能逐渐形成，文化资本为文化资源向文化产业转变的关键。

文化资本可以理解成在文化生产领域进行的劳动积累，文化劳动的积累最终产生一种力量，这种力量可以影响社会权力结构、阶层划分和社会资源分配，文化资本是以文化为形式、以资本为本质的一种资本类型，在发挥作用时要使价值出现增值的效果。

二、城市更新理论

城市更新（Urban regeneration）的实践起源于19世纪，并在第二次世界大战后以西方国家城市中心区的大规模推倒重建式更新运动中达到高潮。城市更新实践及理论开始时专注于物理空间的维护和提升，如解决住房问题、交通规划问题等，后期转向城市经济、社会、文化、生态等多维度综合的发展，尤其到21世纪，城市更新更加关注地域文化的多样性和延续性。西方国家城市更新实践经验丰富，距今已有近100年城市更新的历史。城市更新的两大要求如下：第一个从经济观点出发，要求城市发展过程中扩大产业区域，满足日益活跃的经济活动，保证土地的高效利用和交通的便利，如对高层建筑、城市基础设施、商业设施的投资等，主要在美国发展；第二个从社会福祉出发，要求对城市中被弃置的不良居住区和生活环境进行改善，如工业遗址绿地化改造、老旧住宅的取消、历史建筑物的保护，在以英国为代表的欧洲较为盛行。

城市更新概念最早在 1958 年 8 月荷兰海牙召开的首届城市更新国际研讨会上提出，该会议将城市更新界定为"城市改善"。具体而言，是指"生活在都市的人"对自己所处的环境和生活存在"不同的希望和不满"，要求"改善"生活环境、落实都市改善计划，交通、住宅、土地利用、购物、游乐、市容等与舒适生活相关的各个领域、各个方面。到 1992 年，在《为了 90 年代的城市复兴》中将城市改善的本质定义为解决城市问题，城市更新为更好地寻求持续性改善，解决经济、社会、自然环境等方面的城市问题。随后，《英国大百科全书》提出城市更新是一个对各种复杂问题进行全面重新调整的综合计划。《现代地理科学词典》则将城市更新概括为经过城市改造促使城市呈现新的面貌，追求振兴中心地区、增强社会活力、优化城市环境、增加税收、改善社会环境等目标。而《城市规划概论》一书将城市更新聚焦在一系列再开发，与新开发相对，新开发针对未开发的土地，再开发则指向现有的城市。城市更新作为一系列的再开发，整体上致力于改善城市功能。

中国城市更新概念的核心点落脚于有机更新、城市再生、城市复兴三大方面，经历了从强调城市"新陈代谢"，突出经济在城市更新中的作用，到解决城市化过程中的城市问题，促进城市的可持续保护与发展，再到现在强调文化为魂的有机更新。有学者提出城市自身在不断进行改造与更新，是一个"新陈代谢"的过程。城市更新的目的在于振兴大城市的经济中心，改善建筑及环境是吸引中上层居民居住于城市、强化社会活力的有效方法，更新除了改建设施简陋的地区，还注重对具有历史价值和风貌特色的旧建筑物及地区进行维修保护。还有学者主张有机更新，追求现在与将来的平衡关系，城市规划、设计、改造、提升都应以"适当"和"完整性"为指导，从而实现整体环境的改造。

综合国内外城市更新实践与概念演化发展可知，城市更新与城市重建（Urban renewal）、城市再开发（Urbanre development）、城市振兴（Urban revitalization）和城市复兴（Urban renaissance）等相关术语侧重点不同（见表 1-3），在城市更新发展的阶段。城市更新的术语表述及内在含义是复杂的，有时候术语会出现时间和区域的重叠，如荷兰在相当长时间内使用"城市重建"这一术语，但在内涵上却加入"城市更新"方面的修正，而 20 世纪 80 年代英国使用的"城市更新"却又侧重于"城市重建"。一般而言，20 世纪 50 年代的城市重建术语侧重采用物质干预进行重建，带有一定的贬义色彩，多与"推土机式清除"（Bulldozer clearance）联系起来，通过大拆大建快速实现城市环境和经济的恢复。而城市再开发（Urbanre development）则是通过大量土地的开发和再利用，以实现空间功能的转换，一定程度上反映出市场失灵情况下政府对城市开发的再调节。城市重建和城市再开发都是以振兴经济为核心，以增加税收来源、吸引更多高中产家庭为目标，以物质环境改造为城市发展的主要途径。城市振兴则是针对某个特定区域，旨在实现区域性经济、文化、生态的提振和发展，体现出多方利益团体的合作。城市复兴则蕴含着人们对城市文化、思想、经济、环境、政治等多个方面的美好愿景，是一种对理想城市模式的追求，带有一定乌托邦色彩。而城市更新则与城市衰退（Urban degeneration）相对，是解决城市问题、扭转城市衰退的完整过程，与城市复兴相比，城市更新更聚焦解决城市发展过程中的实际问题，不仅一味追崇理性模式，更注重从理想中找到可为现实借鉴的优良方法。

表 1-3　城市更新相关术语说明

城市更新相关术语	时间阶段	语义侧重点	主要利益主体
城市重建 Urban renewal	普遍存在 20 世纪 40 年代"二战"后，某些国家始于 19 世纪末	强调拆毁（拆迁）和推土式重建，大拆大建。住房等物质环境的改善，范围指社区和街区范围	政府和部分私营部门
城市再开发 Urban redevelopment	20 世纪 40—50 年代	对城市内已开发但过时、废弃的地区进行更新改造，实现土地的再次开发利用，侧重空间的功能变更	政府与私人开发商
城市振兴 Urban revitalization	20 世纪 80—90 年代	赋予新生，指向性强，针对城市某一特定区域提出加强和提升	城市开发公司集团、社会团体

续表

城市更新相关术语	时间阶段	语义侧重点	主要利益主体
城市复兴 Urban renaissance	20 世纪 80—90 年代	带有一定乌托邦色彩的城市理想，带有城市全面复苏的美好愿景，强调城市的社会福祉、文化、经济、环境、政治等方面的可持续发展	政府、私人开发商、社会团体、公众
城市更新 Urban regeneration	20 世纪 90 年代后	强调对建成环境的管理和规划，与城市衰退（Urban degeneration）相对，侧重对城市问题的可持续改善和城市的整体提升	政府、私人开发商、社会团体、公众、学者专家等多方协同和合作

城市更新作为振兴城市产业经济，复兴城市功能，实现城市经济、政治、社会、文化、环境良性发展的有机生态体系和持久性活动，从最初西方旧工业城市经济复苏和环境恢复的特定策略逐渐演变为当前全球范围内城市化发展过程中采取的改善城市问题、进行制度建构、协调空间资源的综合再开发、整治改善及保护手段，具有经济、政治、文化新倾向，发展思路从扩大增量到优化存量，各地城市希望通过有机更新建造具有生活味道和文化特色基因的城市。

三、创意城市理论

（一）创意城市内涵

创新城市是创意经济发展过程中出现的城市复兴与城市转型的一种新模式。创意城市的关键在于挖掘和开发城市中的创意资源、创意文化和创意环境。创意城市广义上是指人们为适应不同时代的发展需求，通过采取创造性思维和行动来实现综合发展的城市；狭义上是指以创意经济为动力，实现城市的更新和创新发展，涉及城市设施、产业发展、文化资本、形象营销等。

创意城市的出现和发展，是城市演变的规律所指，是社会经济发展与人类行为互动的结果。21 世纪初期，加拿大学者尼尔·布拉德福德（Neil Bradford）提出创意城市是一个动态的、实验的创新场所，"在那里，思想新颖而活跃，各行各业的人们聚集在一起，在这个更适合他们的社区中生活、工作和休闲"❶。创意城市的概念不仅包括吸引创意人群进行生产和实践，更是一个整体性思维创新、手段创新的过程，是解决一系列社会、经济和环境问题的有效路径。创意城市将不同的人和不同的知识组合成创新的办法以解决复杂的当地事务，从而实现"管理创新、市民事务创新、经济创新、社会创新和艺术文化创新"等多维度多领域的综合创新。创意城市是城市发展的新范式，创新城市为传统工业城市和资源型城市的复兴与重生提供了方向，通过"城市发展目标从实现经济发展转向实现经济生态社会的和谐可持续发展"和"城市发展的基础结构要从围绕效率的建设转向围绕创意的建设"两个转向的实施。

创意城市突出的特征就是拥有良好的创新环境和发达的创意产业。国内外学者基于对创意城市的实证分析，对创意城市形成的因素进行了研究，主要有"3T"理论、"三要素说""七要素说"三大类。目前国际上研究创意产业、创意经济及创意城市最有影响的当属美国城市社会学家理查德·佛罗里达（Richard Florida），其在长期跟踪研究城市产业布局、人口结构、发展氛围的基础上于 2002 年提出了创意经济发展的"3T"理论，即技术（Technology）、人才（Talent）和宽容（Tolerance）。在"3T"要素中，佛罗里达认为各要素间的内在逻辑关键点在"人才"，即宽容是吸引并培育人才的外部环境，人才是技术革新的关键动力和创造主体，进而才能使技术为产业或城市发展提供动力支撑。从人力资本的角度来看，创意人才是高质量人力资本的载体，宽容的制度与环境是高质量人力资本产生的前提，技术是高质量人力资本发挥作用的工具。为了进一步在城市创意经济发展中界定高质量人力资本，理查德·佛罗里达通过对美国劳动力中最具价值创造力和成长潜力的部分进行识别，定义了一个新的阶层——"创意阶层"，从而确定了以创意人才为基点所形成的创意阶层是"3T"理

❶　詹一虹，程小敏. 全球创意城市网络"美食之都"：国际标准与本土化实践［J］. 华中师范大学学报（人文社会科学版），2016，55（6）：76–86.

论中最核心要素的观点。创意阶层是创意的经济性需求所催生出来的新阶层，阶层的崛起与创意在当代经济中的异军突起相伴而生，现代社会完全可以分化成四个主要的职业群体，即农业阶层、工业阶层、服务业阶层和创意阶层。

霍斯珀斯（Hospers）提出三要素说，"集中、多样性、非稳定状态"❶可以从不同的角度加大创意产生的可能性，从而影响创意城市的形成。集中主要指人口的集中，类似于产业的集聚，会增强人们之间的联系，来自不同文化背景的人，有着不同知识和技能等，相互的联系可以促进多样性的知识、技能在人群中得到传播，更容易产生创意。多样性涵盖了不同种族、不同国籍、不同民族、不同个体之间的多方面的差异和城市不同建筑、不同区划等的差异，是一个城市的本质属性，可以为城市带来活力，营造良好的创意氛围。非稳定状态是指经济、文化、政治、法律等处于一种混乱、受挑战或者完全崩溃后重建的状态，这种状态往往是城市创意出现最多的情况。

查尔斯·兰德利（Charles Landry）❷认为文化的重要性在于它是创意的平台与资源，能够提供创意所需的素材，并在此基础上提出了创新城市的"七要素说"，即创意城市的基础是建立在人员品质、意志与领导素质、人力的多样性与多样人才的发展机会、组织文化、地方认同、都市空间与设施、网络动力关系七大要素上。七要素涵盖了创意主体即人这一主体资源（人的知识文化水平、行动素质）、创意资源（能够激发创意灵感的城市文化）和创意环境（城市规划与基础设施建设等），这些要素营造了适宜创意城市产生的情境。

（二）创意城市的发展阶段与主要类型

创意城市发展具有阶段性特征。伴随着创意人群的不断壮大、创意产业的不断发展，创意这一因素对城市各组成部分的影响会逐渐增强，创意

---

❶ 汤培源，顾朝林. 创意城市综述 [J]. 城市规划学刊，2007 (3)：14-19.
❷ 查尔斯·兰德利. 创意城市：如何打造都市创意生活圈 [M]. 杨幼兰，译. 北京：清华大学出版社，2009：25-30.

城市的特征会逐渐改变，城市的竞争力也日趋显著。查尔斯·兰德利❶根据创意城市发展的特征，将创意城市的发展划分成十个阶段（见表1-4），每个阶段有各自的特点和过程。

表1-4 创意城市发展等级

创意城市发展阶段	特点特征与过程描述
停滞阶段（第一级）	创意仅存在于无关紧要的极为简单的行为中，城市根本没有或者缺乏创新的意识
萌芽阶段（第二级或第三级）	创新进入政府的视野，但城市的组织和管理并没有创新的迹象。对人才缺乏吸引力
起飞阶段（第四级）	创意在社会范围内开始受到重视，城市出现新型文化产品，创意者有了工作契机，创意人才存在双向流动
活跃阶段（第五级或第六级）	城市地区具有一定程度的自主能力，创意的基础设施得以建设，个别创意者能够实践创意。创意人才开始入住城市
普及阶段（第七级或第八级）	创意对公共和私人部门有着重要影响。城市在宏观上强调整体的创意计划，创意的自发机制和周期循环得以维持并不断更新。城市已经注重创意人才的培养，能够让大多数人实践创意，而且具备一定的吸引创意人才的能力，但高层次创意人才显得不足
创意中心形成阶段（第九级）	城市形成创意中心，具备国际创意竞争能力，其硬软环境对创意人才以及专业人士重要机构和创意公司具有充分的吸引力。城市拥有为自身提供大多数的附加值服务的能力
创意城市形成阶段（第十级）	城市已建立高效的创意发展循环周期，吸引大量创意人才，并不断增强创造附加价值的能力。城市拥有高水平的设施与所有类型的专业服务，是策略决策中心，有能力与国际任何城市竞争

根据经济与城市发展的历史进程，霍斯珀斯❷总结出4种类型的创意城市——"技术创新型""文化智力型""文化技术型"和"技术组织型"

---

❶ 查尔斯·兰德利. 创意城市打造：决策者指南［M］. 田欢，译. 北京：社会科学文献出版社，2019：103-111.

❷ HOSPERS G J. Creative cities：Breeding places in the knowledge economy. Knowledge, Technology & Police，2003.

（见表 1 – 5）。

表 1 – 5 创意城市分类

类型	代表性城市	主要特征
技术创新型城市	底特律（汽车工业） 曼彻斯特（纺织业） 格拉斯哥（造船业） 鲁尔（采煤和钢铁业） 柏林（电力） 硅谷（旧金山） 剑桥（信息技术）	这类城市多为新技术得到发展，甚至是技术革命的发源地。一般是由一些创新精神的企业家，即所谓的"新人"，通过创造既相互合作又专门化分工并具有创新氛围的城市环境而引发城市的繁盛
文化智力型城市	雅典、佛罗伦萨、伦敦、巴黎、维也纳、柏林、都柏林、阿姆斯特丹、卢维思、海德堡	与技术创新型城市相反，这类城市偏重于"软"条件，例如文学和表演艺术，通常都是出现在现存的保守势力和一小群具有创新思维的激进分子相互对峙的紧张时期。主张改革的艺术家、哲学家、知识分子的创造性活动引起了文化艺术上的创新革命，随后形成了吸引外来者的连锁反应
文化技术型城市	好莱坞和宝莱坞（电影产业） 孟菲斯（音乐产业） 巴黎和米兰（时尚产业） 莱比锡（多媒体产业） 鹿特丹（欧洲文化之都）	兼有技术创新型城市和文化智力型城市的特点，技术与文化携手并进，形成文化产业，将互联网、多媒体技术与文化密切地结合在一起，"文化技术型城市将会有一个黄金般美好的未来"
技术组织型城市	罗马（引水工程） 伦敦和巴黎（地铁系统） 纽约（摩天大楼） 斯德哥尔摩（耐久住宅） 蒂尔堡（公司制管理城市）	在政府主导下与当地商业团体公私合作推动创意行为的开展。人口大规模聚居给城市生活带来了种种问题，比如城市生活用水的供给、基础设施、交通和住房的需求等。通过提出和实施原创性的城市病解决方案，推动城市向技术组织型创意城市发展

多样性是创意城市发展的基本特质。2004 年联合国教科文组织发起了"全球创意城市网络"，截至 2015 年，全球创意城市网络共分 7 大主题，包括 32 个国家和地区的 69 个城市。2019 年新增 66 个成员，22 个来自亚洲。中国、印度、韩国、土耳其等文化丰富的国家均有 2 或 3 个城市入选，此外巴基斯坦、黎巴嫩、阿联酋、伊拉克等国均有城市入选。截至 2020 年

已有 246 座城市批准加入，已加入全球创意城市网络城市总数最多的是中国，共有 15 个（包括"手工艺与民间艺术之都"杭州、景德镇、苏州，"文学之都"南京，"美食之都"成都、顺德、澳门、扬州，"设计之都"深圳、上海、北京、武汉，"媒体艺术之都"长沙，"电影之都"青岛，"音乐之都"哈尔滨），其后依次为意大利 12 个，英国、巴西、美国、日本、西班牙 10 个，韩国 9 个，墨西哥 8 个，法国、德国、葡萄牙 7 个，澳大利亚 6 个。不同的文化创意特质都能够成为创意城市崛起的关键，为打造城市形象、塑造公民身份认同、提升对外人才吸引力起到重要作用。

四、城市文化发展阶段理论

在全球化和城市化日益加深的今天，文化的建设、规划、设计和发展早已成为城市发展的重要议题，对于文化发展的研究，除要重视共性的构成要素和非时间跨度的横向剖析外，更要探究城市文化在发展演进中的阶段性特征，以便更好地研判一个城市文化发展的定位和格局、更好地把握文化发展的趋向和未来战略。

对城市文化发展阶段的考量，国内外主要研究成果可依据理论向度不同分为六大类：其一，城市化和城市范式，反映着城市在从"前文化城市"朝"文化转向型城市"和"文化型城市"发展的进阶；其二，城市发展驱动方式，反映着城市在向后工业时代和文化驱动阶段的历史升级演化中的进阶；其三，城市文化内涵与效能，反映着文化在城市中地位和功能的演进，以及城市文化在定位与内涵上的不断深化和拓展；其四，城市经济发展特征，反映着城市从资源导向、资本导向朝创新导向、创意导向等的转换可能空间；其五，城市文化与政策，反映着城市文化在其不同历史阶段上的文化战略重点的更替性和序列性，以及现有城市更为深入和一体化的文化战略和政策路向；其六，城市设计与城市更新，反映着文化语境下城市建设与设计发展的理念更新，城市也逐步从文化的物质更新丰富和升华为"非物质性"的城市更新和精神设计。

城市化和城市范式理论向度的核心观点为"文化型城市的转向"。基于城市化演进过程，城市文化发展阶段可分为前文化城市阶段、文化转向城市阶段和文化城市阶段。前文化城市阶段：城市主要基于规模扩张和物质环境拓展，缺乏足够的文化自觉意识，文化建设和文化消费处于城市经济功能和产业形态的附属和补充角色；文化转向城市阶段：城市主要基于功能需求和服务需求拓展，文化供给和需求日益旺盛，文化自觉意识逐渐增强，文化不再是附属品，而成为城市的新功能、新业态即文化功能和文化产业；文化城市阶段：城市主要基于内容拓展和内涵式增长，文化位于城市发展的突出地位，成为城市的新主题和自觉意识，人们更自觉地要求层次多样的、内容丰富的文化享受，进行更多的文化传承和文化创新性劳动。

城市发展驱动方式理论向度注重"后－后工业城市"的驱动路径研究。当前全球发展面临的一个突出特征是从工业化向后工业化的转型和演变，后工业城市或"首都经济"是城市发展方式转变所带来的结果。从农业、工业到后工业乃至"后－后工业"，城市的发展方式不仅表现在经济和生产上，也表现在文化等"非物质生产"和各种非物质劳动、非物质产品层面。伴随着城市整体发展理念与范式的变迁，后工业时代的城市被界定为以知识产出为标志的非物质成品生产中心，非物质生产呈现出文化型、消费型、宜居型、生态型的发展趋势，其中文化的生产、辐射、消费、影响等逐渐成为主导城市的发展方式。

城市文化内涵与效能理论向度着重研究文化与城市"多位一体"综合发展的效能。城市的文化在不同的时期和阶段具有不同的内涵，并且表现出差异化的形态构成特征。纵观世界城市发展经验，城市文化呈现出由单纯的文化自觉逐步发展成为文化主导的城市自觉这一规律。单纯的文化自觉是将文化作为城市经营、提高城市竞争力的一种手段，包括经济复苏主导的城市文化建设、社会发展主导的城市文化建设、物质空间环境建设主导的城市文化建设等不同类型，文化尚未作为一种整体的"城市性"的构成。文化主导的城市自觉是把文化作为抓手和牵引而促进城市"多位一体"的整体发展，城市文化的内涵从文化的经济阶段、社会阶段转向文化与城市、社会、经济、生态等多元综合发展的更高标度，而非单纯的文化经济发展或文化生产、文化消费等的满足。

城市经济发展特征理论向度以"创新驱动"的文化品格为特色。城市文化的主要构成之一是具有产业性的文化经济，是一种具有典型性的现代区域经济现象，其发展的阶段、诉求与城市经济发展的阶段具有内在的关联和动力制约机制。城市产业发展受其要素条件约束，可分为自然要素主导型阶段、资本要素主导型阶段和知识经济阶段；作为经济属性的城市文化，则可依据发展动力的不同，分为资源主导阶段、资本主导阶段和创新主导阶段。其一，资源主导阶段：城市文化经济主要依赖于地方的文化资源及其积淀，城市文化的建设发展和处于原始积累阶段及初步开发阶段。其二，资本主导阶段：城市文化依靠产业化、资本化运作的主导而取得有效的发展提升，金融资本、人力资本等在城市文化的繁荣中具有重要的推动作用。其三，创新主导阶段：知识、创新等非物质因素和智力资本因素成为城市发展的新的主要动因，城市文化的进一步发展繁荣主要依靠文化的创新和创意。

城市文化战略与政策理论向度注重研究城市文化战略重点的更替与升级。城市的文化战略对于城市文化面貌的形塑具有关键性的作用，而由于文化战略、政策的差异，城市文化在其不同阶段和时期往往具有鲜明的差异，根据对各种城市文化战略的实施，城市文化发展顺序可分为历史文化遗产保护阶段、文化导向的城市更新阶段、文化创意产业的兴盛阶段、文化城市品牌营销阶段以及文化战略整合与升华阶段。历史文化遗产是其最为现成、也是具有相对较低成本的可利用资源，具有相当程度的不可复制性和现实效应，因此当多数城市即使无文化产业战略、城市文化品牌塑造战略等路径选择时，历史文化遗产的保护与开发也是一项值得采取和有能力采取的方略。随着城市规模的扩大和城市综合体的发展，文化理念和文化元素逐渐渗入其城市的更新之中，从而进入文化导向的城市扩张和城市更新阶段。而文化创意产业的战略和发展需要有相关产业体系、人才系统、政策系统的基础和支撑，需要文化投融资、文化市场机制的成熟和配套，需要城市较好的创意能力、创新水平和"后工业化"的要素聚集程度，因而其成功的实施需要城市综合水平和文化发展程度提升到一定程度作为必要的条件支持。在文化资源、文化资本较为充分的挖掘与发展后，城市才具备足够的基础、保障进入文化城市的品牌营销与文化战略整合升华阶段。

城市设计与城市更新理论向度注重挖掘"城市复兴"的非物质性内

涵，即从城市文化到城市人文复兴。从城市更新不同的时期和阶段变迁来看，文化在城市开发和城市更新中的角色和地位在不断发生变化，逐步具有更加丰富和重要的地位，并充实和升华城市更新的内涵。城市更新从起初阶段较为单纯的物质环境建设逐步过渡到社会建设和公共社区、邻里关系的构建，进而升级到强调宜居环境、社区可持续性发展，并在新近的城市复兴阶段把城市的人文性作为城市更新中的重要主题，希望通过城市独特的文化元素和前瞻的城市规划复兴城市昔日的人文辉煌，强调文化复兴，保证城市特征和生活质量，寻求保持和延续城市的历史和文脉。

五、文化流动理论

（一）文化流动理论内涵

文化流动理论是有关重新解读文化本源意义和当代语境，揭示文化流动的重要作用、本性和特质的新型文化理论。文化流动理论在考察分析全球化背景下文化流动客观现实的基础上，研究揭示了文化在历史与空间中流动的客观规律，并以文化流动的实例和效应作为理论创新的立足点，对长期被人们认同和奉行的"文化积淀论"进行了系统批判，对理解文化的传统方式进行了重新解读，在很大程度上颠覆和改变了文化研究的思维方式，提供了一种全新的理论参照。

文化流动改变了对社会、历史、传统等文化资源持积淀论的固化理解，在文化资源的世界性流通与再生产过程中，是可以催生出效益倍增的新生能源。Friedman 也曾指出，以前的战略优势主要来自对一套已有的知识存量进行保护，并从中获取价值；然而这个储备目前正在加速贬值，当今世界价值创造在于对知识流动的把握和有效参与。"文化流动性宣言"宣示了两个基本定理：其一，流动的文化才是最有生命力的文化；其二，文化流动过程就是文化创新创造的过程。文化流动理论涉及文化的源、流、变，关涉文化流动的方式、途径、文化资本、文化资源、文化流动的支持条件、文化流动的动力机制等，契合现代城市开放性、流动性、混杂性的特点，触及资本、观念以及人才的流动等实践手段，既有理论深度，也具有鲜明的实践导向，可以作为当今城市文化发展与建设的理论基石。

（二）文化流动理论的核心观点

文化流动理论颠覆了理解文化的传统方式，对文化的本质特征进行了全新的理论解读，同时对文化积淀论进行了批判性否定，进而创立了充满活力的新型文化理论，为全面认识国家、地区和城市的文化现状、推动文化创新与文化发展提供了新的理论参照，文化流动理论的核心论点主要包括以下几个方面。

其一，批判文化理解的传统方式和"文化积淀论"。文化流动理论剖析理解文化传统方式（认为文化是一个特定群体的意义价值与生活方式，是一个独立存在的实体。把文化看成固定不变的独立存在和"前定和谐"❶，看不到或遮蔽了文化的流动性特质），导致"对确定不移的文化的执着，导致文化与经济、社会之间的生动关系被生生割裂等弊端"，进而明确指出，文化不是被动地外在于经济社会的独立存在，更不是一成不变的，而是依赖经济、社会，在流动中变化和更新，并积极主动地引领经济、社会发展，具有生产性和创造性的鲜明特征。文化的流动消解了各个不同时代不同地区不同民族不同文化形态之间的界限，有利于文化的融合与创新。在当今全球化的文化语境中，理解文化的传统方式已失去了文化实践的支撑，已不能解释变化多端丰富多彩的文化现象，必将在历史的进程中自然消退。"文化的发展和进步就是要不断地挑战传统的界限，而不是对传统的坚守和积淀的膜拜。""过分依重文化积淀的存量，漠视文化流动带来的增量"，就会使文化积淀"变成沉重的历史负担，窒息一切生动活泼的文化行为和经济行为"，也"无法解释为什么那么多文化积淀相对落后的城市或地区能够后来居上"。

其二，论述文化流动的客观必然性和具体途径。阐明在全球化背景下，文化流动既是一种必然存在，也是一种现实需要。文化既在历史中纵向流动，也在空间中横向流动，"流动是文化的原动力"。文化流动受到文化多样性、移民、身份认同、文化与经济的互动、文化产业、文化科技融合、城市文化战略、文化生态、文化资本、观念力量等因素的影响，并着重剖析了移民、经济、文化产业、技术和城市五大关键要素与文化流动相

---

❶ 莱布尼茨.新系统及其说明［M］.陈修斋，译.北京：商务印书馆，2005：46.

互作用的机理及其当代表现。明确了"人是文化的基本载体，流动的人群是文化流动的承载者"；"文化与经济的互动是文化流动的最重要形式之一"，尤其是"创意经济的发展加速了文化的流动"，"创意阶层的流动代表了文化的流动"；"文化产业使文化流动的速度和规模实现质的跃升"；"技术正在成为文化流动的主要动力之一，数字融合促进文化流动新模式的产生，技术进步正在矫正文化流动中地区与全球、边缘与中心之间的不平衡，也有可能改变发达国家、发达地区在文化流动中的主导格局。处在传统文化版图边缘的国家或地区，有可能在文化的极速流动中成为新生力量、新兴节点，甚至新的中心"；"城市是促进文化流动的主要承担者"。

其三，阐述文化流动与文化生成、文化发展、文化创新三者的关系，明确"任何兴旺发达的地区一定是流动文化最活跃最激烈碰撞的地区"。阐明"文化流动过程就是文化创新创造过程"，区域或城市间的文化竞争，依赖于文化创新能力，具体有文化的价值创新能力、制度创新能力、适应时代变化的创新能力和文化科技的创新能力。

"文化流动理论"的科学体系与丰富内涵，为全面认识国家和地区的文化现状、推动文化创新与文化发展提供了新的理论参照。它促使我们不仅要看到城市的文化积淀和文化遗产，更要看到当今世界文化流动和文化创新的大趋势；不仅要充分利用原有的文化存量，更要善于创新，扩大新的文化增量；不仅要重视文化作为精神价值与生活方式的精神引导作用，更要重视文化对经济的价值导向作用和发展助力作用。"文化流动理论"的创立源自生动的文化实践，立足当今世界的文化变迁，尤其是中国改革开放的伟大实践和深圳文化创新与文化发展的典型"样本"。因此，在实践中形成的"文化流动理论"具有实践性和创新性等特征，对当代城市文化实践有着直接的指导意义。

第二章 城市的个性与形象

中国地大物博，历史悠久，不同城市有着不同的历史、特色、风格、民俗，城市的个性和形象也各不相同。在曾经的城市建设中，有的城市为了追求经济发展，抹去了自身的历史、记忆和遗存，导致一度出现"千城一面"的现象，城市的精神和底蕴也在悄然稀释，失去了原有的模样，但是当下国际社会已经在人居环境科学、城市有机更新和文化多样性等方面达成了新的共识与行动纲领，人们对城市建设的探索也经历了从古代理想城市模式与探索、近代城市规划理论与实践到现代城市发展的转向与趋势。进入新时代，随着国家对文化建设的重视，中国城市建设也越来越注重城市的文化意义和城市文化的精神价值，因为城市的个性和形象在它的历史中、在它的文化里。

第一节 城市建设探索历程

一、古代理想城市模式与探索

中国古代的城市基本上是在一个封闭的地域和社会环境所形成的封建型社会中发展演化的，其建设模式受到自然地理条件、政治文化背景、经济发展环境等多种因素的综合影响。古代中国并没有明确提出理想城市的理论，但从仰韶文化时期，聚居部落就开始有明显的依据环境选址的取向，后世发展过程中出现的"天人合一""面南而居""山环水抱"等理念，以及在古代城市建设中所遵循的"遵从典礼制度"的城市建设思想，均可视作中国古代对理想城市的探索，对现代城市规划仍具有重要的借鉴意义。

作为我国现存最早的工程、工艺技术汇编，也是最早的有关城市形式制度的记载，《周礼·考工记》中所记载的"匠人营国，方九里，旁三门……面朝后市，市朝一夫"❶。早期王城营建模式可视为中国古代理想城市的规划方案。明朝时期北京主城的规划思想就充分体现了《周礼·考工记》中所描绘的理想城市，并对我国的城市建设产生长远影响。

（一）中国古代城市规划演变的主要特征

中国古代城市，尤其是封建都城的空间结构演变，集中体现了封建伦理、政治制度与地理空间结构三者的高度统一。从原始社会到奴隶社会，再到封建社会，封建伦理和政治制度发展而衍生出的封建社会等级制度的不断完善，对我国古代城市布局和规划建设产生了尤为显著的影响。

1. 古代城市雏形的诞生

夏朝时我国奴隶制度产生，商朝时古代城市已初具雏形。这一时期的城市具有三个典型特征：第一，形成了适应奴隶主统治需要的政治中心；第二，顺应经营和买卖活动，小规模手工作坊出现，围绕手工作坊形成了人口聚集地；第三，初步具有城市布局规划思想。以奴隶社会时期的殷墟为例，城市布局分别由位于城市中心地段的宫殿区、外围的平民居住区和最外侧的奴隶居住区组成。早期的城市布局结构相对简单，随着社会的进步和建造技术的提高，"筑城以卫君，造廓以守民"的城廓城市形态和结构逐渐完善，也体现了阶级形态的分化——君主居住于宫墙内，即城内；普通居民居住在宫墙之外，即廓内——这一城市形态也被称为"城廓制度"。

春秋战国时期群雄争霸，城市的数量在这个阶段突增，城市在功能上的特征也逐渐明确。以最具代表性的七国都城为例：在地理交通方面，七国的都城主要建在水陆交汇的地段，例如秦国都城咸阳、齐国故都淄博；在结构布局方面，所有都城都是"小宫城"与"大外城"构成的二维制结构；在功能发展方面，城市内出现了独立经营的商铺作坊和具有一定专业性的从商人员，负责商品"跨国"运输，实现七国都城之间商品往来交易，吕不韦、范蠡都是当时的知名商人。这个阶段城市的经济商业活动较

---

❶ 杨天宇. 周礼译注 [M]. 上海：上海古籍出版社，2004：665.

为发达，人口密集且流动性较强。

2. 古代城市布局的变革

秦朝确立了中国第一个大一统的封建王朝，也标志着中国古代社会形态从奴隶社会向封建社会的转变，社会等级制度进一步巩固。秦汉时期的城市建设，尤其是都城建设更注重宫殿区的规划。直到魏晋时期，曹魏邺城的城市规划中出现了体现皇权统治的中轴线设计，城市空间结构围绕轴线展开，整体采用了更加严整的布局规划，高度体现了阶级对立和森严的等级制度。这种轴线规划的设计方式不断延续，对后续各朝各代的都城建设都起到了十分重大的影响。

唐朝之前，我国城市相对传统，并且延续性较强。从唐朝中后期一直到宋朝，随着经济社会的不断发展，城市布局开始变革，为我国现代城市规模和特征奠定了基础。唐朝时，商人们拥有了设立商铺的权利，并且这种自由在宋朝时达到顶峰。早期的里坊制度已不再适应人们的经济需求，于是市坊突破了夜晚的限制，不论白天或夜晚，在繁华的城市都可以进行商业活动，进一步促进了商业的发展与繁荣。到了明清时期，我国出现以大城市为中心，向四周衍生发展的城市群，同时出现诸多以手工业为基础的小型城市。这些小型城市和周边城市群成为城乡之间的商业纽带，推动农村和郊区的商业化发展。这种城市结构的形成，标志着我国古代城市发展进入了成熟期。

3. 古代城市的基本特征

中国古代城市格局的主要特点，以"间"作为房屋的基本单位，几"间"并联成一座房屋，几座房屋围建，构成矩形的院落，多个院落并排排列组成一条条"巷"，数个"巷"交错排列形成街区，小街区排列组成矩形的"坊"，或称为"大街区"，数个"坊"或大街区纵横交错，形成方格形的网状街道，形成以宫殿、街道或钟鼓楼等公共建筑为中心的城市布局。

中国古代城市格局的中心明显、主次分明，有明显的对称轴，街道的脉络也十分清晰。在中国古代，街道的规划比西欧中世纪城市更加受到重视。街道既作为选择中轴线的依据，又是城市内相互联通、城市之间相互沟通的纽带，同时作为城市功能分区的依据。即使到了宋代以后相对开放的城市形态，由街道分割方块形单元、以街道为基础形成市街区等规划方式依然延续，街道的位置也相对固定。

中国古代城市的基本内在特征主要表现为由封闭性逐步向开放性演变。封闭性主要表现为居住区与其他功能分区具有一定程度的隔离，注重居住环境的领域感，营造舒适、安全的居住环境。封闭性在隋唐长安城中的居住区体现为严格的管理制度——里坊制度，各坊之间被高墙隔绝开来，居民不能随意迁居，日出之时打开坊门，日落之时关闭坊门，同时在夜晚实行严格的宵禁制度，居民经济生活均受到严格的管制，以此来维护封建君王的专制统治。

随着城市人口的急剧增长，社会经济的快速发展，在城市中逐渐出现了新的商业聚集点，这时的城市布局开始突破里坊制度，居民区与商业区逐渐交叉汇合，开始了从封闭性到开放性的转变，营造了自由、包容的居住环境。居住空间的开放性对应和象征了国家的经济及社会发展的开放，促进了城市居民的思想解放，推动了社会进步和城市发展。

从总体上看，这段时期由封闭性向开放性的演变还不够彻底，处于"开"而不"放"的阶段。其原因主要有以下三点：其一，封建制度的影响，统治阶级的意志仍是城市规划建设的指导思想，具有封闭意义的城墙未被拆除，城市与农村被高深的城墙隔绝，到了明朝反而有所加强；其二，由于生产力水平的限制，古代中国的工业仍属于手工作坊性质，生产空间与居住空间并未显著区分，前店后坊或前店后宅式的生产、居住与销售合一的结构形态仍占主导；其三，城市经济的相对脆弱，城市的主要功能仍为军事防守，落后的交通方式使城市向外扩展的方向仅局限于城门外或沿着水路单一方向向外延伸。我国城市空间真正由封闭转向开放，是近代工业、交通等新兴产业和新物质要素出现以后。

（二）影响中国古代城市规划的主要因素

中国古代城市的规划主要分为两类，一类是有规划的建造，这类城市一般是中心城市，或者都城，其成因往往是政治制度，以及前文所述的里坊制度。这些城市在建设规划过程中不仅受经济实力的影响，还与当地政治、军事、文化、自然，甚至民族关系等都密切相关。另一类属于没有规划、自然生成的城市，这类城市由具有商业属性的"市"演变而来，最初是人们交换物品、进行贸易的地方，随着商贸规模不断扩大，城市逐渐形成。

1. 政治因素：中央集权

与西方城市不同，政治因素对中国古代城市布局规划产生的影响更加深远。高度中央集权带来的是城市规划中对阶级等级制度的严格划分。这种情形在周朝就已出现，汉朝之后，中央对城市布局发布了专门的规定，唐朝贞观年间，中国法律体系出现了有关土木营缮制度的专门性律令——《营缮令》。通过对《营缮令》的考察发现，中央对城市规划的管控主要集中在官方设施的建置、规模、等级等方面，并且律令规定的详细程度与该设施对国计民生的重要程度密切相关。

《营缮令》中的这些规定，除了坚决维护等级制度、保护公共利益等基本原则外，并没有其他特别的约束。由此可见，城市规划中介于政府主导与民间自理之间的"分界线"，在唐令中就已经初步形成。

2. 思想因素：儒道美学

中国古代统治阶级信奉儒家、道家的伦理精神，在运用于治理国家的同时，也在城市规划中有所体现。对城市布局影响最重要的思想因素，就是儒道的美学思想。道家主张"道法自然"，至虚守静，达到"天人合一"的意境。这种思想反映在城市规划上表现为变化多端的空间结构、意随境迁的景观结构、错落有致的天际线布置和诗情画意的水面布局，给城市布局增添无限的意境。儒家思想则继承宗周礼制规划体系的传统，即追求规范化的结构与意境，崇尚实用、乐观进取、情理结合，这种思想指导下的城市规划充满了唯理的韵味，客观上导致了规范化的城市布局。

中国古代城市特别是都城的选址与规划在儒道思想的影响下，更加重视与天同调的建筑与布局，都城大多建在以北极为中心的宇宙模式上，从仰韶文化遗址到春秋战国的苏州，无不贯穿"象天法地，造筑大城""乃观天文，拟法于紫宫"❶ 的思想。唐朝的长安十三牌坊里象征十二月加闰月，皇城南面四行坊里象征四季；明朝北京城南建天坛、北建地坛，东有日坛，西有月坛。关于兽中四灵"前朱雀，后玄武，左青龙，右白虎"，

---

❶ 赵晔. 吴越春秋 [M]. 崔冶，译注. 北京：中华书局，2019：76，235.

东为春、南为夏、西为秋、北为冬等概念，均在城市布局及地名方面有所体现。

《周礼·考工记》中描述的营国制度与儒家思想相结合，以礼制思想为核心，反映出中央集权封建制度的规划思想。这种规划思想在我国古代城市建设中长期占据主导地位，其形制在城市建设上的演变也被认为是中央集权循序渐进加深的体现。

3. 自然因素——山水文化

中国古代文化对自然之美有独到而深刻的理解，这种理解在城市建设中也得到体现。看似规范严整的城市规划结构却饱含着秀丽的风光，强调运用艺术手法来处理，形成人与自然的和谐关系，追求与自然浑为一体。城市设计重视与自然环境相结合，突出"天人合一"的设计意图。

在儒家思想中，山具有"仁"的德性，为仁政的代表，因此古代都城选址多以山为依托，在北京城的规划中，整个紫禁城坐落在景山之前，景山则成为观赏北京城的最佳观景台。山，从人民的精神寄托，到为城市增强防御性，再到将山运用于城市规划中，无不凝结着古代劳动人民的智慧。

在城市建设发展的过程中，人们对水的空间体验经历了由"用水"到"显水"的过程，从而将水运用到城市规划中，在明清时期的园林景观中巧妙运用山水，形成独具特色的艺术魅力和审美价值，从而达到以景怡情的境界。

中国古代城市园林历史悠久，在世界园林史上都享有盛名。历代都城都建有规模宏大的皇家园林（一般称为"禁囿"），倚靠真山真水，辅建有皇家规制的各种离宫行苑等建筑，集游憩、娱乐、行政办公职能为一体。这些皇家园林不仅汇集大量重要景观，还对调节城市小环境产生重要的作用，而更有一些园林的水系则直通漕运河道，成为加强皇家宫廷地域安全防卫的重要手段。

除皇家园林以外，一般的地方城市也普遍建有各种公、私园林。除承德避暑山庄皇家园林外，其他都是顺势而建，基本特征为因地制宜、不拘一格、小巧玲珑、风景独秀，其中，山水湖泊大多为园林的主体景色。

古代人对山水文化的依赖一直延续至今，钱学森先生曾在1990年提出

"山水城市"，他希望城市的规划要与自然相结合，让人们有重返自然的感受。当城市越来越密集，人们距离自然也越来越远，人们想要在现代城市中感受自然的欲望愈加强烈，因此"山水"这一概念在现代城市的规划设计中应占据更加重要的地位。

（三）古代理想城市规划的理论基础：《周礼·考工记》

《周礼·考工记》是我国现存最早的工程、工艺技术汇编，今本仅7100余字，却含有非常丰富的信息量。前文亦提到书中描述的"匠人营国"❶内容可以算是我国古代最早的有关城市形式制度的记载，对中国古代都城的建设有着深远的指导意义。

古代人在营建城市的时候，对于都城规模、城门设立、城中街道、街道宽度、建筑方位等都按照规定的尺度进行建造。随着各朝各代的发展，经济实力不断增强，城邑早已突破规模极限。虽然自春秋战国后历代在"方九里"与"后市"之间有所调整，但"左祖右社""面朝后市"的模式基本被保留了下来。

二、近代城市规划理论与实践

城市规划发展到近代，国内外的学者在理论上进行了大量研究，但对"城市设计"一直没有统一界定一个标准、通用的概念。乔纳森·巴尼特曾说"城市设计是设计城市，不是设计建筑"，也有部分学者认为城市设计是"大规模的建筑设计"。王建国在《中国大百科全书》中写道："现代城市设计……目的在于创造性的空间组织和设计，为公众营造一个舒适宜人、方便高效、健康卫生、优美且富有文化内涵和艺术特色的城市空间，提升人们生活环境的品质。"❷

（一）西方国家近代城市规划理论与实践

西方国家在城市发展过程中产生了生存环境到价值疑虑等问题，尤其

---

❶ 董鉴泓. 中国古代城市的规划布局艺术与规划思想［J］. 时代建筑, 1986（02）：50 - 52.

❷ 中国大百科全书总编辑委员会. 中国大百科全书（第三卷）［M］. 2 版. 北京：中国大百科全书出版社，2009：491.

53

是 20 世纪 60 年代以来，功利主义思想盛行，由此带来的城市建设伴随着对人类未来极其不负责任的发展方向，人们于是开始真正反思城市规划的问题。70 年代，西方国家在城市理论建设中对哲学研究成果和学术前沿兼容并蓄，例如海德格尔的存在哲学、福柯的权力空间论、列斐伏尔的空间政治思想以及当代新马克思主义理论等，对近代西方城市规划理论都产生了深远的影响。同时，随着社会矛盾的日益凸显，西方国家为了解决这些问题，在城市规划中引入了社会学的思维方式，例如《马丘比丘宪章》是对《雅典宪章》中城市功能分区进行的批判性阐述，认为城市建设过于追求功能分区，牺牲了城市的有机发展，忽略了城市中人与人之间的关联。

耶鲁大学教授卡斯滕·哈里斯结合他所研究的哲学，从建筑伦理的角度分析，他认为建筑的价值不应该仅仅体现在审美或用来实现其物质功能，而更多的是引领与当下时代相适应的生活方式，以及总体呈现当前的时代精神特征。霍华德是英国城市问题研究的先驱和社会活动家，他提出田园城市理论，旨在通过在城市外围建立隔离带将城市与郊区相结合，这一理论体现了疏散与可持续的思想。芬兰建筑师沙里宁在此基础上提出了"有机疏散理论"，并在此后的大伦敦规划中实践了"多中心"的城市规划模式。赖特的"广亩城市"设想进一步发扬了疏散理论，他提出应将城市分散到由农田形成的方格网中，通过高速公路和汽车交通在相互之间形成联系。

美国旧金山在 1921 年制定了第一部区划法规，并推出了相应的管理措施；英国从 1953 年开始将城市规划作为三维空间体系来考虑，并融入了自然和人文因素。1960 年以来，随着大规模城市空间建设的结束，人们对社会、文化、精神方面要求逐渐提高，美国出现了现代城市设计的概念。

现代城市设计的主要目的是提高城市环境的美学品质，由于当时的实践过程中大多关注重点为城市的局部空间，因而有精力在人的精神需求与自然、环境、空间的关系上进一步探讨，使城市设计表现得更有人情味。美国城市规划局为了保证城市环境设计的落实和品质，在 1971 年首次使用了设计导则。1982 年，美国正式编制市际城市设计导则，明确了鼓励开发区，限定抑制区，为更基层的区域规划提供了依据。

1960 年，哈佛大学确立了城市设计研究方向，开启了美国城市设计的实践之路。20 世纪 70 年代随着美国城市的大拆大建，人们开始将城市设计思维运用到城市规划中，例如 1971 年的旧金山整体城市规划针对旧金山的各个区域制定了详细的城市设计方案。80 年代美国城市产业结构的调整，城市设计从"开发型"转变为"保护型"，如美国的堪萨斯社区改造计划等。90 年代针对体育中心和社区的改造，以及对滨水区设计的兴起，如旧金山海湾概念的规划、河滨区的规划等。进入 21 世纪，针对居住区的设计重新获得关注，如美国休斯顿第四区复兴规划，对处理历史性建筑、新建住宅和商业建筑的平衡问题进行了深入的探索。

（二）中国近代城市规划理论

我国近代城市规划理论先后经历了 5 种不同的范型体系，分别是空想主义的城市社会理想时期、马路主义与商埠建设时期、近代城市规划的导入与实践时期、近代城市规划的"进步"时期以及近代城市规划的复兴与夭折时期。❶

1. 空想主义的城市社会理想时期（1843—1895）

这一时期，我国处于内忧外困的境地，外有帝国主义的侵略，内有农民起义，社会动荡、政局不稳。鸦片战争冲破了人们的固有思想，西方文化开始得到一定程度的重视，"中体西用"的思想流行，西方城市规划思想传入中国。这个时期虽然还没有真正意义上的近代城市规划，但是关于城市社会的观念发生了转变，诞生了如欧美空想主义者似的社会改良思想。这个时期的城市社会范型主要表现为空想主义的城市社会理想中的大同思想和西方城市社会模式，表明西方化是近代城市规划的一个重要特点。

乌托邦社会主义理想中的"大同思想"即天下为公、世界"大同"。所谓大同，是指生产资料公有，人们之间没有等级差别、没有剥削压迫、平等和睦相处、各有所得所乐。到近代，中华民族的大同思想与西方的自由、平等、博爱观念和空想社会主义思想不同程度地结合了起来。

太平天国领袖洪秀全吸收基督教义中的平等思想，提出建立"有田同耕，有饭同食，有衣同穿，有钱同使，无处不均匀，无处不饱暖"的社会

---

❶ 郭建. 中国近代城市规划范型的历史研究（1843—1949）［D］. 武汉理工大学，2003.

纲领。1882年，陈虬以自由、平等、友爱、互助、舒适、古朴为宗旨在浙江瑞安城北槐吟馆建立了"求志社"，为后来的城市提供了一个完整的社区规划实例。近代资产阶级改良主义政治家、思想家、戊戌变法领袖康有为所著《大同书》，提出破除国、级、种、形、家、产、乱、类、苦九界，实现"大同之世"。近代伟大的革命民主主义政治家、思想家孙中山明确指出中国五大种族扩充自由、平等、博爱于全人类，大同盛世则不难到来。1919年12月1日，毛泽东在《湖南教育月刊》上发表的《学生之工作》一文中，提出"以新家庭新学校及旁的新社会连成一块为根本理想"❶的新村计划。这种"新村理想"，影响了近代的模范城市、模范住宅区等的规划。延续至今的住宅区以"××新村"命名，也正说明其在中国近现代城市规划与建设上的影响程度。

乌托邦社会主义理想中西方城市社会模式的出现是因为中国近代启蒙思想的发展，中国对西方文化有一定程度的认可，在建设理想社会的时候也希望向西方学习，主要体现在孙中山的《建国方略》中。

张謇为了实业救国，对日本的城市与社会进行了实地考察，通过先实业、后教育与慈善、再交通市政与自治等方式，有条不紊地在南通加以实践。到20世纪二三十年代，张謇将南通建成为中国的"城市自治之模范"，以示天下。南通整个城市呈集团式布局，工业区、港口区、生活区呈三足鼎立并有合适距离；旧城南面开辟新区不破坏旧城格局，利用城壕水面造成良好的城市风貌。

2. 马路主义与商埠建设时期（1895—1927）

这一时期是鸦片战争之后，西方列强逼迫清政府在中国领土上划出租界区，同时开始了租界的规划与建设，为其在中国的经济掠夺和政治控制打下基础。受其影响，中国的多数重要传统城市的规划和建设，一般经历了这样两个阶段：初期的拓宽或新筑马路式的城市改造，主要限于既有的中国传统老城区；以及之后的新市区开发，或在既有城区周围，或离开既有城区。这种从再开发到开发、从马路到新市区的城市规划与建设，开始了中国近代城市规划史上依据近代城市规划原则进行城市建设实践的

---

❶ 毛泽东. 学生之工作［J］. 湖南教育月刊，1919（12）：10－15.

先例。

"马路"的出现，使中国人直接了解了西方人的城市建设技术：先造"马路"，再造"市"。1896年，上海开始修筑"马路"，我国也开始了马路主义的城市改造，南京、武汉等地先后设立了市政机构——马路工程局用以修筑马路。

中国政府在修筑马路的同时，也进行了简单的新市区开发建设，主要表现为商埠的开发建设和新区规划。新市区的建设引入了欧美近代功能主义的规划理论，但并未完全践行该理论，主要表现在形式上对欧美城市规划的简单效仿。商埠区的建设主要集中在道路系统的建设和简单的土地利用分区。

西方资本主义国家的地方自治制度也影响了近代中国的城市规划，清廷公布的《城镇乡地方自治章程》，意味着我国第一次从行政管理上将城、乡区分开，第一次建立了具有近代意义的"市制"，是近代中国城市规划及建设学习西方的一次飞跃。

3. 近代城市规划的导入与实践时期（1927—1937）

近代城市规划在此时期开始形成并有所实践，中国主动向西方学习先进的城市规划理论，主要范型有孙中山的《建国方略》、巴洛克规划、欧美近代功能主义等。

军阀混战、第一次世界大战等背景下，孙中山为开创民国新局面、谋求国际合作、共同开发落后的旧中国而制定出一部宏大的《建国方略》，其中的《实业计划》最具代表性。这个时期很多城市的规划建设都体现了《建国方略》《实业计划》中的一部分内容。例如上海、南京、济南、广州、武汉等地的建设均受《建国方略》的影响。

欧美近代功能主义规划在清末民初时就已经在中国的城市建设中有所展现。民国成立后，随着欧美近代功能主义的成熟，其在中国的运用也越来越成熟，并随着西方的城市规划发展而开始向功能主义转变。从几个大城市的规划来看，对城市进行功能分区，强调交通系统改造的重要性，重视影响沿街商业贸易土地利用率等方针都是近代功能主义成熟的表现。中国城市近代化的结果就是工商业贸易发达、城市聚集性加大、地价上升，于是追求土地利用的经济性成了当时城市发展需要重视的问题，欧美近代功能主义也因此被运用到了中国的城市规划中。

4. 近代城市规划的"进步"时期（1937—1945）

1937 年卢沟桥事变后，中国人民的唯一目标变成了抗击日寇，此时的城市规划与建设活动均是以国防需要、利于军事、便于疏散为目的。在这一背景下，诞生了中国最初的城市规划法、建筑法及一系列法规制度，表明中国近代城市规划与建设开始走向了"制度化"，是逐渐成熟的关键一步。这一时期虽然相关理论逐渐成熟，规划实践却并没有真正成功。

我国近代城市规划成熟与进步的标志是《都市计划法》的颁发，这是毕业于美国宾夕法尼亚大学的哈雄文根据欧美的城市规划制度制定的。除此之外，国民政府还根据西方的城市规划法规颁布了一系列城市规划、建筑建设等的建设法规，覆盖了点、面、主要和次要以及各个方面与层次的内容。

随着城市规划的发展，欧美近现代功能主义逐渐发展成更加完善的功能主义规划理论，这也出现在中国的各项法规中，在《都市计划法》中有所体现。同一时期，分散式规划制度也被提出，体现在《都市营建计划纲要》中，这是《都市计划法》的防空具体实施规则，与德国等防空规划法是一致的。土地重划理论也在该时期明确提出，以提高城市土地利用的合理性。

5. 近代城市规划的复兴与夭折时期（1945—1949）

抗日战争胜利后，国民政府内政部通令全国各省市当局注意都市建设与建国的重要性，切实就所辖各大小都市着手拟具道路系统，作为战后复兴的根据。战后普遍开始实施《都市计划法》、制定了"都市计划委员会"和"公共工程委员会"制度、全国各大中小城市大多数已经制定城市规划总图或建设规划，出现了中国近代城市规划历史上前所未闻的"进步"现象。但是解放战争的不断深入，再一次中断了中国近代城市规划的发展和深入。此时运用的国外理论主要包括功能主义、邻里单位的居住区规划理论、卫星城规划理论、绿带规划理论、区域规划理论以及工业城市规划理论等。

三、现代城市发展转向与趋势

（一）现代理想城市模式理论

1. 田园城市

18世纪实现工业革命的英国打破了农业文明下城镇的平衡状态，迅速推进城市化进程，然而引发了城市无序蔓延、交通混乱、城乡脱离、居住环境恶化等一系列矛盾。1898年，英国的霍华德提出了"田园城市"的基本设想，他指出"城市应该与乡村结合"，希望用"城镇—乡镇"这种新型的城市结构来代替现行的城乡对立结构。"田园城市"运动初步奠定了现代城市规划与设计的理论基础，对世界城市建设的发展起到了促进作用，至今仍有一定的借鉴和学习价值。

2. 新城市主义

第二次世界大战后世界范围内的城市得到急速扩张，以美国为代表的西方国家，以低密度、独立的住宅和以小汽车为主的交通系统构成近郊发展模式，由此产生了土地浪费、交通拥堵、空气污染、中心城区衰落、人际关系淡薄等问题。在此背景下，20世纪80年代以来，产生了几种以人为本的理论，试图矫正这种"城市病"。安德雷斯·杜安尼与普拉特·齐伯克提出"传统邻里区开发（Traditional Neighborhood Development，TND）"，彼得·卡尔索普提出"公交导向的邻里区开发（Transit-Oriented Development，TOD）"，内利森斯提出"小庄（Hamlet）"，以及麦克伯恩提出"都市村庄（Metropolitan Purlieus）"等，这些在当时被统称为"新城市主义"。

这些理论的共同点是：追求紧凑、适宜人类的邻里社区模式，打造充满活力和人情味的城市空间。在实践过程中重视结合市场的作用，发挥经济、社会及社区的特性，其缺点是没有考虑城市建设发展过程中的环境问题。

3. 精明增长

"精明增长"发展模式是指在提高土地利用率的基础上控制城市的向外扩张，同时保护生态环境，服务经济增长，促进城乡协调发展和人民生活质量的提高。这一模式最直接的目标是利用价格手段的引导作用，发挥政府财政税收政策的指向作用，以及综合利用土地法规的控制作用，以此限制城市的无序蔓延。

4. 紧凑城市

进入后现代社会以来，"紧凑城市"理念受到西方各国的广泛关注，在理论和实践方面产生极为深远的影响。1973年，乔治·B. 但泽和托马斯·萨蒂出版《紧缩城市——适于居住的城市环境计划》，首先提出了这一理念。1990年，欧共体委员会（CEC）发布《城市环境绿皮书》，将"紧凑城市"作为"解决居住和环境问题的途径"，认可其符合可持续发展的要求。

"紧凑城市"理论并不是强调对城市进行高层、高密度的开发，而是在于保护城市的经济活力与社会互动能力，完善公共交通等基础设施建设，提高公共服务的效率，同时保留城市周边的自然环境。该理论包含三个核心特征：密集和邻近的开发模式、由公共交通连接的城市地区、本地服务与就业机会的可达性。

5. 智慧城市

2008年，IBM公司提出"智慧城市"理念，其特征是更透彻地感知、更广泛地互联、更深入地智能化，其实质是寻找金融危机后的新经济增长点。这一理念很快被世界各大城市作为转变经济发展方式、促进产业升级和振兴经济的重大战略。

所谓"智慧城市"，总体而言可以从以下5个角度来阐释。①经济增长层面：自觉并且主动利用互联网发展地区经济；②资源环境层面：可持续发展、适宜人们居住；③基础设施层面：使用计算机技术从而使城市基础设施更加智能；④城市治理层面：以创新管理方式给城市居民提供先进服务；⑤个人生活层面：能够促进城市居民创造繁荣生活。

全球信息技术的普及激发了智慧城市的建设热潮，其中，欧洲国家智慧城市建设的规划全球领先。欧洲智慧城市规划大致采用了欧盟模式，即"政府引导—企业参与—公众驱动"的创新治理模式，特点是：政府在城市创新治理过程中只起引导作用，政府、企业、科研机构和各种利益相关组织共同协作，发挥公众驱动的作用，突出"人"作为社会主体的主观能动性。"欧盟模式"可以概括为四个字"一整一跨"——整体推动＋跨区域战略合作。

"智慧城市"将城市中各类设施有效地联系在一起，使城市管理、生产制造和个人生活实现全面的互联互通，对未来城市发展起到深远的影响。

（二）中国现代理想城市理论

我国现代城市发展在不同阶段的思路有所不同，先后提出过"山水城市""宜居城市""生态城市""低碳城市""智慧城市"和"公园城市"等理想城市模式（见表2-1）。

表2-1 中国现代理想城市模式的对比分析

名称	关注点	局限性
山水城市	具有中国特色的生态城市，注重强调人与自然协调发展，最终目的在于使人工环境与自然环境相融合	钱学森倡导的"山水城市"更注重强调城市建设的"外形"，对城市的社会和经济属性等内涵论述较少，缺乏解决现代城市问题的完整思路和可行方案
宜居城市	强调良好的人居环境，需要同时满足居民物质和精神需求，适宜人类工作、学习和生活	注重从人的角度出发来进行城市规划，缺乏系统观、整体观
生态城市	强调资源、环境、经济、社会的协调发展和人与自然的和谐共生	从广泛含义来讲，生态城市是目前最契合中国国情的一种理想城市模式
低碳城市	以低碳经济为发展模式，市民以低碳生活为理念，政府以低碳社会为建设标本和蓝图	该理论在气候变化受到关注的背景下提出，更强调节能减排、循环利用，降低二氧化碳排放量
智慧城市	基于物联网、云计算等新兴信息技术而建设的新型城市形态	从智能化应用的角度对未来城市数字化的一种探索
公园城市	从古今中外建城造园的观点出发，强调人地关系和谐，在规划过程中突出地域特色	目标在于解决人居空间与自然环境不契合、地域特色不鲜明等现实问题

1. 山水城市

我国古代传统山水自然观、"天人合一"的哲学观与现代城市建设相结合，钱学森在 1990 年提出"山水城市"的构想，旨在建设与自然山水相融合的城市环境。❶ 后来在此基础上衍生出"园林城市"和"森林城市"，建立城乡一体的自然森林系统，提高城市建设用地的利用率；"园林城市"与"森林城市"理念融合升级，又出现了"生态园林城市"，目标是为了缓和人与自然日渐疏远的关系，构建生态宜居的城市空间。

2. 宜居城市

1996 年，联合国第二次人居大会指出，城市应当适宜人类居住，在国际社会形成广泛共识。2005 年，国务院批复《北京城市总体规划》，首次出现"宜居城市"概念，中国城市竞争力研究会连续多年发布中国十大宜居城市排行榜。

随着人们对居住水平要求越来越高，"宜居"也成为城市规划的永恒主题。现代理想城市中"宜居"的内涵为：通过合理的规划建设，为人类提供舒适、方便的自然环境和人文环境，即能够改善和优化人类生存状态，促进人的可持续发展，使人们在此工作、生活和居住等方面都感到满意，并愿意长期在此居住下去。

3. 生态城市

从 1986 年江西宜春市试点开展生态城市建设，全国生态城市由"零星探索"逐渐转向"区域试验"，并呈现出蓬勃发展、全面开花的态势。

2012 年 11 月，中共十八大明确将"生态文明"作为国家战略的核心地位，同年 12 月，中央经济工作会议提出要把生态文明理念和原则全面融入城市化建设的过程中，提出了"集约、智能、绿色、低碳"的城市化建设新要求，这些都表示国家宏观城市建设向生态文明和新型城市化的巨大转变。

4. 低碳城市

"低碳"在现代理想城市的内涵为：通过发展低碳经济、应用低碳技术、改变生活方式，最大限度地减少城市温室气体排放量，最大限度地减少城市对自然环境的破坏，彻底摆脱以往以高能耗、高污染、高消费为特

---

❶ 闫晋波．"山水城市"理念与当前城市建设实践案例刍议［J］．城市发展研究，2020 （10）：1－5，13．

征的社会经济运行模式，致力于能源输入低碳化、能源利用高效化的循环经济体系，倡导健康、节约、适度消费的生活方式和消费模式，最终实现经济发展以低碳为方向、市民生活以低碳为理念、政府管理以低碳为蓝图的复合发展目标。

5. 智慧城市

我国于2013年1月公布首批90个"智慧城市"试点，正式迈出智慧城市的规划建设探索步伐。"智慧城市"在现代理想城市构筑中的内涵为：依托先进的信息技术和全新的城市运营理念，通过数字化城市管理，全面提高城市的综合管理效率，从而促进实现新型城镇化道路"精细化管理"的要求。

6. 公园城市

为解决当今城市及绿地在发展中存在的人地关系不和谐、人居空间与自然环境不契合、地域特色不鲜明等问题，从古今中外建城造园的观念出发，"公园城市"营建价值理念有：第一，适度开发、效法自然。以生态文明理念为宗旨，保护自然山水，坚持城市与园林绿地相融的规划建设原则，构建城市、绿地、居民三者和谐共生的生态环境。第二，全面协调、统筹融合。强调区域统筹、城乡融合、生态筑基的整体布局观；着力推进政府、市场与公众多层次融合机制的构建。第三，凸显文化、因地制宜。强调在立意、布局等方面融入传统文化，彰显区域特色，突出城市个性。

"公园城市"理念不能单纯地理解为"像建设公园一样建造城市"，而要深入剖析其深度与广度，体现新时代的全新发展理念，满足人民美好生活的多元化需求，增加城市经济效益、旅游价值，努力塑造"推窗见田、开门见绿"的城市形态。

（三）中国现代城市发展转向

综合考虑中国现代经济、政治的实际发展情况与城市规划建设的历程，中国现代城市发展可以分为以下四个阶段：恢复城市建设与开启城市规划（1949—1952），引入和发展城市规划理念（1953—1957），城市规划的动荡和中断（1958—1978），城市规划建设的迅速发展（1978年以后）。

1. 恢复城市建设与开启城市规划（1949—1952）

新中国成立初期，为加快清除帝国主义、封建主义和官僚主义的影响，增强对新政权的认同感，我国将新民主主义文化确立为新中国文化思想建设的总纲领、总方针，在文化领域开展文化思想建设，保证新民主主义文化纲领在全国范围的确立。例如，确立马克思主义意识形态的主导地位，发展新文艺并营造健康文明的文化氛围，改造旧思想以转变知识分子思想意识形态。新民主主义文化纲领在全国范围内的确立，促进了新中国文化事业的顺利发展，也为新民主主义文化向社会主义文化的过渡奠定了基础。随着生产资料社会主义改造的基本完成，社会主义制度确立下来，在文化建设领域，中国共产党制定了一系列符合政治、经济发展水平的社会主义文化方针政策。这表明，我国在城市文化建设中选择走出一条具有中国特色的社会主义文化创新之路。

社会主义制度确立之初，党中央就提出"必须用极大的努力学会管理城市和建设城市"以及"城市建设为生产服务，为劳动人民生活服务"等论述，为制定新中国城市建设方针奠定了基础。党的工作重心在于力争恢复和发展生产，迅速恢复与发展城市建设，主要表现在以下三个方面：城市建设、市的建制、城市建设管理机构。城市建设方面主要是恢复、扩建和新建了一些工业，整治城市环境，改善劳动人民的居住条件以及增设公共交通；市的建制方面主要是增加城市数量并改善城市分布；城市建设管理机构逐步设立，包括中央主管机构以及各城市机构。

全国第一次城市建设座谈会标志着城市规划工作的起步，主要有以下四项决定：（1）建立健全城市建设管理机构；（2）开展城市规划，在城市总体规划的基础上，编制与各城市类型相适应的城市规划；（3）划定建设范围，将城市建设列入国家经济计划之内，划分 11 种城市建设类型；（4）集中力量发展工业，并且以重工业为主。

2. 引入与发展城市规划理念（1953—1957）

这是我国第一个国民经济五年计划时期，迫于当时的国际形势以及国内城市建设现状，引入了"苏联模式"，即城市规划是国民经济计划的具体体现，可以概括为"国民经济计划—区域规划—城市规划"三段。经过长期探索与实践，1956 年《城市规划编制暂行办法》（以下简称《暂行办法》）出台并施行，这是第一个与中国城市建设实际情况相适应的技术性法规。在"一五"期间，《暂行办法》指导全国 150 多个城市完成了初步或总体规划的编制工作。同年，党中央在讨论十大关系的过程中，认为党和国家当时最迫切的任务是调动一切积极因素建设社会主义，迅速发展经济、科学和文化事业，因此，"百花齐放、百家争鸣"被确定为重要方针，指导繁荣和发展社会主义科学和文化事业，但该方针仅实行了一年。

引入"苏联模式"后，对我国城市规划的影响主要有四个方面：一是资料搜集要求全面又细致；二是注意套用定额指标，控制建设指标，这在《暂行办法》中得以体现；三是讲究构图美学和建筑艺术，城市规划总图常常由众多广场和对称式道路系统组成；四是城市规划均由苏联专家指导，国家统一完成。

3. 城市规划的动荡与中断（1958—1978）

这一时期由于政治经济的起伏波动，城市规划及其建设也经历了动荡、中断的过程。可以分为两个阶段：1958—1965 年"大跃进"与调整时期的城市规划动荡；1966—1976 年的城市规划中断。

"大跃进"时期，国家建工部呼吁"用城市建设的'大跃进'来适应工业建设的'大跃进'"。此号召一经提出，城市人口骤增，城市数量也迅速增多，城市和农村工业遍地开花，"快速规划""人民公社规划"等空想主义思潮陆续出现，导致了城市布局的混乱。一次又一次的错误决策导致众多城市陷入无规划、混乱自发建设的状况。

"文革"时期，"双百方针"并没有得到很好的贯彻执行，城市规划建设被迫处于停滞状态。这一时期，只有两个城市制定了相对系统的总体规划，一个是基于"三线建设"制定的攀枝花钢铁基地总体规划，另一个是由于地震而重建新唐山的总体规划。重建新唐山总体规划也是我国新时期城市规划的先声，该规划历经 9 年基本得到实现。这一时期城市文化几乎被看作封建主义、资产阶级的同义词，人们的思想观念、城市的物质文明被当作滋生资本主义、修正主义的温床，"文革"在一定程度上对城市文化造成了贬视和否定。

4. 城市规划建设的迅速发展（1978 年以后）

1978 年以后，中国进入了一个新的历史发展阶段，十一届三中全会的召开使中国经济社会发生了巨大变化，城市规划及建设也因此步入了崭新的阶段。

改革开放后，我国的城市规划才真正开始恢复，一方面逐步推进历史文化名城的保护工作，另一方面城市改造工作也开始步入正轨，同时城市规划开始步入法制的轨道。20 世纪 90 年代末，全国第三轮城市总体规划编制工作基本结束，这轮规划突出整体性、多层性、连续性、经济性等多种观念并进行融合。其中，连续性是指传统城市文化与现代城市文化的整合，注重精神文化在规划中的普遍应用，保证城市文化和历史的连续性。

中国的现代化建设开始走上前进的轨道，城市文化建设进入前所未有的黄金时代。现代化建设为文化事业的发展奠定物质基础，几乎每座城市都在这一时期旧貌换新颜。邓小平提出"两个文明"建设要一起抓，强调在发展经济的同时不能忽视文化建设。党的十二届六中全会也专门制订了《关于社会主义精神文明建设指导方针的决议》。

我国经济特区和沿海开放城市作为改革开放的前沿，对特定区域进行文化辐射，成为社会文化传播的加油站。我国城市通过弘扬优秀传统文化，吸收消化适合我国国情的外来文化，整理和创新地域文化，开创了当代城市文化建设的崭新局面。

城市文化建设呈现出既具有人与自然高度和谐、充满人情味的共性，又不乏个性、丰富多彩的独特景象。当然，在建设过程中也往往包含着对落后、腐朽文化现象的抵制和否定，市场经济体制的建立也必然会使一些唯利是图的行为侵蚀到文化活动中，一些没落、陈旧的思想在经济利益的刺激下死灰复燃。

面对那些眼花缭乱的否定性事物，中国城市文化建设采取了实事求是的科学指导思想，思想观念上的是非通过宣传教育达成共识。这样做既剪除了文化之树的病枝枯叶，又保证了它的茁壮成长。同时提高民族文化素质，让人民群众养成抵御腐朽没落事物的自觉，为社会经济建设和文化发展提供一个稳定的环境，从而使城市文化建设在整个社会的进步中发挥应有的作用。

在经济全球化背景下，特别是以美国为代表的"新经济"影响下，世界各国纷纷将文化发展上升为国家发展战略，有意识地采取相应政策进行城市文化产业建设，促使文化与国家经济建设同步发展。全球化和城市化的深入进行，使文化的建设、规划和设计成为城市发展的重要议题。在研究城市文化的过程中，除了要重视共性的构成要素和非时间跨度的横向剖析外，更要探究城市文化在发展演进过程中的阶段性特征，以便更好地判断城市文化的定位和格局、更好地把握文化发展的未来趋向。

城市文化发展的终极目标是"文化城市"——以文化资源为客观生产对象，以审美机能为主体劳动条件，以文化创意、艺术设计、景观创造等为中介与过程，以适合人的审美生存与全面发展的社会空间为目标的城市理念与形态。总体而言，文化城市既回答了当前城市发展的理想图景，也回答了实现这一图景的基本路径。

第二节　国际社会新的共识与行动纲领

一、人居环境科学

人居环境的形成是社会生产力发展引起生存方式变化的必然结果，它不仅指住房、城市、集镇、乡村的物质结构，还包括所有人类活动的过程，包括居住、工作、教育、卫生、文化、娱乐等，为实现这些活动的实体结构的有机结合。在人居环境建设与发展的过程中不可忽略精神文化在内的人文环境建设。

人居环境科学是以人居环境（包括乡村、集镇、城市等）为研究对象的科学，重点研究人与环境之间的关系，并强调把人类聚居作为一个整体、全面、系统、综合地加以研究。[1] 学科的目的是了解人居环境发生发展的客观规律，以便更好地建设人类理想的聚居环境。

1. 国外人居环境科学的发展

工业革命以后，生产力和生产关系发生变化，世界范围内城市化进程加速，大量人口集中在城市，城市规模不断扩大，由此出现一系列城市问题：生产农田减少、自然环境遭破坏、居住条件下降、环境污染、交通问题、城市犯罪，等等。世界各国学者从不同研究领域（集中在建筑学、规划学领域）出发，积极探讨改善人类聚居环境的科学方法，为人居环境科

[1] 吴良镛．"人居二"与人居环境科学［J］．城市规划，1997（3）：4－9．

67

学的提出奠定了坚实的理论基础。

19 世纪末 20 世纪初，霍华德运用"田园城市"理论建设了莱奇华斯和韦林两个新城，把城市和乡村作为统一的整体进行改造，以此来推动人居环境的改善。格迪斯从人类生态学角度出发，倡导综合规划理念，在规划中统一各个部门的工作。1915 年出版的《进化中的城市》突破城市常规范围，强调把自然地区作为规划的基本框架，并在此基础上提出了人本主义。

芝加哥社会学派的代表人物罗伯特·E. 帕克，在《城市：有关城市环境中人类行为研究的建议》一书中强调：城市是一种心理状态，是各种礼俗和传统构成的整体。城市绝非简单的物质现象或人工构筑物，而是同其居民的各种重要活动密切联系在一起的、具有人类属性的自然产物。❶在这一理论中，城市既有物质的组织形式，又有道德的组织形式，这两种形式以其特有的方式互相作用、互相影响、互相调节。由于人们不能随心所欲地改变城市的物质结构和道德秩序，所以必须要进行城市规划。❷

芒福德在城市规划和技术等领域有显著成就，它强调人文，认为规划要以人的尺度为基准。他在出版的《技术与文明》中推广符合人性和生态原则的新技术，提倡区域整体论，要实现城乡结合、人工环境和自然环境相结合。他还指出自然环境对区域的重要性，环境和城市是共存亡的关系。❸芒福德于 1938 年发表《城市文化》，1961 年发表《历史上的城市》（中译本为《城市发展史》）。他非常重视城市的文化功能，他认为，城市最重要的功能是对人类更高一级的生活有重要意义的那些功能。他说："城市应当是一个爱的器官，而城市最好的经济模式应是关怀人和陶冶人。"

1968 年，道萨迪亚斯出版《人类聚居学》一书，创立了人类聚居学。早在 20 世纪 30 年代，道萨迪亚斯就系统地研究了古代希腊的城市，对比了解现代城市中生活环境质量的恶化。在"二战"后，道萨迪亚斯参加城

---

❶ 罗伯特·E. 帕克. 城市：有关城市环境中人类行为研究的建议 [M]. 杭苏红，译. 北京：商务印书馆，2016：45 - 60.

❷ 吴良镛. 人居环境科学导论 [M]. 北京：中国建筑工业出版社，2001：7 - 15.

❸ 程相占. 城市的文化功能与城市文化研究 [J]. 人文杂志，2006 (2)：26 - 29.

市重建工作，参与城市规划和建设，经验的积累使他更深刻地认识到人类聚居已经不能满足居民的需求，仅仅依靠建筑学和城市规划学很难创造更好的人类生活环境，因此，道萨迪亚斯产生了创造一门以建设美好人类生活环境为目的学科想法，即人类聚居学。

道萨迪亚斯提出人类聚居的分类框架，依据人类聚居的人口规模和土地面积比例，把整个人类聚居系统分成从个体到普世城的 15 个单元，他还提出人类聚居的发展定理、内部平衡定理和物理特性定理。

1972 年，联合国在斯德哥尔摩发表《联合国人类环境会议宣言》，就保护人类环境的观念达成共识，环境问题第一次被纳入国际政治议程。1976 年，联合国在温哥华召开第一届人居大会，正式接受了人类居住区的概念，人居环境科学研究取得新进展。

1992 年，里约热内卢联合国环境与发展大会通过《21 世纪议程》，专门设有"人类住区"的章节，人类居住区的可持续发展问题受到高度重视。1996 年，伊斯坦布尔联合国"人居二"会议通过《人居议程》，明确了可持续的人居环境发展观，在世界广泛范围内重视人居环境。

人居环境科学在城市规划、绿地园林方面的研究内容，强调城市的更新，包含城市绿地的更新、文化的更新、环境意识的树立等。1962 年，美国生物学家蕾切尔·卡逊出版了划时代的著作《寂静的春天》，引发了整个时代环境保护运动。1969 年，伊安·麦克哈格出版了《设计结合自然》，被视为城市自然环境生态学与景观生态学的代表作。麦克哈格从多个方面分析了人与自然的关系，解释了景观规划对于城市发展的深刻影响。

在建筑界，1981 年国际建协华沙大会确立"建筑·人·环境"的整体概念，把人居环境的建设和发展与社会进行统一，强调城市建设目标是满足居民的不同需求，提供满意的人居环境。1993 年芝加哥大会以"处于十字路口的建筑——建设可持续发展的未来"为主题，1999 年国际建协第 20 届世界建筑师大会通过的《北京宪章》指出"走可持续发展之路必将带来新的建筑运动，促进建筑科学的进步和建筑艺术的创造"❶。2001 年"伊斯坦布尔＋5"会议召开，检阅"人居二"执行情况并探讨未来需要优

---

❶ 北京宪章［J］. 城市发展研究，1999（4）：3–6，64.

先考虑的问题。由此可见，对人居环境问题的关注已经成为一个世界性行为。

2. 国内人居环境科学的发展

吴良镛集道萨迪亚斯等先驱者对人类聚居学研究之所成，综合我国城市建设的整体状况，确立了人居环境科学理论。

1989 年，吴良镛出版《广义建筑学》一书，提出"广义建筑学"对传统建筑学进行拓展，概念从"建筑"到"聚居"，并提出建筑的 5 项核心要素：聚居、地区、科技、文化、艺术。他逐渐认识到应从学科群的角度整体探讨学科发展，因此提出"人居环境"学科群概念，并于 1993 年在中科院技术科学部大会的学术报告上正式阐述"人居环境学"。1995 年，清华大学成立人居环境研究中心，发表了众多研究成果，进一步推动人居环境学术思想。1999 年，吴良镛以广义建筑学和人居环境科学理论为基础起草了《北京宪章》。2001 年，《人居环境科学导论》出版，为我国人居环境科学研究奠定了学科体系与理论基础。❶

清华大学人居环境研究中心在实践中一直秉承人居环境科学理论和思想，包括菊儿胡同项目、滇西北地区可持续发展研究、京津冀北（大北京地区）城乡空间发展规划研究等，不断推动我国人居环境建设。2010 年在"转变发展方式建设人居环境"研讨会上形成了《云浮共识》，标志着我国人居环境科学在理论和实践方面均取得重要成果。

在吴良镛提出的人居环境科学基础上，形成了建筑学、城乡规划学、风景园林学三位一体，学科群主体既相互独立，又相互融合，包括五大前提、五大系统、五大层次和五大原则。❷

五大前提指的是：一，人居环境的核心是"人"，以满足"人类居住"需要为目的；二，人居环境建设活动离不开自然背景；三，理想的人居环境是人与自然的和谐统一；四，人居环境内容复杂；五，人创造人居环境，人居环境又对人的行为产生影响。

五大系统即自然系统、人类系统、社会系统、居住系统、支撑系统。

---

❶ 吴良镛. 从"广义建筑学"与"人居环境科学"起步 [J]. 城市规划，2010（2）：9 – 13.

❷ 周干峙. 吴良镛与人居环境科学 [J]. 城市发展研究，2002（3）：5 – 7.

自然系统指自然环境和生态环境；人类系统侧重分析个体聚居者的基本需求、行为、心理等理论；社会系统主要指不同人群组成体系的社会关系、人口趋势、社会分化等方面的分析；居住系统主要指住宅、社区设施、城市中心等居住物质环境及艺术特征；支撑系统指人类住区的基础设施，包括交通、公共服务设施、市政基础设施等技术支持保障系统。

吴良镛借鉴道氏理论并结合自身丰富的实践经验，根据我国实际问题和人居环境研究现状，将人居环境科学划为全球、区域、城市、社区（村镇）、建筑五大层次。

五大原则是指生态观、经济观、科学观、社会观和文化观。生态观是指正视生态的困境，提高生态保护意识；经济观是指人居环境建设与经济发展良性互动；科学观是指发展科学技术，推动经济发展和社会繁荣；社会观是指关怀人民群众，重视社会发展整体利益；文化观是指科学的追求与艺术的创造相结合。这五项原则之间相互关联、相互牵制。

吴良镛认为，创造良好的人居环境既是社会理想，也是人们生活的基本需要。人居环境科学应作为全社会的科学，各方面都要参与到发展与创造中，以此推进决策的科学化、民主化，这不仅需要积极推进科学技术的发展，还寄期望于人文精神的弘扬。

二、城市有机更新

城市更新的核心是以人为本，从人的需求和时代发展要求出发，对城市功能、环境、运营能力、治理水平等进行多方位的提升。城市更新改造的对象基本为时间、时代、发展等问题存在缺陷的建筑，或现实价值极低的区域，如旧城改造、老旧小区改造、城中村改造、城市修复、文化遗产保护等。

城市更新的内涵为构建新发展格局的重要支点；最终目的是建设宜居城市、绿色城市、人文城市、智慧城市、韧性城市，并提高城市人居环境质量、人民生活质量和城市的综合竞争力。

《中华人民共和国国民经济和社会发展第十四个五年规划和2035年远景目标纲要》（以下简称"十四五"规划）具体指出，加快转变城市发展模式，统筹城市规划建设，实施城市更新行动，推动城市空间结构优化和

品质提升；加快改造老旧小区、厂区、街区和城中村等存量片区的功能，积极新建停车场、充电桩。❶

根据"十四五"规划提供的数据，我国城镇化水平在 2019 年达到 60.6%，正处于城镇化快速发展的重要阶段，预计在 2025 年常住人口城镇化率达到 65%。从欧美发达国家城市发展经验来看，城镇化率达到 60% 之后，城市中用地紧张、人口密集、资源分配不均、环境恶化等问题就会相继涌现。要改善城市生活环境并全面解决各种问题，就必须进行城市更新。

过去几年，城市更新缺乏系统的规章政策指导，许多城市的发展追求高楼林立的"现代感"，在进行城市更新的过程中大拆大建、平地起高楼，将老旧区域变成"都市高楼区"。这种方式彻底磨灭了原有的城市形象中的建筑或标志，取而代之的是一种毫无辨识度、大众化的"都市感"，同时也抹杀了城市原有的个性特色。

北京建筑大学建筑与城市规划学院院长张杰认为，在城市更新的过程中，要杜绝"外科手术式"的大拆大建，采用"针灸式"方法，"就好比设计汽车一般，既要考虑外观，更要考虑性能"❷。城市问题的出现注定城市不能再依靠开发空地、扩张建成区这样低质量开发方式进行发展，而必须通过现有用地内部的优化改造来实现更新换代，提高城市运行效率，实现城市的有机更新。

"有机"的意思是"有生机的、有生命力的"，运用到建筑学领域，想要表达的意思是城市本身是一个具有活力的生命体，突出以人为本的思想。"更新"是指在原有的基础上进行升级或者重建，对城市内环境较差、人气较低、基础设施相对落后的区域进行改造升级的过程。"有机更新"不仅保护和传承该区域的历史肌理与内在精神，还合理地重新规划该区域的传统建筑和空间肌理，从而适应现代生活的需求。

城市的有机更新离不开对老旧建筑的优化和重建。当前城市更新的方

---

❶ 中华人民共和国国民经济和社会发展第十四个五年规划和 2035 年远景目标纲要［EB/OL］.［2021 – 03 – 05］http：//www.gov.cn/xinwen/2021 – 03/13/content_5592681.htm.

❷ 高拯坤，何欣.北京建筑大学建筑与城市规划学院院长张杰："关注现状，像造汽车般进行城市更新"［N］.中国房地产报，2021 – 05 – 17（010）.

式与过程大体上离不开"修、拆、建"三种方式，即修缮整治、功能重构、推倒重建。修缮整治是对未被时代淘汰或具有一定历史价值的建筑进行外观和布局的修缮与整治，使其在视觉上符合时代发展的风貌，或延长其使用寿命、增加其存在价值。功能重构是在不破坏建筑原有结构主体的前提下对建筑的部分或全部功能进行重新构建，使其能够在新时代发挥新的功能。推倒重建是将存在时间较长、外观与功能存在巨大缺失且无法修复或转型、已完全不符合发展建设要求的建筑，完全推倒、拆除，腾出空间，重新规划其所在位置的用地。

1. 国外城市有机更新经验

西方国家经过几十年探索，从大规模的推倒重建转为小规模、分阶段的谨慎修复和改造，从单一的物质环境改造过渡到基于经济、社会等多种因素的综合更新。在探索过程中产生了不少经典的城市更新案例。

美国波士顿昆西市场是旧建筑改造的典型案例。随着地区拥挤、建筑陈旧等问题日益凸显，昆西市场逐渐丧失了作为食品集散中心的功能。1961 年，波士顿政府将其列入改造计划，在保留原有建筑的基础上将其再度开发，成为现代化商业综合中心，成功吸引大量游客前往观光和购物。

意大利的博洛尼亚作为一座历史文化名城，确立了以整体保护和有机更新为核心的发展方向，首次提出"把人和房子一起保护"的理念。实践中，在不破坏历史城区空间特征的前提下，适当配备现代化设施，为人们营造历史气息浓厚、基础服务设施完备的生活环境。

工业发展过程中留存的旧工业区地段同样需要更新改造，将工业遗产转化为可利用的文化资源，以实现城市工业文化脉络的延续和发展。例如曾是德国工业引擎的鲁尔区，随着煤炭、钢铁等传统支柱产业走向衰落，将旧工业区中的钢铁厂、采煤厂、焦化厂等建筑改建成风格独特的博物馆或剧院，将工业空地打造成景观公园、体育中心、艺术演示场所等公共休憩空间。鲁尔区拥有上百个博物馆、剧院和音乐厅，是当之无愧的"欧洲文化之都"。

2. 丰富城市有机更新新内涵

自 20 世纪 80 年代以来，中国以"危旧房改造"为切入点，展开了针对旧城改造的更新过程，涌现出了很多代表性案例，例如福建的三坊七巷、北京的菊儿胡同、上海的新天地等，这些区域在进行旧城改造更新的过程中努力提升城市品质，积累了宝贵的经验。

面对土地资源的日趋紧张，上海、广州等地积极通过"微更新"来提升存量土地空间的品质。相比大规模的城市更新项目，"微更新"更关注零星地块、闲置地块和小微空间的品质提升和功能创造，以此来达到有机更新。如上海杨浦的苏家屯路，通过扩宽人行道、建设休闲设施等措施，成为一个多元的公共活动空间。广州按照"修旧如旧、建新如故"的原则进行保护性整治，同时探索出售文化保护建筑使用权或产权的方法，引进社会资金，建立保护历史文化建筑的新机制。

"十四五"时期，中国城市将面临更多的挑战：疫情常态化下的社区管理与内城区商业活力提升、传统历史文化保护与创意文化的发展……如何将这些需求有机结合起来，成为规划者与决策者共同面临的问题。这些趋势同样要求在物质空间更新之外，采取多维度视角进一步充实和丰富城市有机更新的内涵。

一是商业和文化功能的有机更新。互联网引领新型经济增长，对城市的商业文化和娱乐设施都提出了新的要求，在城市有机更新的过程中，要满足21世纪城市的需求，从而提升城市活力，促进社会积极发展和文化繁荣。

二是交通和基础设施的有机更新。新型交通方式如共享单车、轨道交通等为城市带来了更多的流动性，然而，如何将当代交通方式与传统文化有机结合、从内在提升传统城市的活力，是"十四五"时期的新课题之一。

三是社区服务设施的有机更新。在城市更新过程中更加关注社会群体的多样化，在社区内实现便利的生活圈，有助于提升社区整体服务水平。在城市边缘地区为社区居民提供更多学校、医院等关键公共设施并形成紧密的社区网络，将是未来城市更新工作不可缺少的环节。

三、文化多样性

城市文化是城市的内在精神，中华文化五千年孕育了深厚的文化底蕴，幅员辽阔的地域造就了各具特色的城市文化。城市文化作为反映城市物质空间和价值观念的复杂整体，是真正属于这座城市不可替代的文化特征，能够通过情感共鸣和精神引领增强城市内部的凝聚力和向心力，使市民热爱城市并以之为荣，唤醒市民作为城市主人翁的社会责任感，从而更加准确地规划城市的未来发展方向。

改革开放以来，为适应人口增长、缓解城市用地紧张，中国出现了高层建筑热潮，传统建筑体系遭到破坏，城市建筑风格趋于统一。工业的迅速发展，使建筑材料由传统因地制宜的各种材料转向统一的钢筋混凝土，建筑的地域性也逐渐被忽视。同时，为了适应经济发展，城市建筑越来越侧重功能性，设计理念过分追求"标准化"，多功能大楼盛行，文化内涵的作用被漠视。

城市化进程过程中，全球化和标准化理念得到推进，传统文化体系遭到破坏，城市形象千篇一律。不少历史名城盲目追求现代化，忽视地方文化底蕴和城市特色，在城市建设过程中不加区分地进行"旧城改造"，历史文化古迹突兀地混迹于大量西方现代化建筑中，造成城市形象不伦不类。城市的个性逐渐消失，陷入"历史失忆"的状态——文化遭破坏，人们的城市归属感消失。长此以往，城市缺乏精神内涵，城市文化面临"特色危机"，严重阻碍城市的可持续发展。

面对城市趋同的现状，城市建设迫切需要重塑城市个性、因地制宜地规划城市布局，满足城市功能之余，传承城市文化，让"古韵"与"今风"和谐共存。

习近平总书记的人文城市理念深入诠释了"城市的核心是人""文化是城市的灵魂""发展经济与保护历史文化同等重要""建设宜业、宜居、宜乐、宜游的良好环境"等丰富内涵。❶

从文化的维度出发，人文城市理念既强调要像对待"老人"一样尊重和善待城市中的历史建筑，让人们记住历史、记住乡愁；又强调要处理好保护、传承与创新三者之间的关系，注重城市文化建设。

2019 年，世界城市文化论坛以"美美与共，天下大同"为主题，交流

---

❶ 习近平. 城市是人民的城市，人民城市为人民 [N]. 人民日报（海外版），2019 - 11 - 04.

创意城市发展中文化多样性的意义与价值。金元浦在《创意城市：城市发展的重要路径》中指出："21 世纪成功的城市一定是文化的城市，是文化高标的城市，是文化具有深厚影响力的城市。"❶

中国是多民族的国家，孕育了不同的民族文化，文化多样性在这样的环境下应运而生。2001 年 11 月，联合国教科文组织审议通过《世界文化多样性宣言》，第一次给"文化多样性"设置了官方定义："文化多样性"是文化在不同时代和不同地方具有的不同表现形式。2005 年 10 月，联合国教科文组织第 33 届会议通过了《保护和促进文化表现形式多样性公约》，表明不同的文化表达方式不仅是弘扬和传承方式的多样化，同时也是文化创造和生产的多样形式。

文化多样性可以分为两层：一是内容层面，由于表达和传播形式的不同所造成的文化多样性；二是功能效应层面，在全球的不同国家、不同地区，甚或相同地区的同样人类对于文化内容的认识和保护角度的不同都可能是由于文化多样性造成的，或者不同的文化背景导致对文化的传承和保护的方式多元化，这些都是文化多样性造成的。

经济全球化带来的科学技术迅速发展、交通信息日益便利，综合国力竞争也日趋激烈，各种文明的互动不断加强❷，城市文化面临着前所未有的机遇与挑战。各具特色的文化在交流和传播的过程中相互影响，呈现出既相互对照，又相互融合的发展态势。国家之间的问题扩展到文化、经济、金融、科技等诸多领域。文化安全便在这一背景下产生，尊重和承认文化多样性已经成为世界上大多数国家所普遍接受的国际关系准则。

就国家而言，文化安全主要是指国家的文化主权神圣不可侵犯。"一个国家的文化传统和文化发展选择权必须得到尊重，包括国家文化立法权、文化管理权、文化制度和意识形态选择权、文化传播和文化交流的独立自主权等。"❸ 由两极对抗的意识形态战略转变为"文明的冲突"的世界，不以国家制度为标准来发展国家关系，成为许多国家的现实选择。同

❶ 金元浦. 创意城市：城市发展的重要路径 [N]. 中国社会科学报，2016－11－24.
❷ 单霁翔. 城市文化与传统文化、地域文化和文化多样性 [J]. 南方文物，2007（2）：2－28.
❸ 杨建新. 全球化背景下国家文化安全的战略思考 [N]. 中国文化报，2006－07－06.

时，"文化软实力"作为一种重要的国家力量被提高到国家战略的高度，更使文化获得了在全球化背景下的一种战略身份和地位，成为国家战略不可缺少的重要组成部分。

经济全球化使得各国之间相互依存日益加深，相互依存性存在于文化多样性之中，并通过文化多样性表现出来。坚持世界的相互依存性就必须承认和尊重文化多样性，它的重要意义在国际社会已被提升到抗衡强权、抵制霸权，以及人类多元文化生死存亡的高度。

文化多样性是对每个国家和民族文化选择权利的尊重，同时也赋予了它们尊重其他国家和民族文化选择的责任。尊重文化多样性，就是尊重文化的差异性，而保护文化多样性与保护生物多样性同样重要。在文化遗产保护领域，文化多样性的理念被普遍地接受，从而拓宽了人们的视野，增进了不同国度、不同族群之间的相互了解、尊重与平等交流。

文化多样性体现了人类群体适应和改变生活境况的能力，是各民族、各地区文化的个体性、独特性，是人类社会的基本特征，也是人类文明发展进步的动力。文化多样性有利于取长补短，促进城市文化的延续和发展。任何一种文化在历史发展长河中，并不是自我封闭的，而是在相互交流中保护自己的特色，在竞争和比较中取长补短，在求同存异中共同发展。

第三节 国内外典型城市文化建设案例

一、美国纽约——世界文化创意城市

纽约作为一座仅有400余年历史的年轻城市，汇聚了世界各地的移民，不但铸成了巨大的资本体系，还形成了多元的城市文化。移民带来的多样文化，在这里交融创新，使纽约形成了一种仿佛"与生俱来"的创意氛围，成为世界著名的文化创意城市，以艺术文化和商业金融闻名于世。

早在1964年，纽约就已制定了完备的城市规划法，将城市的空间规划以法律形式规定下来，形成一张完整的城市规划图，至今仍对纽约城市面

貌起着规范作用。❶

时至今日，纽约不仅有时代广场、自由女神像、帝国大厦等世界知名的地标性建筑，更保留了"纽约绿洲"之称的中央公园。同时，作为美国文化艺术中心，不同形式、不同层次的剧场、电影院、图书馆、美术馆、博物馆等文化设施为纽约创造了浓厚的文化氛围，大大提高了纽约人的文化素质，增强了纽约人对自己所在城市的热爱和自豪，对世界众多艺术爱好者也产生了巨大的吸引力。

（一）历史建筑遗产的转型

SOHO区的有机更新是纽约工业建筑遗产成功转型的典型案例。工业发展时期，SOHO区作为囤积纺织品的仓库，所有建筑十分高大、宽敞、结实，给人"五大三粗"的感觉。20世纪70年代起，工业发展日渐式微，巨大的仓库开始处于闲置状态，租金的下跌吸引了一大批艺术家的聚集，他们的进驻为没落的SOHO区带来了生机。艺术家们将建筑里的大开间和挑空部分设计成工作区，在局部区域搭建阁楼用以居住，这些阁楼成为如今甚为流行的LOFT建筑模式的雏形。临街的房间被艺术家们装饰和改造为商店，工业建筑自身的特征与充满艺术气息的橱窗和售卖的商品之间产生了巨大的视觉反差，吸引大量游客光顾。

客流量的增大成功吸引了商业资本的注入，艺术家们进行了少量的装饰和改造，就将落寞的工业建筑变成了纽约时尚创意的核心区域。SOHO区的成功转型标志着工业文化遗产不仅没有成为城市发展的负担，反而变成了城市的宝贵资源，SOHO模式在世界范围掀起不小的热潮。

（二）纽约中央公园

纽约中央公园是美国历史上第一个真正的大型城市公园，是美国乃至世界近代城市公园的典型代表。城市公园文化既是美国本土文化众多内涵的集中体现，同时也是许多西方文化的缩影。

中央公园位于纽约市曼哈顿区，有着纽约"后花园"的美誉，是美国历史上第一个真正为大众服务的城市公园。它看似天然，实际上每处细节

---

❶ 孙福庆，杨剑龙. 双城记：上海、纽约的都市文化［M］. 上海：上海人民出版社，2011：26.

都是精心规划营造出来的，让人们在忙碌紧张的快节奏工作中，能够走进公园体会悠闲。

19世纪中叶，资本主义经济在美国发展到极致，人们在享受现代化进程带来的便利的同时，也不得不忍受日益恶劣的环境的煎熬——密集的工厂、拥挤的住房、恶化的空气、混乱的交通，噪声、污水和传染病的流行。这些问题的日渐严重使纽约市民对新鲜空气、阳光和优良的公共活动空间的追求越来越迫切，成为当地政府工作的当务之急。

1850年，新闻记者威廉·布莱恩特在《纽约邮报》上强调了公园建设运动的重要性。1851年7月，第一个《公园法》在纽约诞生，规划建立纽约中央公园，总面积达341.15万平方米。弗雷德里克·劳·奥姆斯特德与建筑师沃克斯针对当时纽约拥挤、单调、恶劣的环境与高速运转的市民生活，提出了"绿化计划"，计划的主要内容便是建设一个属于民众的"平民公园"，营造一个完全私密、自然的田园景观式空间，打造一个令人精神愉悦放松的自然天地，给所有阶层的每一位市民提供最佳的健康休闲方式。

纽约作为一座移民城市，它的文化、信仰和公共生活方式多元开放，中央公园充分体现了这一特点。在自然、开放的同时，也处处体现了追求多元文化的融合，追求自由平等的愿望。纽约中央公园的建成不仅开现代景观设计学之先河，还标志着城市公众生活景观时代的到来。中央公园的建成在世界范围内掀起了一场城市公园运动，时至今日，美国100多个城市都建立了大型的城市公园，人们还在进一步地探索城市森林模式。

（三）纽约文化建设经验

1. 紧密结合城市特点，体现城市特色

纽约是美国的移民中心、经济中心和文化中心，具有高度的文化自觉。发达的经济对文化的繁荣发展提出了相应的要求，也为文化的发展奠定了坚实的物质基础。与此同时，纽约必须提供相应的文化设施、创造良好的文化环境、具备发达的文化产业、形成强大的文化群体，才能进一步保证其经济中心的地位。

纽约文化的多元性是其最主要的体现，仅从宗教而言，就有教堂、礼拜堂、庙宇以及各类宗教建筑多达 3600 座。❶ 正是对经济中心、移民中心这种城市特质的深入理解和把握，纽约人对自己有哪些文化、需要什么样的文化有着非常清晰的认识，这使纽约在文化建设上逐步培养了海纳百川的胸襟、敢于创新的意识和自强不息的品格，从而形成纽约独特的文化品质。

2. 保持宽松文化环境，制定文化政策

纽约文化艺术之所以始终保持不衰的活力，还与纽约宽松的文化政策密不可分。在管理模式上，纽约对非营利文化组织与营利文化组织的管理方式是完全不同的，对非营利文化管理的最大特点是实行免税政策，对于营利文化的管理则是通过制定有关的法律法规，通过优惠的财政、税收和信贷政策，改善文化产业的经济环境，减轻文化组织的经济负担，促进文化产业的良性发展。

3. 发展城市创意产业，对文化遗产进行创意开发

保护文化遗产的创新方式之一，就是对文化遗产进行创意开发，这一过程需要根据文化遗产的种类和受保护的程度进行区别对待。城市古建筑类的文化遗产，应该以保护为主，开发为辅；城市工业建筑类的文化遗产，由于数量多、体量大，可在保护的基础上适度开发；城市非物质文化类遗产，具有虚拟性、符号性和可移动性，应以开发为主，鼓励公众积极参与，在传承中创新，以此来保持生命力。

二、英国伯明翰——世界级商业中心城市

伯明翰地处英国中部，是英国第二大城市和主要工商业区之一，被称为"英格兰的大心脏"。17 世纪英国爆发工业革命，伯明翰凭借丰富的煤、铁等矿产资源迅速发展出庞大的现代冶金和机械制造工业，一度跃居为铁路机车、蒸汽机和船舶的制造中心，成为当时英国工业革命的中心，享有"工业革命的摇篮"和"世界工厂"的美誉，这种盛况一直持续到 19 世纪末。

进入 20 世纪，世界工业生产进程减缓，煤铁资源逐渐枯竭，重工业向

---

❶ 黄发玉. 纽约文化探微 [M]. 北京：中央编译出版社，2003：30－32.

其他地区转移，没有及时做出应对的伯明翰城市发展开始走向衰落。第二次世界大战后英国的世界经济地位显著下滑，伯明翰的经济环境进一步恶化。20世纪70年代，伯明翰的失业率高达25%，1982年失业人口超过10万，失业率达到顶峰。不仅如此，长达半个世纪的重工业发展给这座城市蒙上了环境污染的阴霾，遍地的重工业建筑让这座城市丑陋不堪。

醒悟过来的伯明翰政府制定并实施了城市更新和产业转型计划，经过漫长而艰辛的努力，伯明翰的城市转型取得了初步成功。

如今，见证过工业革命辉煌历史的伯明翰，已从一个传统的、以制造业为主的老工业重地逐步转型为以服务业为主的现代化城市，它一改往日马达轰鸣、烟囱林立的重工业城市形象，展现出一座恬静优美、富有文化内涵的会议、展览和商业旅游城市。令人耳目一新的城市形象吸引了众多投资者的目光，伯明翰逐渐成为世界级的商业中心。

从崛起到衰落，从低谷到佳境，伯明翰在城市转型方面，积累了许多值得借鉴的宝贵经验。

（一）改造运河

运河改造是伯明翰城市更新的关键所在，不但让城市面貌焕然一新，也为城市旅游业助力不少。伯明翰境内的运河长度约为51千米，水网密布于城市内大部分地区，33%的城市人口居住于距离运河1千米以内的范围，运河为伯明翰人民提供生活依靠的同时，也是它的交通命脉。

1983年，伯明翰市政府充分认识到了运河作为重要的城市资源，应该发挥其应有的价值，于是开始着手进行合理的利用与改造。

运河改造首先从表层做起，先易后难，因地制宜。最初侧重于增加运河的可达性，通过改善运河两侧的步道、改进标识系统、美化两岸景观，唤起市民对运河的昔日好感度。在1988—1998年十年间，伯明翰政府全面统筹，在运河沿线修筑公共基础设施，如国际会议中心、交响乐厅等大型建筑等，让运河沿线区域从衰败的景象中挣脱出来，重塑城市风景。

多方努力打造出了一条全新的城市内陆运河廊道，河道上不见往日的货船，却见很多游人携家带口游船度假，"运河游"成为当地人的夏日保留节目；昔日河道两旁林立的工厂及仓库也已改建成专为旅游业服务的餐馆和酒吧，一个个充满活力的节点组成如今运河旅游文化繁荣的景象。

伯明翰的城市更新不仅是对旧建筑、旧设施的简单翻新，也不是经济主导下的房地产开发行为，而是具有深刻的人文内涵的实践活动。整个系统工程包含土地功能置换、产业提升、空间优化、历史文化保护等综合性的内容，是对旧城区人居环境、城市功能、城市形象的整体提升。伯明翰对运河的成功改造对于世界具有重大借鉴意义，充分利用城市已有的河道资源，加强河道两岸景观整治与沿线土地开发，打造适宜生活工作、充满活力的水路廊道。

（二）传统建筑的保留与利用

伯明翰城市历史悠久，在旧城改造过程中特别注重对传统建筑的保留与利用，充分挖掘工业革命遗留下来的建筑遗产，同时注重历史遗迹与现代建筑的和谐统一，在城市中保留了许多独具韵味的古典建筑。对传统建筑的利用成为发展现代旅游业和零售业的基础。

新斗牛场购物中心的改造摒弃了传统购物中心单调和封闭的设计思路，新建筑与城市道路交通网、城市肌理充分融合，使传统建筑与现代个性化建筑融为一体，塑造城市的新形象。购物中心的广场、步行街和中庭、室内步行街共同交织成公共活动空间网络，既展现了传统欧洲城市充满活力的生活场景，也建立了中心商业区更新的新模式。

连接圣马丁女王路的24小时步行道、因紧挨古老天鹅巷被命名为"天鹅通道"，1795年开张的牙买加甜酒行和斯派塞尔街等都是其中的代表，市中心老穆尔街火车站的再次启用更引起不少当地老居民的念旧之情。如今，伯明翰每年都要接待大约2200万游客，商业中心繁华程度仅次于伦敦西区，是英国第四大最受外国旅客欢迎的城市。

（三）培育文化创意园区

对文化的重视使伯明翰由英国老牌的工业中心快速发展为英国重要的文化中心。20世纪90年代至今，伯明翰建起了交响音乐厅、交响乐团中心等多家音乐场所。这些地方诞生了许多国际知名的交响乐团、爵士乐团和流行乐队。同时，伯明翰市内还散布着众多展览馆和画廊，吸引著名艺术家来这里展出自己的作品。

为推动文化创意产业的发展，伯明翰成立了自己的文化产业区，如伯明翰媒体地区和卡迪夫的艺术综合体地区，以及珠宝产业园区等。同时，充分利用伯明翰大学理论科学和应用科学研究的优势，促进产学研的结合，利用大学孵化高科技企业，鼓励新兴高科技产品的研发。1986 年成立研发园，园区有孵化企业 30 多家，在英国排名第四。

（四）明确城市定位

伯明翰对自己现代城市的定位非常明确，即欧洲会展、休闲、旅游中心。

利用自身的工业基础，优化商业旅游环境，培养高科技人才资源，开辟全新的产业，从单一的制造业转为商业和金融服务、会议会展、商务旅游的全面组合，成为可持续发展的新型城市。

在推进产业转型方面，首先，伯明翰从自身实际出发，对关键产业集中力量进行扶持；其次，痛下决心、从长计议，大胆淘汰相对落后的传统产业；再次，改善重点产业所需要的环境和条件，完善城市的软硬设施。伯明翰政府尤其重视培育科技和文化两个具有决定性、基础性、广泛性和产业性的因素，大力发展具有产业基础和生活基础两重性的公共设施，在城市改造和产业转型方面做到一箭双雕、相互促进。

今天的伯明翰紧抓知识经济与创意经济的机遇，实现产业多元化发展，拥有的世界级公司、研发中心、知名大学和创新企业家数量领先欧洲，甚至被称为"第二个伦敦"，连续三年被评为英国最佳生活质量城市。

三、加拿大蒙特利尔——充分利用地下空间

蒙特利尔是法国在 1642 年建立的殖民地，在加拿大历史最为悠久，20 世纪 70 年代以前是加拿大最大的城市，当今仅次于多伦多位列第二。蒙特利尔坐落于渥太华河与圣劳伦斯河交汇之处，密集的河道网络让它成为全球最繁忙的内河港口之一。法国殖民地的历史使其成为仅次于巴黎的全球第二大法语社区，是北美大陆上为数不多的具有欧洲风情的城市之一。

作为"设计之都"，蒙特利尔拥有众多著名博物馆、艺术画廊和展览中心，剧院、电影院数不胜数，频繁举办的国际盛事为戏剧、音乐、舞蹈和电影爱好者提供了经久不衰的世界级演出。蒙特利尔在凸显本土特色文化的同时，引领加拿大和全球文化趋势。

蒙特利尔市前市长热拉尔·特朗伯雷在受访中谈到，到2025年，蒙特利尔要完成科技中心、保健科技中心和港区的建设；要建设一个集知识、创造和创新于一体的城市，生活水平和质量跻身北美最具有活力和最鼓舞人心的大都市之列，打造一座亲近河流、富有人情味、包容且向世界开放的城市。

（一）明确设计产业战略，多方参与推进机制

将经济和社会、文化发展的目标相结合，将"设计之都"的建设目标与未来城市发展规划相融合，是蒙特利尔城市规划的核心做法，它是北美唯一将"设计引导经济"作为发展策略的城市。

从1986年开始，蒙特利尔将设计定为自己的七大支柱产业之一。1991年，蒙特利尔市政府将设计作为战略核心，推出包括"商业设计蒙特利尔"在内的一系列市政计划。自2001年起，为了让设计更好地与商业结合，并将自己的设计产业延伸至全国乃至全球领域，市政府投入数百万美元，成立了三个与设计相关的省级行政机构和一个联邦政府级机构。这些机构既具有权威性，又有协调和组织各方参与的力量，还有负责具体落实的行动小组和办事机构，在推进和贯彻执行"设计之都"建设的各项措施中行之有效，真正落到实处。

2004年的市政委员理事会上一致通过了蒙特利尔城市规划。该规划从设计的视角绘制了城市发展前景，细致地制定了一系列建设流程。蒙特利尔还建立了完善的设计研究理论网络，上面聚集了各个学科和领域的专业设计者。此外，还充分发挥多达11个设计专业协会的协调管理作用，在企业、政府和投资方之间开通了顺畅的信息沟通渠道。❶

"蒙特利尔焰火节"不仅作为常规的经济活动，更紧扣"树立民族精神"的主旨，结合市场调节和公益手段——既由文化公司操办实践，又由非营利机构来统筹，同时吸引广大志愿者深度参与。通过一个常规节日，将经济、文化、精神相融合，由此以弘扬民族精神、发扬蒙特利尔本土文化。

---

❶ 郑丽虹. 走马国外五个"设计之都"[N]. 深圳特区报，2008 - 12 - 08.

（二）营造创意环境，培育多样艺术形式

据加拿大文化遗产部统计，艺术、文化及文化遗产领域在整个加拿大拥有 546 亿美元的市场规模，电影、音乐、出版、文化遗产等文化创意行业解决了超过 63 万人的就业问题。❶ 文化创意产业已经成为加拿大政府解决经济发展的关键因素，寻找新的市场，确保文化创意产业持久、强劲的增长态势有助于全国经济的持续增长、就业岗位的增加及中产阶级的不断壮大。

尤为重视文化创意产业发展的蒙特利尔每年开展 480 多个节庆活动，包括电影节、艺术节、音乐节、烟花节，等等。与文化艺术相关的重要活动每年也多达 11 项，包括沙龙、国际电影艺术节、各种展览等，如艺术博物馆的艺术展、国际国内艺术展、时装周、设计月和商业设计等。此外，还有无数丰富多彩的文化创意活动，如竞赛、比赛、会展、论坛、研讨会等。在营造文化创意氛围和环境上，蒙特利尔可谓不遗余力。

这么多活动的开展对蒙特利尔的城市发展具有众多积极意义：第一，促进创意设计意识的普及，有利于培养创意产品市场；第二，营造创意氛围；第三，发现和培育优秀创意人才和创意作品；第四，为创意人才和作品被企业、消费者喜爱提供土壤，为其扩大国际知名度、开拓国际市场创造条件。❷

（三）给予财政支持，实施人才培养措施

蒙特利尔市政府为创意设计产业投入大量财力，提供便捷，同时设置诸多赛事为创意设计提供支持。其中特别为零售商们设置了"橱窗设计奖"——只要把橱窗设计得很有创意，便可获得政府的奖励。❸ 这些活动的设置体现了政府对创意设计产业的大力扶持，设计者们倍受鼓舞，产生了巨大的行动力。此外，为了让设计与商业协同发展，自 2001 年起，蒙特利尔政府投入了 710 万美元，促使魁北克设计向外延伸到国际上的其他

❶ 宋佳烜. 加拿大文化遗产部部长：提高文化创意产业竞争力 ［R/OL］.（2017 – 04 – 21）［2021 – 12 – 05］. https：//new. artrom. net/20170421/n925527. shtml.

❷ 蒋莉莉. 蒙特利尔"设计之都"建设的经验分析 ［J］. 上海文化，2013（12）：108 – 113.

❸ 郑丽虹，安德烈·德鲁西. 用设计提升市民生活质量 ［N］. 深圳特区报，2009 – 10 – 12.

领域。

除了投入大量财力物力，蒙特利尔在聚集和培养创意人才方面也采取了众多行之有效的措施。创造宽松、开放、创新的氛围，充分利用大学、培训机构落实创意人才的培育措施，吸引大量创意设计专家的聚集，同时也培育了大批优秀青年设计人才。蒙特利尔的20所学院、4所大学中，与设计相关的院系和专业就有6个。这些学校的学生可享受加拿大最低廉的学费，并可在11所世界级大学院校中自由选择入学，其中还包括4所国际知名院校。

（四）结合文化资源，打造特色城市空间

特色城市空间的规划不仅需要保护、保留城市原有的历史遗迹和魅力，又要营造充满历史感的氛围，还要同时满足市民基本生活需求并使人生活工作上感到舒适。

俯瞰蒙特利尔，450多座风格各异却又独具本土特色的教堂引人注目，每跨一两个街区便可看到一座教堂，其数量之多甚至超过了罗马。傍山而立的圣约瑟夫大教堂气势磅礴，位于老城的圣母大教堂则以金碧辉煌而举世闻名。

在众多城市特色空间中，"带剧院的地下城"闻名遐迩。地下城作为蒙特利尔不可分割的重要组成部分，它的存在保持并强化了市中心区的地位。这是一个地上、地下高度融合的网络，重构了蒙特利尔市的地下空间。

1. 全球规模最大的地下城

蒙特利尔号称拥有全球规模最大的地下城，以它对城市地下空间的成功利用著称于世。从地铁站延伸出的无数条通道将地铁、郊区铁路、公共汽车线路、地下步行道以及大量建筑群联结为一个庞大的交通网络，共同构成了一座巨大的地下城。

据统计，被地下交通网络连接起来的65座大型综合建筑群总建筑面积达到360万平方米，连接了10个地铁站、2个火车站、2个城际长途汽车枢纽、31个地下停车场、1060套住宅、1843家商店、3个会议中心和展览馆、9个酒店的4265套房间、10家剧院和音乐厅以及1座博物馆。游人不必走出室外就可以漫步在地下走廊和各个建筑设施之间。这座步行网络具有 40 多年的历史，已经扩展到超过 32 千米，在街道上有大约 900 个出入口，每天接待的人流量超过 50 万，是世界上最早和最大的同类步行网络之一。

2. 地下空间开发的契机

第一代地下城建于 1962 年，在维莱玛丽广场开业前不久，蒙特利尔市政府便做出了建设地铁的决定，成为释放地下空间开发的契机。随后，蒙特利尔将土地银行作为市内开发的第一个工具，并在 1963 年获得 1967 年世界博览会主办权后加速了地铁的建设。

为了鼓励地铁站点周围的开发，地铁线在没有商业设施的街道下面穿过。地铁站与站之间的距离很近，同一条线路相距仅 500 米，不同线路也仅相距 750 米，这样的设置也有利于之后通过地铁站之间的步行走廊把多个建筑群联系在一起。

通过巨大的地下城市交通网络，蒙特利尔各城市构成部分之间的相互联系逐渐加强，是其他城市的类似开发所无法企及的。CBD 的地下城四通八达，城市内各个部分的重要性难分伯仲。有人据此认为"缺乏一个明确的中心"是蒙特利尔地下城最显著的缺点，但从地下系统与地面城市活动的紧密结合来看，这一"缺点"又转变成了它在经济发展和人居生活中的优点：地下空间的高效利用不仅大大节约了城市用地，实现了城市交通的快速、大运量和立体化，还明显提高了城市的环境质量，为人口高度密集的城市实现三维立体化发展提供了非常有价值的借鉴经验。

四、澳大利亚昆士兰——创意产业驱动城市发展

（一）政府重视：从文化政策到经济政策和创新政策的出台

通过梳理澳大利亚的文化政策及创意产业政策可以发现，澳大利亚的创意产业发展离不开政府系列相关政策的支持。从 20 世纪 70 年代起，澳大利亚就已经认识到确立统一文化价值观的必要性，并发布了一系列以共同文化理念为基础的文化政策，政府文化相关部门为教育、电影、艺术、新闻传播、体育等各种不同类型的文化发展提供资金和政策支持。1994年，澳大利亚通信、信息技术与艺术部（Australia Department of Communications Information Technology and the Arts，DCITA）在历史上第一次推出自

己的文化政策，其标题是《创造性的国家：澳大利亚联邦文化政策》（Creative Nation：Commonwealth Cultural Policy，1994），该政策强调创意产业对于经济发展的重要性。在联邦政府的大力呼吁下，澳大利亚文化创意产业迅猛发展，已经在昆士兰州布里斯班市形成集文创开发与休闲、教育与企业发展于一体的创意产业园区，和美国苏荷创意产业园、英国伦敦创意产业园并称世界三大创意产业园，这一系列成就与澳大利亚得天独厚的区位优势、广阔的文化消费市场以及人数众多的文化产业人才息息相关。

（二）昆士兰模式：从龙头企业带动到中小型企业孵化

澳大利亚文化创意产业发展的"昆士兰模式"注重小型和微型企业综合孵化平台的打造，为其提供管理咨询、技术支持和融资渠道等，为小型和微型文化创意企业解决实际困难。"昆士兰模式"的最突出特征是澳大利亚创意企业服务公司（CEA）孵化园区小型企业。CEA是一家专门服务小型创意企业的机构，该机构主要通过发现不同行业创意企业之间的联系与合作关系，并以此为基础对各种不同的创意资源与产业资金进行整合，进而生产出各具特色、富含创意、创新十足的产品和服务，为人们带来不一样的消费体验，从而促进昆士兰创意产业的发展。作为孵化项目之一，CEA为微创企业提供价格低廉、品质优越的办公环境，解决了不少小型企业初创期的场地不足等问题，为产品研发提供了更多的资金。此外，CEA的咨询顾问来自不同行业和不同领域的创意产业专家，有产业精英，也有高校教师，他们共同合作，为小型文化企业提供优质的服务、制定发展规划和发展策略以及其他咨询类服务。同时，CEA通过和政府部门、相关大型企业紧密接触，经常为小型文化企业提供与大型跨国企业开展合作的机会，帮助不少资金短缺、创意产品具有潜力的初创企业寻找投资资金，解决小型企业发展的燃眉之急。此外，CEA还与昆士兰政府以及昆士兰科技大学建立良好的合作关系，为昆士兰科技大学毕业生就业提供大量工作岗位。CEA是一个主要服务中小型企业的特殊机构，它由政府和高等学校共同创建完成，昆士兰模式将创意设计、休闲娱乐、教育培训等融为一体，形成校区、园区、社区三区联动、共同发展的产业发展模式。

（三）人才培养：从单一能力到创意复合能力的培养

澳大利亚创意产业创新中心及澳大利亚艺术理事会在一份报告中指

出：对文化"创意"人才技能的培养，包括沟通、团队合作、文化的理解能力、解决问题和决策能力，此外还包括社会能力（或"非认知"技能，Non-cognitive skills），如自信、沟通技巧等。澳大利亚学校、政府和社会三方形成良好的协作分工，对创意产业人才的创造能力、创新能力和商业能力进行培养和培训。从全世界范围来讲，澳大利亚是把创意产业正式并入大学教育体系中的先驱者之一。昆士兰科技大学在 2001 年建立世界首个创意产业系（The Faculty of Creative Industries），该系设置表演艺术专业，随后开设美学与文化产业专业，并逐步成立创意产业学院，形成从本科、硕士、博士完备的人才培养体系。该学院与昆士兰创意产业园区内的澳大利亚国际创意产业与创新卓越中心（CCI）、澳大利亚互动设计合作研究中心（ACID）、创意产业与创新研究院（ICI）保持着紧密的联系。在 2015 年QS 专业排名中，昆士兰科技大学创意产业学院的交流与媒体专业排名全球第 25 位。此外，墨尔本大学和悉尼大学开设文化管理专业，新南威尔士大学设立展会策划与文化管理专业，开设众多的文化艺术、创新创业相关课程。与此同时，每年有数千名学生在澳大利亚高等教育机构学习创意艺术（Creative arts）。如雨后春笋般的文化产业相关专业发展和数量可观的创意人才后备军为澳大利亚创意产业的发展提供强有力的人才储备。

同时，澳大利亚政府认为，对澳大利亚年轻一代提供富有艺术内容与科技内涵的教育将有助于推动澳大利亚文化创意产业的发展。澳大利亚政府对澳大利亚芭蕾舞学院、澳大利亚电影电视广播学院、澳大利亚国家音乐学院、澳大利亚国家戏剧艺术学院等 8 家全国性专业艺术培训机构提供政策与资金支持，力争为澳大利亚创意产业培养更多优秀人才。同时，针对文化创意人才在创业之初面临的种种困难，澳大利亚政府制订"艺术启动"计划，通过澳大利亚艺术委员会，每年向从事文化创意产业的艺术专业毕业生、艺术家个人及专业机构提供创业资助。

五、日本东京——动漫产业助推文化发展

东京起源于江户市，在 17—18 世纪的江户时期，已然成为日本的商业、艺术和文化中心。东京已发展成为创新与传统相融合的城市，一方面因其历史悠久的寺庙以及表演艺术而闻名，是日本传统文化的中心；另一

方面"以美食、时尚、音乐、艺术、动画和科教的新趋势崛起，成为创作者的文化中心"。东京始终秉持着"干练、优雅、合作"的精神，迅速从战后的废墟中振兴，促进城市社会经济文化的全面发展。东京紧紧围绕2020年奥运会和残奥会为核心，以建设"世界第一都市"为目标，明确提出"以文化开拓东京未来，建设世界上独一无二的文化都市"。

动漫产业在东京城市文化建设过程中发挥着重要的作用，是城市文化创意产业的代表，助推城市特色文化产业的发展。主要有以下几个方面值得借鉴。

（一）制定倾斜性政策保障文化产业发展

1996年，日本政府公布实施《21世纪文化立国战略》，明确提出要从经济大国转变为文化输出大国；2003年，制订观光立国计划；2007年又提出文化产业发展战略。为落实这些战略，日本政府以及东京地方政府相继出台了一系列配套政策，将动漫等文化产业确定为国家重要支柱产业，通过推行工业化大生产、建立文化产品产业链、扩大文化产品出口等，积极推动文化产业发展。

日本外务省曾利用"政府开发援助"中的"文化无偿援助"资金，从动漫制作商手中购买动画片的播放版权，首先无偿地提供给发展中国家的电视台播放，等这些国家对日本动漫作品形成依赖以后，再逐步提高价位，实现从免费到低价位再到正常价位的出口。日本文化厅下属的专门的文化审议会直接负责各种国际文化交流项目的策划，为国内动漫企业的发展提供了发展和交流的平台。经济产业省建立了传媒与内容产业局和动漫产业研究会，重点对国内处于发展初期阶段的动漫企业进行扶持和引导。东京每年主办很多动漫原创作品交易会，保证原创作品的投资和后续开发。

同时，东京为了向国际市场输出本国动漫，制定了一系列政策措施，在政策、资金和人才各方面给予大力支持，鼓励并协助动漫大师在国外举办动漫展览，推动日本动漫在国外电视台播放等。

（二）成熟的动漫人才培养机制

1974年，东京成立了日本第一家动漫学校，日本动漫产业发展逐渐起步。20世纪90年代以后，日本动漫人才的专业培养模式开始形成。2000年日本的私立大学京都精华大学增设漫画专业，招收四年制的学生，这是日本大学首次设立动漫专业。到2009年年底有近30所大学开设动漫专业。如今，日本从中专、职业教育到大学及研究生，都设立了动画和漫画专业，并且有精细的专业划分，根据各行业的不同需求培养专门人才。不同学科的学生毕业后可从事的相关职业种类众多，包括漫画作家、插图画家、小说家、漫画原创人员、绘本作家，还有动漫衍生产业相关的美术印刷设计师、形象设计师、数字助手、网页制作员、杂志撰稿人、动画剧本创作人员、游戏创作人员等。

东京地方政府非常重视动漫产业的发展，在人才培养方面也制定了一系列扶持政策，同时为其提供了巨大的财政支持，设立了专门的基金会支持包括从事动漫制作在内的生产人员的培训与培养。例如2002年启动的"杉并动漫匠塾"人才培训计划，这一计划的培养方式是：每年夏季从全国公开招募培训生，经过动漫企业经营者和具有丰富动漫制作经验人员进行作品审查和面试，选拔4～8名培训生进入动漫公司学习，每年10月至次年3月，对这些培训生进行动漫制作方面的培训，完成培训学习的培训生要到该培训机构再培训半个月其他动漫产业相关的内容，然后才能被分配到能接受该培训生工作的动漫企业上班。日本也有许多社会上举办的各种形式的培训学校、培训班及讲座，这些都是日本动漫人才得以不断进步的重要途径。例如，著名的东映电影厂开设的动漫人才教育机构——东映动漫研究所，十几年来一直致力于动漫人才的培养，采用边实习边学习的方式进行动漫人才的培养，十分重视学生的实践能力。再如日本有名的漫画出版社之一的小学馆，每年都会举办"漫画家培训讲座"，根据不同的专业方向招收20名学生进行培养，学习期限为1年。每年举办的东京国际动漫展也举行各种形式的动漫专题讲座。

（三）打造多样文化内涵的高品质动漫

日本动漫蕴含的文化内涵是其广受欢迎的根本原因，在日本动漫作品中不仅可以看到本国文化元素，还会看到外来文化的身影，由此形成了丰富多彩的文化作品。早期的日本动漫作品多以战斗为主题，充满日本武士道精神，至今战斗题材也是日本动漫的一大类型，如《火影忍者》等，

"勇敢""正义""忠诚"是贯穿日本动漫的主题。同时日本动漫中也不乏大量展现民族传统文化的作品,《聪明的一休》等皆由日本历史真实人物和民间传说改编而来,故事情节与背景都反映了日本传统文化特色。优秀的动漫作品作为文化载体,为日本在世界上的文化输出做出了巨大贡献,对日本传统文化进行了良好的推广。

更值得注意的是日本动漫对外来文化的开放性吸收与运用。如成田美名子的《双星记》充满了浓厚的美国都市文化气息,宫崎骏的《魔女宅急便》等作品表现出西方的奇幻故事风格,《天空战记》的人物设定与故事情节以印度佛教神话为原型。还有大量日本动漫作品借用了中国传统文化题材,如《不思议游戏》中借用了中国四方神兽为背景,《十二国记》则是对中国春秋时期文化的改编,《中华小当家》运用了中国绚丽多彩的美食文化。

同时,日本动漫宣扬乐观积极的人生态度,侧重故事情节,以故事性打动观众,在故事中加入对情感和世界万物的思考,注重普世的价值观念,蕴含着广泛的教育性。如《足球小子》通过孩子们以足球为梦想努力拼搏的故事来鼓舞对梦想的追求,当时曾对日本足球的发展起到了推动作用;《幽灵公主》立意深刻,描绘了人性的贪婪,探讨人与自然的共存之道,反映了生命的生生不息。观众在观看动漫作品的同时,也间接接受了作品中蕴含的文化内容。

在动漫产品的制作上也重视动画制作技术的提高,投入大量的资金和精力追求高质量的动漫画面。如《英雄时代》作为世界第一部油绘动画,动用十几位艺术家共同制作了 12 年,总计使用了 45000 张油画。

六、中国成都——天府文化公园城市

成都地理位置优越,是我国重要的经济、科技、金融、文创、对外交往中心和国际综合交通通信枢纽。在独特的地域环境和生产生活条件下,成都积淀了深厚的文化根脉,孕育了以"创新创造、时尚优雅、乐观包容、友善公益"为独特内涵的天府文化。文化是一个民族的基因、一个国家的灵魂,同样也是一个城市建设的根基所在。《成都市城市总体规划(2016—2035 年)》中详尽地规划了天府文化的传承和创新,强调其应渗透于城市规划、城市建设、城市运行的全域、全过程和全方位。

（一）传承巴蜀文明，发展天府文化，建设世界文化名城

2018年2月，习近平总书记在来川考察时强调，要利用成都的独特优势，打造有生态价值的"公园城市"，"公园城市"作为新时代的城市建设理念首次得到官方确认。2020年1月，中央财经委第六次会议明确，建设成渝地区双城经济圈、支持成都建设践行新发展理念的"公园城市示范区"。《成都市城市总体规划（2016—2035年）》中将2035年的发展目标归纳为："加快建设美丽宜居公园城市，全面建成泛欧泛亚具有重要影响力的国际门户枢纽城市。""公园城市"成为成都城市性质的集中表达和城市发展的重要维度，也是传承巴蜀文明、发展天府文化的有力帮手。

公园城市建设与天府文化的创新发展相结合，从以下三种方式充分发挥了天府的文化价值。一是公园城市传承并保护了历史、文物、民俗、建筑等资源，并且向居民提供休闲娱乐的场所以及宣传城市文化的重要载体。二是公园城市通过延展空间，植入商业、文创、产业、旅游、商贸等功能，营造了多元文化场景，实现了公园的经济价值和艺术价值。三是公园城市通过绿道、河流、水体等整合了城市文化资源，提升了城市文化场所的连续性，彰显城市魅力；同时着眼传承历史文脉，创新发展新文化，深入挖掘了城市文化新内涵。

同时，成都制定了建设"三城三都（世界文创名城、旅游名城、赛事名城和国际美食之都、音乐之都、会展之都）"的时间表，以2020年、2035年和21世纪中叶为重大时间节点，目标是使天府文化享誉全球，建成独具人文魅力的世界文化名城。

（二）重视文旅项目，成立研究机构，建设世界旅游名城

以重大项目建设为抓手，招大引强，稳步推进项目落地，持续壮大项目市场主体，为世界文化名城建设和塑造"三城三都"城市品牌提供强有力的产业支撑；同时放眼未来，为文旅深度融合提供智力支持成立研究机构，是成都市推进文旅深度融合的重要经验。

2019年4月1日，四川省文化旅游地学研究院正式揭牌成立。其为国内首家以"文化旅游地学"为研究主题的研究院，它的成立将进一步加强

旅游和地学融合的理论研究，提升地球科学为旅游服务的水平。2021年成都市签约高质量重大文旅项目20个，总投资额超1000亿元❶

在文化事业与文化产业高速发展的过程中，成都重视传统，以文化立城，融合时代，以融入世界为目标，立足本土制定切实可行的发展"路线图"，让城市文化建设的每一步都走得扎实、稳健。深度挖掘作为全国十大古都和历史文化名城的独特魅力，大力弘扬古蜀文化、三国文化、大熊猫文化等特有文化，加强古蜀文化遗址、工业文明遗址、历史文化街区、名人故里、古镇、古村落、古建筑等自然遗产和非物质文化遗产的保护利用，传承成都故事和民风民俗，留住天府文化的根脉和记忆，为打造旅游名城夯实基础。

（三）抓住时代机遇，发展多元经济，打造文化创意高地

在建设公园城市示范区的过程中，成都将消费新需求转化为新业态，融合多元消费场景与天府文化，建设立足西部、辐射全国、面向世界的"国际消费中心城市"。坚持高端化与大众化并重，兼顾快节奏与慢生活，通过打造"博览会""时尚周""购物节""夜市"等消费平台，营造时尚商圈、特色街区、公交优先发展模式区（Transit-Oriented Development, TOD）、旅游景点、文体场馆、绿道林盘等多元文化消费空间，协同推进升级传统消费，壮大新型消费，同时凸显天府文化。

"绿道＋商业""林盘＋商业"的模式，融入运动休闲、医疗康养、餐饮娱乐等商业项目，实现了生态价值向经济价值的创造性转化。例如，老城区的春熙商圈由于新增了成都IFS购物中心和远洋太古里两个大型商业综合体，旧貌换新颜，对全球品牌吸引力进一步增强；新城区的交子公园商圈则凭借两座流光溢彩的"双子塔"，潮流涌动，频频吸引"全球首店""概念店"落户。推进旅游与城市发展融合，规划建设精品旅游品牌聚集区、都市休闲聚集区，营造具有"老成都、蜀都味、国际范"的多元文化旅游场景，以此发展旅游经济。

成都聚焦天府文化特色和优势的数字经济、智能经济、绿色经济、创

---

❶ 成都发布"三城三都"三年建设成效及2021年工作计划［R/OL］.（2021－04－07）［2021－12－05］. http：//www. scpublic. cn/news/get News Oatail？=422997.

意经济、流量经济、共享经济六大新经济形态，深化天府文化内涵，通过营造提升服务实体经济能力、推进智慧城市建设、推进科技创新创业、推进人力资本协同、推进消费提档升级、推进绿色低碳发展、推进现代供应链创新应用七大应用场景，助力更多的企业和资本进入新经济赛道。同时，支持企业和研发机构建立"创新应用实验室""城市未来场景实验室"等，将验证成功的应用场景项目纳入新经济创新产品目录，并通过"城市机会清单"向社会发布。2020年3月，成都线上线下同步发布100个新场景和100个新产品，并在此后的每个月持续发布新经济新场景和新产品。

2018年，成都市委发布了《西部文创中心建设行动计划（2017—2022年）》，该计划以传承巴蜀文化、发展天府文化为宗旨，激发文化创造，推动文创产业化和产业文创化。2019年年底成都建成独角兽岛，融合"互联网＋"和"文化＋"思维，着力捕获与培育文创独角兽，为文化创意产业的发展储备了强大的人才、企业和金融蓄水池。同时还举办了成都创意设计周活动，吸引了全国乃至世界各国的创意家、设计家参与"金熊猫奖"的角逐。新一轮成都总体规划的提出，深入挖掘天府文化内涵，打造"双核两带十九片"文化创意集群以及200条文创特色街区，提升成都文化软实力，创建国际性文创产业生态圈。

（四）对标国际城市，打造会展之都，提升会展品牌竞争力

对标世界先进城市，聚焦打造国际会展之都，大力培育具有国际知名度会展品牌与会展新地标，是成都市发展会展业的重要经验。

会展业竞争力指数是我国衡量会展城市核心竞争要素的最权威指标之一。商务部中国会展经济研究会发布的"2018全国城市会展业竞争力指数"显示，上海、北京、广州、成都、深圳、杭州等城市入选2017年度"中国最具竞争力会展城市"。成都在"中国最具竞争力会展城市"的排行榜上位居全国第四、中西部第一。成都国际家具展览会经过多年的发展，已经成为中国家具三大展会之一，被誉为"中国家具内贸首选平台"。成都国际非物质文化遗产节已成功举办六届，是国际社会首个以推动人类非物质文化遗产保护事业为宗旨的大型文化节会活动。

第三章　武汉城市文脉与禀赋

　　城市文脉是一个城市文化的脉络，也是城市的灵魂和气质所在。城市文脉既有往日沉淀的历史，也有今日当下的存在，还有来日发展的未知。文脉不仅是被保护的历史街区和遗迹标本，它亦是鲜活的，像生命一样新陈代谢、吐故纳新，但只有被充分地理解和传承，文脉才能实现它的最大价值。

第一节　文脉绵长

　　考古发现，武汉及周边地区人类活动的遗迹可以往前追溯至距今8000年至6000年前的中国新石器时代早、中期，其中在如今的东湖放鹰台，对遗址的考察发现了含稻壳的红烧土，以及古人类使用的石质工具，比如石斧、石锛以及鱼叉等；位于武汉市郊的黄陂区域还有张西湾古城遗址，显示了4300年前古人类曾经在这片土地上生活过，这些发现丰富了武汉的历史片段与细节。在武汉市黄陂区盘龙湖半岛上，还有距今约3500年到约3200年的盘龙城遗址，曾是商朝方国宫城，是长江流域范围内至今考古发现的唯一一座处于商代时期的古城遗址。作为在武汉地理区域内发现的最早年代的遗址，盘龙城遗址被视为武汉建城的起始。从此，武汉作为一座重要的城池几经风雨，在历史上留下了深刻的印记，尤其是在近现代史上，武汉因为地理、政治、经济、文化等因素和条件，曾多次成为中国的中心。

　　3500多年的建城史为武汉积淀了底蕴丰厚的文化，形成了武汉人文蔚起、文脉绵长的景象。

当前，武汉市是华中地区当之无愧的特大城市，也是华中区域的经济中心，武汉文化具有鲜明的区域特色，主要包括：以盘龙城为代表的古城文化；以古琴台、琴断口、钟子期墓、集贤村、月湖等为载体的知音文化；以黄鹤楼、晴川阁等为代表的建筑文化；以归元寺、宝通寺、古德寺、莲溪寺、卓刀泉寺、长春观等为代表的佛道文化；以首义广场、红楼、红巷、施洋烈士墓、武汉二七纪念馆、八七会议会址纪念馆等为代表的革命文化；以近代汉阳兵工厂和现代制造业基地武钢、长飞光纤、神龙汽车等为代表的工业文化；以谦祥益等汉正街的老字号和现代的武商、中商、中百、汉商等为代表的商业文化；以武汉大学、华中科技大学、华中师范大学等著名高校和中国科学院武汉分院等科研院所为代表的科教文化；以长江、汉江、龟山、蛇山、龙泉山、木兰山、汤逊湖、东湖等自然山水和风景名胜为代表的山水文化；以汉口新老火车站、武汉长江大桥等桥梁和两江的轮船码头、驳岸港口、江滩等为代表的交通文化；以老通城、蔡林记、四季美、大中华等老字号餐饮企业和艳阳天、湖锦、三五、小蓝鲸、福盛、醉江月等新字号餐饮企业为代表的饮食文化；以茂记、冰川、太和、劲松等汉派服装为代表的服饰文化等。❶ 由于历史上的重要地位和深厚的文化底蕴，1986 年，武汉市进入第二批国家历史文化名城的行列。

一、古代：盘龙文化与知音文化

（一）武汉之根——盘龙文化

1954 年，武汉遭遇百年不遇的特大洪水，这场洪水冲出了一座有着 3500 多年历史的古城——盘龙城。

通过考古发掘和研究发现，这个被盘龙湖环抱的城市遗址属商代早期和中期，主要由宫殿区、手工业作坊区以及居民区、墓葬区等几部分构成。遗址内城的总面积约 75000 平方米，城址南北长 290 米，东西宽 260 米，周长 1100 米，东北部有密集的城址、宫殿建筑遗迹，四周环绕

---

❶ 黄永林，侯顺．湖北地方特色文化与文化产业融合存在的问题与对策研究［J］．理论月刊，2013（4）：5－13．

的还有民居区遗址、手工作坊遗址以及小型墓葬遗址，另外，在城外李家嘴区域，也有高等级贵族墓葬群，墓葬中的物品包括当时比较流行的青铜、玉、漆、陶、石和骨制品。遗址和随葬品展示了中原文化逐渐向中国的南方区域扩张，并逐渐在长江流域形成城市的社会发展过程，揭示了夏商文化在长江流域的传播与分布，改写了中国史学界此前关于"商文化不出黄河流域"的结论，为研究早期南方地区城市规模和形制提供了丰富的实物资料，也证实了长江流域和黄河流域一样，都属于中华文明的摇篮。

盘龙城上演了300余年的辉煌历史，在城址建造、埋葬习俗、陶器特性、青铜工艺和玉器风格上独有特色。在地理方位方面，城东北面环湖山坡上有一处码头坝址，这表明盘龙城早期就是扼居往来咽喉的交通要道，是武汉占据中国南北连接点上枢纽地位的开始，也是"九省通衢"区位优势的最早雏形。在城市功能方面，盘龙城的商业、手工业、运输业和居民区，显示出早期城市的行政、军事统治、经济等作用。因此，可以说盘龙城的发展是早期武汉地区城市、社会、文明发展的历史缩影，盘龙文化不仅是武汉城市文明的源头，而且促进了中原地区与南方的经济文化交流，推动了整个华中地区的社会发展，具有重要影响。盘龙城的出现和崛起把武汉地区推到了中国历史大舞台的显要位置，它深蕴的文化成为"江城之本，精神之源"。

从1963年首次发掘到2013年武汉市正式启动盘龙城遗址本体保护工程项目，盘龙城遗址逐步展示出崭新的面貌。1988年1月13日，盘龙城遗址被国务院公布为第三批全国重点文物保护单位。2013年12月，第二批国家考古遗址公园名单中，盘龙城遗址赫然在列。如今遗址已被重新保护修建，成为集树林、绿化带、步行道、湿地、展馆、科普基地于一身的市民休闲公园。

盘龙城遗址是武汉宝贵的文化资源，其独特的文物和城市面貌展现了武汉令人骄傲的城市文明史，见证了武汉从建城伊始就具备的融合多元文化的能力、优势和魅力。盘龙城文化不仅蕴含着中国历史早期的商文化、青铜文化，更启迪着当下武汉多元的城市文化。

（二）武汉之音——知音文化

"知音"一词最早出现于《礼记·乐记》中，"惟君子为能知乐。是故审声以知音，审音以知乐，审乐以知政，而治道备矣。是故不知声者，不可与言音；不知音者，不可与言乐。"❶ 意思是通过审察声音了解音调，通过审察音调了解音乐，通过审察音乐了解政治，这样治国之道就完备了。此时强调音乐的意义更多是因为当时的人们认为音乐是与政治相通的，通过音乐可以了解人们的喜怒哀乐，进而反观社会和政治的兴衰成败。赋予"知音"以当代文化意义和内涵的则是发生在武汉市的一个历史故事，发生在距今 2300 年前的晋国人俞伯牙与楚国人钟子期之间的动人传说。

相传俞伯牙是一位琴艺高超的琴师，特别擅长弹奏七弦琴，有"琴仙"之称，他的代表作是《高山流水》。伯牙弹琴时想到高山，钟子期说："壮哉！巍峨的山峰屹立在我的面前！"伯牙边弹琴边想到流水，钟子期又说："美啊！奔腾不息的江河从我眼前流过！"俞伯牙认为钟子期能听懂自己的音乐，非常高兴，和他结为好友知己。

可惜不久钟子期就去世了，伯牙认为世界上再也找不到懂自己琴声的知音了，于是，他把心爱的琴摔碎，终生不再弹琴，史称"伯牙绝弦"。这段动人的友谊被记录在《吕氏春秋》《荀子》《韩非子》等元典上流传至今，见证了中国古人重视友情、坚信仁义之道的精神情操。

人们为了纪念这段友情佳话，修筑了古琴台及钟子期墓。现在的古琴台在武汉市汉阳区，又名俞伯牙台，始建于北宋，重建于清嘉庆元年（1796），被称为"天下知音第一台"，正是《吕氏春秋》等典籍记载的伯牙偶遇钟子期的地方。古琴台坐落于月湖之滨、龟山脚下，东对龟山、北临月湖，建筑群占地约 15 亩，除殿堂主建筑外，还有庭院、林园、花坛、茶室等，布局精巧、层次分明。殿堂前有一个约 20 平方米的方形石台，汉白玉筑成，相传即是伯牙抚琴的高台。钟子期墓位于武汉市蔡甸区马鞍山南的凤凰嘴，面朝南湖，墓前有知音碑亭，为水泥结构仿木建筑，碑亭中

---

❶ （汉）郑玄注，（唐）孔疏达疏. 礼记正义，十三经注疏 ［M］上海：上海古籍出版社，1990：663.

央矗立着高 2 米、宽 1.3 米、厚 0.20 米的重刻青石碑碣，墓亭中镌刻着篆书"楚隐贤钟子期之墓"，背面为张舜徽先生撰文的重修碑记。马鞍山北麓有钟子期故居，故居周围曾有 18 棵参天古柏，离故居不远的铁铺街口，清代曾立有一座正面刻"古集贤村"、背面刻"高山流水"的牌坊。同时，生动感人的历史故事在千年的传承中形成了深邃丰厚的文化，知音不仅包括了友情，延伸到了亲情和爱情，还蕴含着识人辩人的能力，知音文化不仅彰显古代中国的人际社会关系，还承载古代音乐文化以及道德追求，给后人以无穷的精神滋养。

知音文化诞生在武汉地区，是武汉的元典文化、特有的文化资源。2007 年，"伯牙与子期的传说"被列为第一批湖北"省级非物质文化遗产保护名录"，2014 年入选第四批国家级非物质文化遗产保护名录。作为知音故里的武汉市蔡甸区，一直致力于建设"知音文化之乡"，围绕"知音文化"成立了文化研究会、建立了文化传承基地、举办了文化艺术节，还组织了钟子期祭祀活动等，出版了《知音九章》等书籍。此外，武汉市还建设了知音文化公园，公园沿马鞍山走向东西分布，马鞍山北部地区为自然方舟区，山南是知音文化区，分别展示法国文化和中国文化，中间南北向的景观带建造成为中法知音轴，整片区域从设计上突出了中法文化的交融。知音文化公园占地 5000 多亩，共设有知音广场、荆楚雅梦、逍遥云居、涵虚朗鉴等 24 个景点，景观建造上围绕俞伯牙和钟子期的故事展开，从人与人之间的知音，到中法两国之间的文化交融，再到人与自然之间的天人合一境界，三层含义逐渐升华，深度扩展了知音的文化内涵。

俞伯牙、钟子期之间的友谊，充盈着善解人意、相知相惜的普世价值。因此，知音文化的影响也远远超出了武汉地区，走出国境。世界上一些国家，如法国、日本等部分城市还建有知音亭，知音文化成为世界各国人们的友谊桥梁。《高山流水》的绝妙声音甚至还传到了外太空。在世界天文史上，水星上有以各国古代文学家、艺术家命名的 15 座环形山，其中一座被命名为伯牙。另外，中国古琴代表作《高山流水》还被美国飞行器"探索者一号"带上太空播放，在宇宙中寻找人类的"知音"。

二、近代：革命文化与码头文化

（一）武汉之红——革命文化

武汉是中国革命的发祥地之一，拥有丰富的红色文化资源和悠久的革命传统。近代史上的武汉是张之洞新政的基地，辛亥革命首义发生地，也是大革命巅峰的中心，许多重大的历史事件发生在武汉，众多革命志士在武汉留下了光辉的足迹，革命意识和群众基础深厚，城市面貌和发展一直与革命息息相关。武汉的革命历史悠久绵长，现留存有数量众多的各类革命遗址、革命遗迹、纪念馆、博物馆等，在中国近现代革命史上有举足轻重的地位。"红色"是武汉这座城市永不褪去的底色，革命文化也在血与火的洗礼中逐渐形成和发展。

武汉全市有145处重要红色遗存，88家市级爱国主义教育基地（截至2019年），八路军办事处、汉口新四军军部旧址、中共"五大"旧址、"八七"会议旧址、农民运动讲习所、中山舰博物馆、白求恩纪念馆等红色旧址、红色纪念地、红色故居、纪念设施和红色遗址星罗棋布，是武汉市近现代革命文化的重要物质载体。

武汉革命遗存分布广泛，相对比较集中且形成了文化区的主要有武昌首义文化区、武昌都府堤红巷街区等。近代民主革命的潮流洗礼了武汉人民，人心倾向革命。尤其是发生在近代史上的辛亥革命武昌首义，在中国近代革命史上写下了浓墨重彩的一笔，并以此为标志，逐渐形成了武汉地区的革命文化内涵。在新民主主义革命时期，武汉更是成为新旧文化、东西文化的交汇之所，新文化运动的各种新思潮以及马克思主义理论率先得以广泛的传播，并且诞生了早期共产主义小组。

集中记录中国共产党人革命足迹的地方在武昌都府堤红巷街区，短短400多米的府堤路上，有中央农民运动讲习所旧址、中共"五大"旧址等多个革命旧址和红色教育基地，红色基因在都府堤路不断生根发芽、发展壮大。

都府堤路以前有很多学校，赶考的学子比较多。后来，34岁的毛泽东在武汉红巷13号倡议并创办了著名的中央农民运动讲习所，并且亲自教授《农民问题》等课程，有800多学员在讲习所学习，学员来自全国17个省，许多党内外知名人士，如瞿秋白、彭湃、方志敏、恽代英等都曾在讲习所任教，为中国培育农民革命的火种。学员学成后，一般会以农民协会特派员的身份，领导开展农民运动，成为中国革命的重要组成部分。距讲习所 200 米远的都府堤 41 号，是毛泽东故居。1927 年，毛泽东在武汉从事革命活动时曾在此居住，在这里，他整理了在湖南考察农民运动的资料，并用 4 天时间写出了 2 万多字的《湖南农民运动考察报告》，也开启了毛泽东与武汉的独特缘分，新中国成立后毛泽东到武汉达 40 多次，每次到武汉几乎都要畅游长江，而且写下了《菩萨蛮·黄鹤楼》《水调歌头·游泳》等著名诗篇，为武汉人民留下了宝贵的精神财富。

都府堤 20 号是中共五大会址纪念馆，2013 年入选第七批全国重点文物保护单位，纪念馆占地面积 7900 平方米，7 幢建筑物呈"回"字型，均为砖木结构，建设规模为国内党代会纪念馆之最。1927 年 4 月 27 日，中共"五大"在这里召开，出席大会的代表有陈独秀、瞿秋白、毛泽东等 82 人，代表全国 57967 名党员，5 月 9 日会议结束。当时蒋介石已经发动"四一二"反革命政变，因此中共"五大"是在非常时期召开的，大批共产党人和革命群众正处于四面危机之中，中国革命前路艰险，会议适时提出了争取革命领导权、建立革命民主政权和实行土地革命等正确的原则，通过了《政治形势与党的任务议决案》以及《对于土地问题议决案》等重要文件，确立了党的组织原则，并且确立了党的组织体系、中央监察委员会和监督检察制度，对党的建设产生了较为深远的影响，也是马克思主义与中国国情相结合、与革命实践相结合的成功尝试，为党的建设探索出了一条新路。纪念馆中展览由"高潮与危机""贡献与局限""应变与转折"三大展区组成，以照片、电子书、蜡像等多种呈现手段再现了中共"五大"召开的历史背景、会议经过和影响。

随着都府堤路成为武汉红色景点最多、知名度最高的"红色一条街"，这里也被武汉人称作"红巷"。"红巷"青石板路上的每一块地砖，都镌刻着历史，是中国共产党百年党史的重要见证，中国革命的历史在都府堤留下了浓墨重彩的印记。

武汉的街头巷尾还有很多著名人物的铜像或塑像，代表了武汉人民永不磨灭的纪念，如汉口孙中山先生铜像，从民国时期起，它就一直默默矗立在民权路，隐于市间，与民同在；伫立于汉阳龟山东麓的黄兴铜像，面对长江，背依龟山，黄兴手撩大衣襟，气宇轩昂，似乎在感怀当年；武汉剧院广场上，毛主席雕像巍然矗立，这尊雕像 1968 年落成于此，曾是武汉的地标之一。

在武汉洪山区的闹市中，有一座烈士陵园。陵园坐北朝南，从门口进入，首先是牌楼，接着是瞻仰广场，广场中央是一尊施洋烈士的塑像，他双目炯炯有神，气宇轩昂，令人肃然起敬。塑像底部是题诗："二七工仇血史留，吴萧遗臭万千秋。律师应仗人间义，身殉名存烈士侪。"是董必武于 1957 年题写的。陵园中刻有施洋烈士生平和"二七"惨案的发生、经过，记载了 1923 年北洋军阀借口"煽动工潮"，逮捕并枪杀了时任京汉铁路总工会法律顾问的共产党员施洋，施洋烈士被枪杀当晚，汉口工人义愤填膺，冒险把烈士的遗体收殓，后安葬在洪山北麓，1953 年因城市改建，建陵园于现在的地址，陵园后部有衣冠冢。陵园的整体构思和寓意，都蕴含着人民对烈士的崇敬和哀思。1956 年施洋烈士陵园被列为省级文物保护单位，2005 年，施洋烈士陵园列入全国 30 条红色旅游精品线。

城市红色文化是弘扬党和人民伟大奋斗精神的生动教材，也是城市精神文明的重要组成部分，同时，还不断丰富着市民的文化生活，在新时代城市的建设和发展中具有不可替代的思想、精神、历史等多方面的重要价值。正如习近平总书记强调的"加强革命文物保护利用，弘扬革命文化，传承红色基因，是全党全社会的共同责任"。为用活红色文化资源，武汉市专门发布了《武汉红色旅游手绘地图》，设计推出"伟人足迹"等 6 条红色旅游线路，开通 3 条红色旅游公交专线，充分发挥红色教育功能，为城市发展凝聚强大精神力量。

（二）武汉之乐——文化码头

码头是设置在江河、大海边供轮船或渡船停泊的建筑物，常用于上下乘客和装卸货物，一般存在于水陆交通较为发达的商业城市。码头周边常见的建筑或设施有邮轮、渡轮、货柜船、仓库、车站、餐厅或者商场，主要功能是集散和流通。历史上，城市就是集散和流通的产物，因此，码头也成为城市繁荣的象征和载体。

长江和汉水在武汉交汇，一条横跨东西，一条连通南北，使武汉地区成为重要的交通枢纽和战略要地，有水的地方就容易形成码头，从盘龙城的码头坝址就可以看出码头是伴随着城市的发展而变迁的。武汉因水而起、依水而盛，从古至今，按范围大小，武汉码头发展大约经历了内河、大江和海洋经济时代三个阶段。

武汉的码头起源于内河，汉水曾被武汉人称为"小河"，随着商品经济的发展，"小河"边逐渐产生了大码头，汉口码头在明末清初已经闻名天下，是当时商货的集散地，最早有记录的码头是修建于清乾隆元年（1736）的天宝巷码头，最大停船吨位约900吨。鸦片战争以前，汉口便有了"二十里长街八码头"的说法，清诗中还用"十里帆樯依市立，万家灯火彻宵明"来形容汉口码头的繁华。《天津条约》之后的1861年，汉口正式开埠，码头发展随即进入新阶段，随着租界建立，码头逐渐兴旺发达，年货物吞吐量仅次于上海，航线也远远超出中国的范围，可达海外，直至新中国成立前夕，汉口还有243个水码头，在码头工作的工人还有5万多人，"东方芝加哥"的称号名不虚传。甚至在新中国成立后相当长的一段时间里，武汉依然是近代中国最重要的对外贸易口岸之一。直到20世纪90年代，随着中国科技、经济的进步，交通工具得到迅猛发展，人们出行方式也发生了较大变化，除了水路之外，陆路、航空也逐渐成熟起来，大大降低了出行对水路的依赖，因此武汉码头"风光不再"，整体进入萧条期。30多年后的当下，武汉码头逐渐"复苏"，2004年，武汉阳逻集装箱码头工程建成投产，丰水期可通行万吨级巨轮，这个现代深水码头可在"48小时"通江达海，当时是长江中上游首家内地与香港合资的码头工程，推动武汉成为直通海外的国家重量级国际港和枢纽港，武汉码头进入"海洋经济时代"。

特殊的自然环境和人文环境造就了武汉"码头文化"的精神与风骨。旧时的"码头文化"原是长江沿线以河岸货运为中心形成的文化，为了在严苛的环境中生存下去，人们抱团求生存谋发展，形成了以江湖义气为核心和行帮形态为典型特征的"码头文化"，行帮中人豪爽好友，往往"义"字当头，但受眼界局限，常囿于当下利益。

生长在江城的武汉人，受码头文化"江湖气"的影响，不仅性格刚烈，骨子里也有敢打敢拼的精神，人民的积极进取带给城市巨大的变化，如今的武汉长江两岸高楼拔地而起，江面货船如织，正如随处可见的城市标语"武汉，每天不一样"。时代在变，"码头文化"的内涵也在变，尤其是在武汉城市名片——"知音号"游轮的文化创新引领下，逐渐形成了"文化码头"。

"知音号"是一艘停在汉口江滩的美丽游轮，每周上演沉浸式体验剧。体验剧的时代背景设置在20世纪二三十年代，内容是发生在武汉小人物和大人物身上的世态众生相，故事往往以长江文化、知音文化等为灵魂，将普通人的亲情、友情、爱情浓缩在码头、游轮和长江上。"知音号"主剧场以20世纪初民生公司的江华轮为原型，这艘120米长的游轮上陈列着1000多件20世纪二三十年代的老物件，也是一座不折不扣的"漂移的城市博物馆"。夜幕降临，许多游客穿着旗袍、长衫而来，在老物件中怀旧寻根。虽然码头文化的风云往事已经不再，但新的"文化码头"以开放包容的姿态，从长江走向世界。"知音号"不仅推出戏剧IP和城市文化IP的开发，还将老武汉的"潮饮""和利汽水"推向北京、上海、广州等全国二十多个城市，衍生品牌如"壹九贰零""知音婚典"等更是不断涌现。当年被称为"不夜港"的码头虽然已被武汉新港取代，汉口江滩这片武汉码头文化发源地却更迭成为武汉这座创新之城的城市新名片，延续江城的文化传奇。

三、现代：汉味文化与东湖文化

（一）武汉之食——汉味文化

民以食为天，饮食文化是一个城市文化的重要组成部分。武汉不仅是具有悠久历史和丰厚文化的城市，也是现代美食之都。一方水土养一方人，饮食文化与地理因素密不可分。武汉位于长江流域，地处广阔的平原。气候为温暖湿润的季风气候。得天独厚的地理环境为武汉提供了适合农作物生长的条件，因为有着足够的食物，武汉地区的人民才有更多的条件研究和丰富自己的菜式，这奠定了武汉美食和汉味文化的基础。同时，武汉九省通衢，东西南北各种风味在这里交融，武汉人将各地的饮食文明精华提炼延伸，便有了享誉全国的武汉美食。

作为一个小麦和水稻复合地带上的城市，武汉的饮食也是中国小麦饮食圈与水稻饮食圈两个饮食文明圈的大融合，加上湖泊众多，武汉饮食以米、豆、面、鱼、藕类制品为主。小吃代表当推早点，武汉人管吃早点为"过早"。"过早"最早见于清朝道光年间的《汉口竹枝词》，经过长时间的沉淀，武汉的早点除了享誉全国的热干面，还有生煎包、豆皮、烧麦、面窝、米粑粑、鱼汤粉、欢欣坨、发糕、蛋酒、糊米酒、锅贴饺、鸡冠饺等，蒸煮煎炸，艺巧味多，在武汉"过早"一个月不重样。其间又以蔡林记的热干面、老通城的豆皮、四季美的汤包、五芳斋的汤圆等老字号为典型代表，都是舌尖上的美食。尤其是热干面，作为武汉市的一种特色小吃，武汉人人喜爱，长吃不厌，在全国都颇有名气、家喻户晓、妇孺皆知。面条须经过水煮、过冷水和过油的工序，再淋上用芝麻酱、香油、香醋、辣椒油等调料做成的酱汁，吃时面条爽滑筋道、酱汁香浓味美，让人食欲大增。在首届中国面条文化节上，热干面被评为中国十大面条之一。疫情期间，一幅《武汉热干面加油》的暖心漫画悄然走红，热干面甚至成为武汉人的形象代表。蔡林记是武汉著名的老字号热干面馆，经营了近百年。1928 年，家在汉口满春路口的黄陂人蔡明伟夫妇发明了热干面并打出"蔡林记"的经营招牌。蔡林记热干面以劲道爽口、味道鲜美为特点，深受武汉市民的喜爱，是武汉人民日常早点中最常见的食品。蔡林记热干面最高峰时加盟店发展到 200 多家，却也几度浮沉，2009 年改制重组之后重出江湖，通过连锁经营不断扩大生产规模，且创造了快餐包装的热干面，在全国 20 多个省的超市，甚至在美国、日本、韩国等国家销售，只要泡 6 分钟就能吃上正宗热干面，通过扩大产业链、产品工业化等创新思路，"蔡林记"重新坐上武汉"第一"老字号的宝座，再现"名面"辉煌，也映衬了武汉城市发展的历史钩沉。在鱼、藕类制品中，最闻名的菜肴当属武昌鱼和莲藕汤。武昌鱼最早出现于三国时期，陆凯的上疏中有"宁饮建业水，不食武昌鱼"的话，唐代岑参诗中说："秋来倍忆武昌鱼，梦著只在巴陵道。"说明武昌鱼在古代已经是"名鱼"。据易伯鲁教授考证，武昌鱼学名团头鲂，原产于湖北省鄂城县（今鄂州市）梁子湖，因此梁子湖成为"武昌鱼母亲湖"，易伯鲁也被人们尊称为"武昌鱼之父"。武昌鱼鱼肉质地嫩滑，口感肥美，滋味鲜甜，处理得当如蟹肉般鲜美，最推崇的做法就是清蒸，以突出它的本味，大中华酒楼、武昌酒楼、卢大师酒楼都是做武昌鱼的名店，特征是"清而不淡，鲜而不腥，嫩而不生，肥而不腻"，武昌鱼还被毛主席写进了诗词，"才饮长沙水，又食武昌鱼"使武昌鱼蜚声海内外。此外，还有现代新兴的周黑鸭、精武鸭脖等不仅飞向了全国的千家万户，而且还是很多外国友人都无法忘掉的武汉休闲卤味美食。

早尝户部巷，夜吃吉庆街，是武汉市民生活不可或缺的一部分，也道出了这两条街在武汉饮食江湖中的重要地位。

被誉为"汉味小吃第一巷"的户部巷位于武昌自在路，长150米，形成于明代，因毗邻藩台衙门（对应京城的户部衙门）而得名，嘉靖时的湖广省志《湖广图经志》就已经有标注，说明作为地名的户部巷已经存在了400多年。户部巷的早点生意则可以追溯到20世纪70年代，当时有百姓在此养家糊口，从早点摊位做起，逐渐形成固定的小吃店，石婆婆热干面、陈氏红油牛肉面等都是早期较为有名的早点小吃。时至今日，户部巷里的部分摊位也还保留着当初的形式，一座座小楼以家庭为单位，铺陈于巷内，往往楼上是居家、生活区域，楼下则是面朝巷内走道开门面的食店，起早贪黑做着早点生意，这是户部巷百姓赖以生存的生活方式，一代代传承，经久不衰。20世纪八九十年代，武汉中华路临江一带客运轮渡码头相对集中，由于临近客运码头，因此有很多公交车辆停靠在此处，当时搭公交车上下班、乘轮渡过江上下班的市民比较多，这些上班族往往端上一碗热干面一边"过早"一边等轮渡或者公交，因此临近的户部巷逐渐成为早点聚集地，这是户部巷兴盛的起点。后来，虽然武汉人上班的路线和交通工具发生更迭变化，但是到户部巷吃早点的习惯保留了下来，很多老武汉人，虽然不再需要乘坐轮渡或者公交，出于一种情怀和怀念，隔三岔五也会专程到户部巷来"过早"。虽然只有3米左右宽，但是户部巷到如今也是每天人来人往、热闹非凡，终年生意兴隆。2002年，武昌区政府实施"早点、健康、就业、防盗、互助"五大亲民工程，户部巷被建设成汉味早点第一巷，通过仿古改造，巷内建筑呈现一派明清风格，全街还设立了汉味早点文化墙，在这幅长19米、高3米的墙上可以看到热干面等小吃的制作方法，食客在享受美食的同时，如果意犹未尽，还可以将美食制作方法带回家。如今户部巷的门店约有340个，160余家商户经营着170余种的各类小吃。在其他城市被疏忽的早餐，被武汉人提升到了隆重而有仪式感的文化高度和位置。

吉庆街位于武汉市江岸区，旁边就是"豆皮大王"老通城酒楼，这条街东边从大智路起头，西边到江汉路为止，这里没有高级的餐厅，没有安静的茶庄，却有武汉市人气最旺的夜市大排档。吉庆街大排档的前身是"挖地佬壳"，20世纪八九十年代，武汉的夏天天气一直非常炎热，在没有空调的年代，屋内憋闷，武汉人往往会在屋外摆上竹床纳凉，有的顺便在竹床边吃晚餐，一些勤快的人就做起了提供竹床、凉面、米粉、米饭、鸡蛋、毛豆、卤牛肉、凉菜、啤酒等的生意，后来竹床变成了排档，这样的排档在吉庆街以及邻近的交易街有很多，逐渐形成了排档的中心。吉庆街的排档生意在1993年前后达到高峰，白日里，吉庆街冷冷清清、门可罗雀，临近傍晚，吉庆街就仿佛复活了一般，开始人声鼎沸，灯光璀璨，越夜深越美丽。卖花的、卖唱的、拉琴的、吃饭的、服务的……几百个台位挤得满满的，热闹非凡，不仅各类美味佳肴应有尽有，而且能欣赏到各具神韵的汉味民间表演。吉庆街的摊边表演是一绝，有独唱、重唱、小合奏等多种形式，在吉庆街大排档用餐的食客往往是左耳边听着竹笛、二胡，右耳边响着手风琴、萨克斯，古典、流行、高雅、通俗统统在耳边碰撞，制造出奇怪的交响效果。人们还在吉庆街表演的300多位民间艺人中推出了"四大天王"："麻雀""潇洒""黄瓜"和"老通城"，其中最早到此开始卖唱的是"麻雀"，他能针对吃客的身份，即席修改歌词，好像天下所有的流行歌曲，都是为吃客特意写的；"老通城"的特色是即兴说唱，河南腔夸人的段子随口就来，一把吉他就能逗笑大伙儿；"潇洒""黄瓜"也都是身怀绝技的民间艺术家。午夜12点之后，吉庆街的气氛达到高潮，可谓美食与民俗交汇，人语和乐器齐鸣，共同上演一场充满市井气息的"生活秀"。彼时吉庆街夜市大排档虽然宽不过十几米，路面凹凸不平，但充满了汉味风情。2001年之后，政府成立了吉庆街夜市场管理小组对市场的摊棚进行规范管理，如今，这里已竖起"中华民俗美食文化街"的招牌，成为武汉展示美食文化和民间艺术的一个名片和窗口，虽然没有了鱼龙混杂的喧嚣，却似乎也变了原本的味道。

（二）武汉之美——东湖文化

湖北省位于长江中游，因在洞庭湖以北而得名，省内湖泊众多，大小共有1500多个，"千湖之省"实至名归，省内仅面积在100平方千米以上的湖泊就有14个之多，与江、河等水文一起形成了独特的"江汉湖泊群"，具有明显的水资源。其中，武汉市内最著名的湖泊——东湖，拥有33平方千米水域面积，曾是国内水域面积最大的城中湖，是杭州西湖的6倍，东湖文化也是武汉市乃至湖北省水文化中的翘楚和代表。

100多年前，东湖是与长江连通在一起的，受长江水流影响，东湖的水患较为频繁。从1899年起，时任湖广总督的张之洞为了消除水患，改变百姓的生活环境，于是下令修堤，才有了今天的武金堤、武青堤以及武泰闸、武丰闸，在人工干预下，通过这些堤和闸隔断了东湖及其周边的湖泊与长江连通的水流。分离后的东湖不再受水患侵扰，在持续的治理下，越来越美丽。东湖的自然环境优良，非常适合动植物的生长，有花卉品种相对集中的区域，如梅园、樱园以及荷园等，也有鸟类栖息的乐园。这些园区集观赏、研究为一体，比如面积800余亩的东湖梅园就是中国梅花研究中心所在地，这里栽种的品种达320余种，植株有2万多棵，梅园中还建有古梅园，集中了全国各地收集的古梅树，占地150亩，其中百年以上梅花和蜡梅近200株，最高树龄达800年。每年梅花盛开时，武汉市都会举办梅花节，前来观赏梅花的市民及游客络绎不绝，成为武汉市一张著名的文化旅游名片。拥有700多种荷花的东湖荷园也是中国重要的荷花研究中心，这些品种已占到世界已知荷花品种的80%以上，是世界规模最大的品种资源库。还有被誉为世界三大赏樱胜地之一的东湖樱花园，万余株樱花涵盖了50多个品种，甚至关山樱、云南早樱等较为少见的樱花品种也能在其中观赏到。东湖里生长的植物类型多样，品种珍稀，景观独特，仅水生植物科就占全国的40.37%、世界的29.87%，这些植物默默地维护了东湖生态的平衡和稳定，也引来各种野生动物栖息繁殖，景区内生存着包括鱼类、两栖类、爬行类、鸟类在内的上百种野生脊椎动物。东湖还是鸟的天堂和乐园，有234种珍稀鸟类，每到冬季，大量由北方迁至南方的鸟儿会来到东湖湿地栖息繁衍，此时的东湖就成为观鸟旅游的绝佳场所。

东湖不仅自然风光秀美大气，而且历史文化积淀深厚，留下很多著名历史人物活动的足迹：行吟的屈原、击鼓的楚庄王、祭天的刘备、题诗的李白等都在此留下一段段故事和佳话，不断丰富着东湖的底蕴，让东湖变得愈发生动美好。

一代伟人毛泽东对东湖情有独钟，1953—1974 年，作为国家领袖 48 次来到东湖，在东湖居住的时间仅次于首都北京。东湖梅岭的毛泽东故居掩藏在茂密的树林中，静谧安详，出门便是烟波浩渺的东湖，周边环绕的是磨山和珞珈山，山水相映成趣，风景这边独好，令人心旷神怡。就是在这个"湖北中南海"里，毛泽东曾做出南水北调、炮击金门、建人民公社等许多重大决策，还在东湖接待了来自 64 个国家的 94 批外国政要。

1954 年，朱德在游览东湖时写下了"东湖暂让西湖好，今后将比西湖强"，对东湖未来的发展做出了振奋人心的预测。武汉市也一直在保护的基础上挖掘利用东湖的优质资源。如今的东湖风景区加上周边开发的旅游区面积共有 88 平方千米，由听涛、磨山、落雁、吹笛和湖北省博物馆 5 个片区组成，100 多处景点，12 个大小湖泊，120 多个小岛，还有 34 座环湖山峰，1 万余亩山林，112 千米湖岸线（有九十九湾之说）。还有武汉大学和华中科技大学等名校在侧，为东湖增加了人文科技教育的元素。2016 年年底，武汉开通运营世界级绿道——东湖绿道，总长 101.98 千米，绿道连通东湖各景区，由湖中道、郊野道等 7 个主题道组成，为国内最长 5A 级城市核心区环湖绿道。2020 年 8 月 18 日，武汉东湖风景区"东湖之眼"摩天轮正式对外开放。"东湖之眼"位于东湖风景区中心地带，乘坐一圈耗时 13 分 14 秒，有 28 个配备空调的座舱，能俯瞰东湖全景，尤其在最高处放眼望去，四周都是景区的精华所在地，东临磨山和马鞍山，西瞰听涛，南望樱园，北见落雁景区，整个东湖尽收眼底，能充分领略湖光山色的美感。

东湖向世界递上了一张美丽的武汉名片。2018 年 4 月，习近平主席与印度总理莫迪在东湖会晤，一时间东湖举世瞩目。比利时王国国王菲利普、德国总理默克尔、英国前首相特雷莎·梅、法国前总理贝尔纳·卡泽纳夫等到访武汉，都领略过东湖的无限风光。作为第七届世界军人运动会主要赛场之一，东湖拥有公开水域游泳、公路自行车、马拉松、帆船四大赛场，覆盖全区 60% 的区域面积，约 50 平方千米，向全世界展示了东湖的美、武汉的美。

第二节　自然禀赋

武汉不仅具有几千年的文明史，还有独一无二的自然禀赋。武汉地貌构造的历史可以追溯到我国地质史上的震旦纪和第四纪冰川期，相对应的冰川遗迹都能在武汉找到，有名的"汉阳鱼"化石就是 4 亿年前"古扬子海"的产物。第四纪冰川期之前，泛江汉平原一带下沉为陆凹地，逐渐形成湖盆，出现了巨型大湖"云梦泽"，后来，随着河流的改道以及泥沙和生物残骸的淤塞堆积，逐渐形成以"通、中、多、全、富"为特点的武汉水文环境和可耕可渔的生存环境。

一、九省通衢与融通天下

（一）九省通衢

"通衢"一词出自西汉班昭的《东征赋》："遵通衢之大道兮，求捷径欲从谁。"本意是指四通八达、宽敞平坦的便利交通，历史上第一次出现九省通衢是明朝《滕县官道碑记》中记载的"滕县系九省通衢"，其中"九省"是概数，当时并非指 9 个省。清代以后很多位置重要、交通便捷的枢纽地区如河南、山东、湖北等省以及武汉、定远等城市都有过"九省通衢"之称。

武汉第一次被称为"九省通衢"是在《清史稿》中，晚清名臣胡林翼上奏时写道，武汉九省通衢是自古兵家必争之地。中国古代的交通命脉多以江河航运为主，武汉依长江优势，循水道行进，西可上巴蜀，东能下吴越，向北溯汉水而至豫陕，经洞庭湖南达湘桂，交通便利，地理优越。近现代以来，坐拥长江、汉水的武汉更是重要的内河港口，不仅能水铁联运，而且能通过内河联运沿海、近洋，也是中国内陆最大的船舶生产基地，在国家政治、经济、交通等战略规划中地位极为重要。武汉港最大靠泊能力 1.2 万吨级，一次系泊能力 70 万吨，设备最大起重能力 50 吨，集装箱吞吐能力 50 万标箱，货物吞吐能力 3000 万吨。2010 年，武汉新港正式建成，吞吐量突破 1 亿吨大关，成为长江中上游首个"亿吨大港"。武汉新港港口岸线 548.2 千米，将建设 26 个港区，预计建设面积达 9300 平方千米、人口 207 万的新城区。武汉新港全部建成将用时 20 年，建成后将是"亿吨大港、千万标箱"的现代港。

长江航道发展在现代陆路运输和航空运输的夹击下曾一度低迷，曾经的水路独大已一去不复返，但随着现代交通所依赖的石油等能源紧缺、成本提高，水道的运量大、低油耗等优点又逐渐凸显出来，转而成为大件运输的优选渠道。2011 年，武汉航运交易所成立，成为继上海、重庆、广州后成立的全国第四个航交所，是武汉长江中游航运中心形成的重要标志。从这些变化来看，武汉新港的建设顺应了时代发展，而且在建的产业园区功能综合，不仅有综合保税区，也有物流加工区等，能够推动形成制造、物流、钢铁、能源、建材、通信等现代产业集群，并能成为集合陆、空、水运于一体的立体交通枢纽，旨在为湖北现代物流业、钢铁及深加工工业、石油化工产业、汽车产业等 9 大产业助力，改善基础设施，满足经济发展需求。

武汉不仅拥有优越的水运条件，还利用中部城市和江汉平原的地形优势，建立起了早期的铁路运输系统。虽然中国铁路早已东西南北四通八达，但连通南北的京广铁路依然是最重要的路线之一，其在中国铁路历史上的地位和作用至今仍然无可替代。在京广铁路南北贯通之前，分为京汉铁路和粤汉铁路两段，处于南北中心，衔接两段铁路的重要城市便是武汉。京汉铁路于 1906 年正式通车，随着京汉铁路的运营，武汉开始跨入铁路时代，这条联结华北、华中交通的大动脉历经沧桑，在近现代史上是兵家必争之地。1923 年爆发的京汉铁路工人大罢工，不仅是武汉工人罢工运动的顶点，也是全国第一次工人运动高潮的最高峰。武汉市有二七纪念馆和纪念碑、林祥谦塑像、施洋烈士陵园等纪念性建筑，还有以二七、林祥谦、京汉等命名的城市道路和学校。1936 年通车的粤汉铁路则打通了武汉到华南的交通。京汉铁路和粤汉铁路在武汉交汇，但由于被长江阻断，铁路线隔江相望，无法衔接，为此，武汉在 1937 年修建了刘家庙站与徐家棚站两座铁路轮渡码头，列车从此可经由轮渡过江。新中国成立后，为了彻底打通南北铁路交通，国家开始修建武汉长江大桥。1957 年 10 月 15 日，我国第一座横跨长江的铁路、公路两用桥——武汉长江大桥正式通车运营，大桥建成后，11 月京汉、粤汉铁路联成一线，正式合并为京广铁路。

纵贯中华大地的京广铁路大动脉用了近60年才全线通车，武汉见证了中国铁路在近现代的艰难前进，随后也进入了铁路快速发展时期，成为南北大动脉京广线和东西大动脉沪渝铁路的交汇点。

水陆交通相结合，让武汉成为国内物资运输、贸易往来的枢纽，中部地区的经济中心，因此，武汉"九省通衢"的美名越来越为人们所认同。"九省通衢"中的"九省"也以武汉为中心，被具体化为川、陕、黔、湘、赣、鄂、皖、豫、晋九省，放眼全国也只有武汉拥有这种得天独厚的地理优势。

2009年12月26日，历时4年半建设的武广高铁通车，武汉率先迈入"高铁时代"，这条彼时中国一次建成里程最长、运营速度最快、密度最大、技术标准最高的高速铁路，运营里程1069千米，共设置17个车站。作为中国《中长期铁路网规划》中"八纵八横"高速铁路的"一纵"，武广高铁呈南北走向，将武汉与南中国的城市距离拉近。武汉至广州间旅行时间由原来的约11小时缩短到3小时左右，武汉到长沙直达仅需1小时，长沙到广州直达仅需2小时。武广高铁使武汉成为广东珠三角经济圈与东部沿海长三角经济圈的联结点，不断承接两大经济圈的产业转移，形成了一条联结南中国的"高铁经济带"。而高铁武汉站定位华中陆港，占地110公顷，其设计难度、规模堪称新中国火车站站房建设之最，被铁道部称作中国火车站站房里程碑式的代表作品。车站主站房的设计是现代化造型，外观如大鹏展翅，取意"千年归鹤"，大厅屋顶明显突出，是代表"中部崛起"的龙头地位，屋顶九片重檐，隐含的寓意是武汉的"九省通衢"，站房的钢屋顶长467米，宽307米，主拱形梁最大跨度为116米，穹顶高59.2米，被誉为"中华第一梁"，是全国最大的拱形站房，是目前我国第一个上部大型建筑与下部桥梁共同作用的新型结构火车站。以武广高铁开通为肇始，中国的高铁时代全面来临，武汉再次站在了全国第一个高铁客专"十字"交会点上。

2020年，武汉市委提出将武汉现有的国铁、城铁、地铁的交通优势集合，通过"三铁融合"推动"高铁上的武汉"的快速发展。目前，武汉铁路枢纽由京广铁路、汉丹铁路、武九铁路、麻武铁路等普速铁路，武咸城际铁路、武石城际铁路、武冈城际铁路、武孝城际铁路、武仙城际铁路等城际铁路，京广高速铁路、宁蓉铁路、武九客运专线、汉十高速铁路等高速铁路或客运专线以及滠武铁路、武昌南线、汉口联络线、汉西联络线、余花联络线等枢纽内联络线构成，一组（武汉北站）、两桥（武汉长江大桥、天兴洲长江大桥）、三站（武昌、汉口、武汉）互联互通、有序衔接，在中部形成米字型高铁网络，让武汉在中部地区的枢纽核心位置更加突出，在高铁的串联之下，真正形成以武汉为中心的 1 小时城市群，各城市也由此迎来了更广阔的发展机会。中部各省之间的合作也越来越紧密，目前，乘坐高铁，武汉至长沙、南昌、合肥等长江中游城市 2 小时左右，到长珠地区、京津冀地区以及关中等地区城市 4~5 小时，至海西城市圈、环渤海、成渝城市群等地 6~7 小时。从武汉乘高铁可直达全国 25 个主要大城市，实现全国各大经济区域的快速通达，以武汉为中心、辐射全国的快速客运交通圈已经形成。

现在，武汉已然是内陆最大交通枢纽，距离北京、上海、广州、成都等中国一线城市、大城市都在 1000 千米左右，水陆空交通便利发达，具有融通四方的重要地位。

（二）融通天下

近代史上《天津条约》签订后的 1861 年，汉口正式开埠。开埠之前，武汉已因交通便利而商业兴盛，往来贸易不绝，一片繁荣景象。但是汉口相对而言地处内陆，是比较典型的传统市镇，与外界的关联相对较弱。随着《天津条约》的签订导致汉口开埠，外国商人纷纷来到汉口，尤其是英国人最先抢占汉口的商业洼地，随后其他国家的各路商人也都乘虚而入，美、德、法、意大利、丹麦、日本、瑞士、秘鲁等国都曾来汉通商，客观上使城市从封闭走向开放，英、俄、法、德、日、比利时 6 个国家先后在汉口设立租界，允许外国人在此游历、通商、传教，给汉口城市面貌带来巨大的影响。至今，在汉口的中山大道、沿江大道仍保留着部分旧租界区，区内矗立着旧时列强建造并遗留下来的江汉关大楼、美国海军青年会、俄国东正教堂等旧式楼房建筑。江汉关大楼原本是海关办公大楼，当时这里的税收仅次于大上海的内地口岸。德明（江汉）饭店，许多政界名人曾下榻于此，包括来华访汉的各国首脑几乎都到过这里，直到 20 世纪 90 年代，依然是武汉最火的酒店之一。其中，黎黄陂路还被改造成类似县华林一样的文艺慢生活街区，街道两旁仍保留了大约17处租界时代遗留的西式建筑，被誉为黄陂路街头博物馆，依稀可见当年"东方芝加哥"的繁华。

汉口被迫开埠通商带来的重要结果之一就是武汉被卷入国际市场，开始参与外商和外贸在国际经济上的各种纷争，从经济领域打开一道缺口，促使汉口从相对封闭的内陆城市逐渐开放变化，朝着国际性化方向迈进发展。如果说100多年前的开埠是在列强武力威胁下被动且不平等的开放，今天在全球化背景下，中国已进入全方位开放的历史阶段，武汉的开放是国家在和平与发展主题下的自主选择，是平等国家主体间的交流与合作。

全方位的改革开放已成时代共识，武汉也在主动拥抱现代文明的潮流趋势，因循独特的区位优势，武汉不仅是中国地理上的中心地域，而且有融通天下的气魄和潜力。早在2014年，武汉新港就开通了"21世纪海上丝绸之路"武汉至泰国、柬埔寨、越南、老挝等东盟四国试验线。2019年11月28日，武汉新港直通日本关西集装箱班轮在武汉新港阳逻港区码头启航，经长江直接入海驶向日本，是沿长江南京以西上游首条真正意义上的进出口贸易直航航线，5天时间即可抵达，而如果采取"江海联运"，需要经停上海港，则要多花3天。这条航线也是武汉定位全球建立运输通道、打造中西部"第一出海口"的实践。江海直航航线还与中欧班列连通，实现江海直航、铁水联运，构建起联通日本关西—湖北武汉—中东，甚至通向欧洲等地区的国际性新通道。

在航运方面，华中地区范围内，武汉可以直航全球五大洲，启用于1995年的天河国际机场是中部地区首个4F级机场，2000年被确定为国际机场，也是全国八大区域性枢纽机场之一。天河国际机场可直飞巴黎、莫斯科、黄金海岸、旧金山、大阪、首尔、新加坡、曼谷、胡志明市等重要的国际城市；法航、亚航等多家国外航空公司经营有武汉航线。2019年1月，机场开始实行144小时过境免签政策。2019年，机场开通跨境电商业务，2020年跨境电商货物超930万票。2020年，机场新增10条国际及地区定期货运航线、36个国际"客改货"航点。2020年12月，国家民航局批准武汉天河机场高峰小时容量提升至42架次。经过不懈努力，长期掣肘武汉天河机场发展的时刻容量制约被有效打破，客货发展按下"快进键"，跑出了"加速度",国际业务在机场客货运总量的比重逐年提高。截至2020年,武汉天河机场累计开通航线219条,其中国际及地区航线77条,航线网络畅联周边、通达五洲、辐射全球,是中部国际航线最多的城市,国际客运量连续七年保持中部第一,国际客运量占比稳定在12%左右;国际货运量占比由2015年的不到一成提高到2020年的超过四分之一。

2021年,中共中央、国务院印发了《国家综合立体交通网规划纲要》(以下简称《纲要》),其中提出,到2035年,基本建成便捷顺畅、经济高效、绿色集约、智能先进、安全可靠的现代化高质量国家综合立体交通网,建设武汉等20个左右国际性综合交通枢纽城市,在武汉等城市建设具有较强国际运输服务功能的铁路枢纽场站,实现国际国内互联互通、全国主要城市立体畅达、县级节点有效覆盖,有力支撑"全国123出行交通圈"(都市区1小时通勤、城市群2小时通达、全国主要城市3小时覆盖)和"全球123快货物流圈"(国内1天送达、周边国家2天送达、全球主要城市3天送达)。[1]《纲要》设定了"国家综合立体交通网主骨架布局",并在其中列出,京津冀—粤港澳主轴有一条路径会由北京经过武汉到达深圳;长三角—成渝主轴有两条路线经过武汉,分别是由上海经过南京、武汉到重庆,由上海经过九江、武汉、重庆到成都。福银通道由福州经武汉至银川。在布局中提到,国家邮政快递枢纽主要由武汉(鄂州)、郑州、长沙等5个全球性国际邮政快递枢纽集群等组成。

武汉综合立体交通网路的发展将充分激发地区比较优势,促进物流、商贸、产业各种要素全方位深度融合,实现中部市场腹地与国际市场的有效对接,推动武汉产业结构调整、提升经济外向发展水平,促进中部地区对外开放水平。

二、两江四岸与三镇鼎立

(一)两江四岸

武汉被长江和汉水包围是为两江,而长江南岸(武昌)、长江北岸

---

[1] 交通运输部. 关于做好《国家综合立体交通网规划纲要》学习宣传贯彻工作的通知 [EB/OL]. (2021 – 03 – 05) [2021 – 05 – 01]. https://xxgk. mot. gov. cn/2020/jigou/zcyjs/202107/t20210708_3611459. html.

（汉口、汉阳）、汉江东岸（汉口）、汉江西岸（汉阳）则是四岸。两江四岸的形成与武汉地区的气象水文与地形地貌流变相关。

长江是亚洲第一长河，与黄河一样，在中国人心中有着特殊的地位。距今1万~2000年前，长江出三峡，同时汉江从丹江口流出之后，两江在汉江平原相遇交汇，汉江平原相对地势较低，水流丰沛，形成沼泽湿地，是历史上著名的"云梦大泽"地区。云梦泽南连长江、北通汉水，大泽若干，总面积两万多平方千米，是长江中游地带江、河、湖完全沟通融汇的水域场所。每年汛期，整个云梦泽江湖部分洪水漫流，不过，当水流退走，土地显露的时候又是水草丰茂，适合人类生存居住，因此老百姓对江汉平原进行改造，开展了围垦、修防的活动，两江四岸的雏形在此基础上慢慢形成。

武汉江河纵横，如同城市的经络，从空中俯瞰，长江相对浑浊、汉江相对清澈，两江都从城市穿过，虽然界限清晰，在合流处又彼此交融。随着两江交汇形成的四岸，也各有特色，武昌的黄鹤楼、汉阳的龟山电视塔、汉口的新江滩大码头彼此独立却也遥相呼应。

两江交汇处，龟、蛇两山形成了毛泽东诗词中"锁大江"的格局，也展示了武汉能够建设优质港口和码头的得天独厚的自然条件。武汉的轮渡自1900年冯启均购置蒸汽机轮船，以"利记"公司之名开辟，从汉口汉江口到武昌汉阳门的轮渡航线开始，已经走过100多年的历史。1926年，共有7家商办公司、轮船局开辟了5条轮渡航线，有24艘吨位不等的轮渡往返于三镇；1938年，日军攻占武汉时，渡轮成了敌机重点轰炸的对象，数十艘轮渡被炸得仅剩2艘；到新中国成立前夕，武汉轮渡只有三条航线勉强维持。国家"一五"规划期间，武钢、武重等国家级重点项目纷纷在武汉上马，大批产业工人过江上班需要坐船，武汉轮渡迎来了大发展，人民号、解放号、延安号、井冈山号、青年号等一批名字带着时代气息的新轮渡应运而生。在长江大桥建成前，京广铁路在武汉甚至都要用轮渡连接，运火车的驳船有80多米长、30多米宽，驳船上并排有三四股道。火车头顺着铁轨将车厢推到岸边，在船与陆面铁轨之间有一截像浮动桥一样的铁轨连接，火车通过它开上驳船，一艘船大约可以停十节左右车厢，行驶在江上就像一艘小型的航空母舰。武汉轮渡在相当长一段时间里，是武汉人民来往三镇的重要交通工具，武汉曾有 38 座码头，18 条轮渡航线，其中还有 5 条为公交轮渡专线，鼎盛期的轮渡最高日载客量达 30 万人次。不过，随着现代以来，武汉修建了越来越多的跨江大桥，陆路、地铁等交通设施建设日益完善，三镇的陆路交通更为便捷，轮渡的客运作用也逐渐变弱，如今的武汉人乘坐轮渡大多是在用一种怀旧的方式体验和游览长江，轮渡也以另一种方式存在于武汉人的生活当中。

武汉被称为"百湖之城"，市内江河纵横、湖港交织，全市的 1/4 是水域，因此造桥的速度惊人，来武汉看桥，是常看常新，仅建于长江上的大桥就有 11 座。1955 年 9 月 1 日动工的武汉长江大桥，全长 1670 米，主桥全长 1156 米，1957 年 10 月 15 日通车，是新中国修建的第一座公铁两用的长江大桥，素有"万里长江第一桥"的美誉。1991 年 5 月动工的武汉长江二桥连接汉口与武昌区，桥面为双向六车道，全长 1876.1 米，是武汉第 2 座长江大桥。武汉市第 3 座长江大桥——白沙洲长江大桥全长 3589 米，为双塔双索面钢箱梁桥，最大跨度 618 米，为世界第三，也是一座预应力混凝土箱梁组合的斜拉桥。还有连接蔡甸区和江夏区的军山长江大桥，连接新洲区和洪山区的阳逻大桥，连接青山区与江岸区的天兴洲长江大桥，连接汉口与武昌区的二七长江大桥，连接汉阳区与武昌区的鹦鹉洲长江大桥，连接蔡甸区与江夏区的沌口长江大桥，连接汉阳区与武昌区的杨泗港长江大桥以及全长 7548 米、桥宽达 48 米的青山长江大桥。虽然依然是两江四岸的格局，但是早已超越了"一桥飞架南北，天堑变通途"的时代。

除此之外，武汉还有过长江隧道 5 条、过汉江隧道 2 条。武汉长江隧道是武汉市江岸区和武昌区的长江水底过江通道，2004 年 11 月 28 日开始正式修建，2008 年 12 月 28 日正式开通运行，北起江岸区大智路，下跨长江水道，南至武昌区友谊大道，全长 3630 米，设双向四车道，从该隧道修建以来，使武汉过江交通形成了水上、水面、水下三维立体格局，为武汉中部的城市交通提供了极大的便利，因此也被大家称为"万里长江第一隧"。武汉东湖隧道建设于 2013 年，2015 年 12 月 28 日正式通车，全长 10.6 千米，是目前中国国内最长的城中湖隧道。另外还有地铁 2 号线、4 号线、8 号线的过江隧道以及 2 号线、4 号线、7 号线、8 号线 4 条过江地铁，每逢过江，地铁广播中就会传出"列车即将穿越万里长江"的播报声，提醒着人们科技对生活的改变，常常能让乘客产生血脉膨胀、激动不已的情绪。

（二）三镇鼎立

武昌、汉阳、汉口三镇共同构成了现在的武汉市，在合并之前，三镇的建城历史、发展速度、经济规模、城市功能及特色各有不同。早在春秋战国时期，此地原本归属于楚国。西汉时期开始建制，当时为江夏郡沙羡县。直到东汉末年，先后兴建了三座城池：却月城、鲁山城和夏口城。南朝时期，夏口城扩建，成为郢州治所。

武汉的"武"取自"武昌"，虽然从考古发掘来看，武昌在新石器时代就有古人在此栖居繁衍，但是"武昌"之名最早出现在历史上是三国时期。当时孙权与刘备相争，为了占据要地，把都城建业（今南京）迁至鄂县，并取"以武治国而昌"之意，将都城更名为"武昌"，而"武昌"原本是今鄂州市。

汉阳是三镇中另一个较早建城的市镇，它的历史同样可以探寻到汉朝时期，和武昌筑城几乎在同一时期，约有1800年的历史。在西汉年间，沙羡县所管辖的属地中，就涵盖着汉阳的区域。而到了三国时期，东吴在沙羡县的基础上设立鲁山城，归江夏郡治，这便是汉阳城的雏形。汉阳的名称来自长江的支流——汉水，古语有云"水北为阳，山南为阳"。589年，隋文帝在沔州之下设置了新的汉津县，隋炀帝大业元年（605），因该地位于汉水之北，依"山南水北"为阳之意，又把汉津县名称改为汉阳县，之后沿用至今。621年，唐高祖将沔州之下设辖汉阳、汉川两个县，州治就设在汉阳县，当时县级的行政机构从蔡甸迁移到龟山脚下，由此，汉阳成为行政中心，迅速发展起来，尤其是鹦鹉洲一带，成为商船非常集中的区域，唐宋元明各朝代，商业、运输业、手工业等经济非常发达。

汉口的历史较武昌和汉阳短，武汉地区地理环境的变化导致了汉口的崛起和三镇格局的形成，汉水在历史上曾经多次改道，1474年，汉水东走之后逐渐形成了在龟山北麓的主河道和入江口，并且逐渐稳定下来。水流流向和河道的变迁使当时的汉阳被一分为二，南边保留为如今的汉阳，北边改称为汉口，此时形成了武汉三镇的武昌、汉阳、汉口，汉口从此独立发展，在三镇中历史相对最短，仅有 500 多年。汉阳、汉口之间很早就筑有城墙，而且曾分别被当作县治。汉口形成之后迅速崛起，武汉地区的商业中心从武昌转到汉阳后，又再次发生转移，汉口后来居上，迅速成为全国著名的商业重镇，汉口的名声和经济发展速度在明末就超过了武昌和汉阳。明崇祯年间，汉口发展成为"万家灯火彻夜明"的商业重镇，明末清初，汉口已进入全国四大名镇之列。清朝乾隆年间，汉口仅盐务就能称甲天下。1899 年，张之洞在湖广总督任上，他主持实施了"阳夏分治"，在汉口设置夏口厅，即由汉口管理汉水以北地区。这意味着汉口逐渐独立于汉阳的管治之外自为一城，政治地位得到提高。5 年后又修建了张公堤，通过张公堤逐年降低后湖水位，进而露出陆地，进一步扩展了汉口的城镇面积，对武汉做出了巨大贡献。

无论是古代还是近代时期，武昌都是全国范围内重要的军事要塞；而汉阳，因为洋务运动的兴起，也成为具有相当意义的工业中心；最晚建城的汉口，虽说历史不长，但其发达的金融工商业水平，使它在民国初年被赋予"东方芝加哥"的称号。在民国之前，武汉三镇分别隔长江而立，没有一统的条件，但地理位置上的天然毗邻，以及同饮一江水的默契，三地最终走向联合的命运不可逆转。

孙中山曾在他的建国设想《建国方略》中大篇幅谈及武汉，第一次提出合并武昌、汉阳和汉口组建大武汉的构想。他写道，从武汉的未来发展考虑，必须定一规模，并将武汉与纽约、伦敦相比，说武汉既将是铁路系统的中心，也将是商业系统的中心，应当建成"世界最大都市之一"。国民革命军经过北伐战争以后，占领武汉地区。此时的武汉，历经洋务运动，已经成为长江中下游的工业重镇。关于推翻清朝之后的国都选址，孙中山一直都将武汉作为重要的考虑对象，甚至还非常具体地提出了"一都四京"的设想，就是以武汉为国都，以重庆为西京、以江宁为东京、以广州为南京、以顺天为北京。1911 年 10 月 10 日，武昌起义爆发并取得前所未有的成功，各省纷纷成立军政府宣布独立。当时各省代表齐聚武昌，除贵州军政府以外的其他各省代表一致主张在武昌设立临时中央政府，推举湖北军政府来代行中央政府职权。在此后的近 2 个月时间里，武昌成为事实上的新政权首都。但是不久之后随着清政府大军的进逼，汉阳失守、武昌告急，而东边的江浙联军则顺利攻克南京，于是各省代表在 1911 年 12 月 4 日决定将临时政府迁往南京。1926 年 10 月，北伐军占领武汉三镇，国民革命的重心由珠江流域转向长江流域。1927 年 1 月 1 日，国民党中央临时联席会议宣布，国民政府在汉口开始办公，将武昌、汉口、汉阳三镇合并，成为京兆区，和三镇之名定为"武汉"，作为中华民国临时首都。4 月 16 日，武汉市政委员会成立，武昌市政厅撤销，三镇首次统一行政建制，第一次在历史上真正出现了当今意义上的"武汉"，武汉成为当时的政治中心，推动了国民革命的发展。抗日战争中，长江不可避免地成为主战场，"保卫大武汉"不仅是武汉人的口号，也是当时响彻全国的号令，也是在这里，中国人民以数百次战斗、40 多万人伤亡的代价，艰难地拖住了日军，粉碎了其速战速决的企图，由此，中国的抗日战争进入了战略相持阶段。虽然最终武汉三镇沦陷于日本军队的铁蹄之下，但大武汉的名头和武汉人的顽强精神却从此越叫越响。在中国，能以"大"冠名的城市，只有大上海和大武汉。抗日战争结束后，武汉三镇曾经历过短暂的分割时期。1945 年 9 月，国民政府收复武汉，将武昌和汉阳组成新的武昌市，汉口则因为商业贸易的发达，作为直辖市而存在；直到 1949 年 5 月，中国人民解放军先后进入汉口市区、武昌及汉阳，成功地将武汉三镇接管于新中国统治之下，武汉终于回到人民的怀抱，本着辐射整个华中地区发展的要求，中央政府又重新将武汉三镇合并为武汉市，5 月 24 日，武汉市人民政府宣告成立，并作为中央直辖市、中南地区党政军机关所在地而存在。直到 1954 年 6 月，武汉才被并入湖北省，且被赋予湖北省省会城市的新身份。

新中国成立后武汉长江大桥的修筑和通车，是武汉三镇真正意义上第一次实现陆上连接，让武昌、汉阳和汉口更加紧密地结合为一个整体，使一个完整的武汉城区最终构成，也让三镇长时间的隔阂慢慢变成了对"大武汉"高度的认同。未合并之前的三镇，可以说是各有长处，但总是"单打独斗"，实力有限；而合并之后的"大武汉"，特别是长江大桥对三地交流之间的促进作用，则助其蜕变为一个具有综合性特点的超大城市。曾经的武汉三镇有着明显的功能区划分，比如汉口是商业区，江汉路、汉正街等武汉最热闹最繁华的商业地段都在汉口；武昌是科教区，武汉高校数量接近100所，其中武汉大学、华中科技大学、华中师范大学等教育部重点大学都在武昌，后起之秀的中国光谷也是全国有影响力的创新创业中心；汉阳曾是近代中国的工业中心，"汉阳造"曾经风靡全国，同时，汉阳的归元寺是全国著名的佛教丛林，古琴台等也是著名的游览胜地。即便现在城市发展已经今时不同往日，武汉人对三镇的认知惯性却还长时间根深蒂固地存在着。

随着人口的不断涌入，以及新时代发展的要求，原有的三镇行政划分，已经不能满足武汉作为一个大都市所能发挥职能的需要。因此，在原来武昌、汉阳和汉口的基础之上，再进行更小范围内的辖区分割：形成武昌区、青山区及洪山区（原武昌）；江汉区、江岸区及硚口区（原汉口）；汉阳区（原汉阳）。除此之外，为了建立一个更大的都市圈，武汉城区还向周边地区不断延伸，通过兼并一些市县先后形成江夏区、蔡甸区以及新洲区等，一个全新的武汉城就这样诞生了，现在全市下辖13个区，另外还有武汉经济技术开发区、东湖新技术开发区、吴家山台商投资区等3个无行政权的经济开发。武汉成为长江经济带核心城市的同时，也是公认的中部崛起的战略支点，还是全国全面创新改革试验区，由于武汉高校众多，也成为全国三大智力密集区之一。根据国家发展和改革委员会（简称发改委）要求，武汉正加快建成国家中心城市，并逐步完善以经济中心、科技创新中心、商贸物流中心和国际交往中心为标志的四大现代城市功能。

第三节　精神气质

人无精神不立，城市也是如此。城市精神和气质是对一座城市的历史沉淀、精神积淀、思想文化、价值观念、社会风气、市民素质等的凝聚，突出显示了城市的文化特色与意志品格，也是城市形象的展示，以及城市市民认同的精神、观念、品德、价值和共同行为追求。城市精神正是具有了这些独特性，才使一座城市有了区别于其他城市的气质、个性和独特的活力。当人们为一座城市所"折服"时，很大程度上是被这座城市的精神气质所吸引。

一、首义首创与图新图强

（一）首义首创

武汉首义也称"武昌起义""辛亥首义"，即狭义的辛亥革命，同时又是广义辛亥革命的重要组成部分。1912 年 1 月 1 日，孙中山任中华民国临时大总统，发布《中华民国临时大总统宣言书》，其中就有"武汉首义，十数行省先后独立"的表达，武汉也因此被称为"首义之城"。

"首义"原意是首次举义成功的意思，其实在历史上，清末统治岌岌可危，反清武装暴动频发，在全国范围内可以说是此起彼伏，武昌新军起义并非首次发生，却被孙中山称为"首义"，是有特别的思考和意义在其中。对于孙中山而言，自 1895 年起，他率领革命者举行过多次起义，他领导的兴中会、同盟会等革命组织 10 余年间发动多次武装暴动，但都屡战屡败，只有武昌起义取得成功并坚持下来。

辛亥革命在武昌打响第一枪并非偶然，从武昌首义文化区保存的武昌起义相关革命遗存中可以找到答案。近代以来，自《天津条约》签订之后，汉口被迫开埠，武汉地区也被卷入清末的民族危机之中，战略要地武汉更成为帝国主义政治经济军事侵略的重点，列强的压迫促使武汉各阶层民族意识开始觉醒，武汉人民开展了各种形式的广泛斗争。在张之洞新政的影响下，武汉不仅拥有了近代工商业、近代交通、近代教育和近代军队等汇合成的近代文明基础，而且武汉的革命党人与人民联系广泛，这些实干家不管做宣传工作还是组织工作都成效显著，很多清军被争取过来，在当时的湖北新军中有很多革命者和同情革命的士兵，这些因素使武昌起义具有众多对革命有利的因素，与之前相对组织较弱的反清暴动相比不可同日而语。因此，辛亥革命能够在武昌取得成功。武昌首义不仅打响了结束千年封建统治的第一枪，并且由于武汉九省通衢的特殊地位，革命的影响很快遍及全国，引发各省响应，不到两个月就推翻了中国历史上最后的封建王朝，结束了中国两千多年的封建帝制，诞生了第一个共和政权——中华民国，建立了以孙中山为首的南京临时政府，开启了民主共和新纪元，使共和观念深入社会中上层人士的思想中，取得了辛亥革命的重大胜利。

作为辛亥革命的开端，武昌起义为"首义"，武昌起义最先吹响埋葬封建帝制的号角，最先建立中华民国鄂军都督府。此外，起义后创建的中华民国军政府鄂军都督府"湖北临时警察筹办处"，首创中华民国警政建设之肇端，"民国警政，此为始基"，在中国警察史上有着重要的历史地位和研究价值；武昌起义产生的《鄂州约法》还是第一部具有近代意义的宪法草案，具有重要的历史意义。武昌起义前后的系列事件在中国近代史上都具有"首创"价值，对中国的现代化进程具有重大影响，在中国近现代史上具有重要的地位和意义。

（二）图新图强

如果说首义首创是武汉城市的骄傲，是中国近现代史上最为鲜明的历史标识事件，深深融入了城市的血脉，那么图新图强就是武汉在新时代里对"首义首创"的最好继承和发扬。

进入新时代，中国所处的外部环境发生深刻、复杂的变化，在世界经济持续低迷、全球市场萎缩、保护主义上升的背景下，国家开始构建新发展格局。2020年5月下旬"两会"期间，习近平总书记再次强调，要"逐步形成以国内大循环为主体、国内国际双循环相互促进的新发展格局"。党的十九届五中全会通过《中共中央关于制定国民经济和社会发展第十四个五年规划和二〇三五年远景目标的建议》，将"加快构建以国内大循环为主体、国内国际双循环相互促进的新发展格局"❶纳入其中。中国从被动参与国际经济大循环转向构建基于"双循环"的新发展格局，是党中央在国内外环境发生显著变化的大背景下，做出的适应内外环境变化的重大战略调整和推动我国开放型经济向更高层次发展的重大战略部署。

新发展格局刷新了武汉的地理意义，武汉不再局限于曾经"九省通衢"的辉煌，而成为新发展格局下的"新沿海"。无论是"通衢"还是"沿海"，本质上是通道，既是交通通道、流通通道，也是配置通道、循环通道。改革开放以后相当长一段时间内，中国经济发展的市场和资源主要

---

❶ 中共中央关于制定国民经济和社会发展第十四个五年规划和二〇三五年远景目标的建议 [ER/OL]. （2020-11-03）[2021-05-01]. http：//www. gov. cn/zhengce/2020-11/03/content_5556991. htm.

通过海洋通道加入国际大循环，使得拥有海运优势的沿海区域，得地利之便，率先发展起来。而在新发展格局下，以国内大循环为主体，扩大内需是战略基点，面向广袤纵深的国内大市场，武汉因制造业实力雄厚，区位优势明显，消费市场潜力巨大，将支撑大国经济实现"内循环"，成为新发展格局下的"新沿海"。同时，新发展格局中的通衢之地，也远远不止于九省范围，而是连接全球视野中的水与陆，带动武汉成为"新枢纽"。新发展格局激活了武汉图新图强的城市基因，2009 年 12 月，武汉获批建立东湖国家自主创新示范区，这是全国第二家国家自主创新示范区。示范区走上了发展的快车道，一系列国家战略密集落在光谷，鼓励创新成为光谷的创新动能，光谷生物城位居国家生物医药产业排名榜上的第一方阵，武汉成为"新龙头"。近年来，武汉以"新材料、新能源、新装备、新医药"为代表的"四新"产业也在蓬勃发展，带动一大批新技术新经济企业不断涌现，武汉呈现"新空间"。图新图强既是一种愿景再造，在现代化新征程、新发展格局中，武汉人对城市发展做出新规划和新思考必将提升城市能级和核心竞争力，同时更是一种精神追求，促进加快建设现代化、国际化、生态化大武汉，加速迈向国家中心城市和新一线城市。

二、兼收并蓄与开放包容

武汉地区曾经是汪洋一般的大泽，依水而居的自然环境造就了兼收并蓄的文化传统以及武汉人的生活方式、价值取向，进而形成了开放包容的城市品格。

（一）兼收并蓄

"兼收并蓄"就是能在文化交往中吸收、借鉴其他文化中的积极成分，往往源自城市的强大和自信。作为地理名词，武汉出现的时间并不算长，原本两江隔出了三镇，分为武昌、汉口、汉阳，虽然于 1927 年合并成了"武汉"，但人的性格与自然环境、历史渊源息息相关，武汉人总能分辨出三镇细微的区别，城市于是也形成了三种不同的性格。人和城市共同成长，城市和人一样也是鲜活生动的，三镇的文化源远流长、底蕴深厚，也导致武汉的文化多根多脉多维多系，"武汉"在诞生之初，就天然具有兼收并蓄的文化基因。

武汉地处华中地区，连贯东西南北，对于南方人来说，武汉是北方，而对于北方人来说，武汉又是南方。四通八达的地理环境使武汉有着丰富的经济活动和足够大的场域，各地的不同文化也在这里碰撞，南来北往的人们在这里停留交会，南北方的文化在这里融合，所有人都能够在这里找到归属，甚至有人认为武汉过于兼容并蓄，缺少自己独特的识别性。只是兼收并蓄本身也是一种文化。从饮食上便可一窥究竟，武汉人的饮食味道多样，无论是酸甜还是麻辣，都能兼收，可以清淡，也可以厚重，虽然不像川菜、粤菜、浙菜等菜系有自己一尝便知的鲜明特点，而显得灵活变通，似乎显不出优势和特点，但实际上更能成集大成者，东西南北之神韵均能品出，因此也有人说，武汉人不出家门，也能吃遍天下美食。尤其是老汉口，由于经济发达，是曾经的商贸中心，在饮食上的种类更为繁多，除了本地本土的小吃，也有来自全国各地的美食。与饮食一样，不同区域的文化在武汉相互接触、碰撞、交融，进而形成了兼收并蓄的文化氛围，展现出独有的武汉风味和调性。

（二）开放包容

开放包容是城市的一种胸襟、一种心境，也是城市的一种格局。武汉内连九省、外通海洋，开放通达的交通塑造了武汉人乐观豁达、不保守不排外的心态以及有容乃大的气魄和胸襟。

武汉依水而兴，因商而名。明末清初，汉口商贸繁盛，成为全国四大名镇之一，不仅货到汉口活，全国各地的人到汉口也能生存，充分展现了城市的包容性。1840 年以前，很多外地来汉的人们在汉口以同乡为单位建立会馆。据《夏口县志·商业志》中记载，汉口商业会馆、公所 38 个，只有 2 个是本地商人所建，以行业划分未标明地域的 8 个，其余 28 个都是外地人员组建，这让汉口成为典型的移民城市，时至今日，武汉对各地的人才也是敞开胸怀接纳。清人范锴曾云："石填街道土填坡，八马头临一带河，瓦屋竹楼千万户，本乡人少异乡多。"❶ 叶调元《汉口竹枝词》甚至有"此地从来无土著，九分商贸一分民"的记载，从来无土著是夸张的说法，但是这个城市里，曾经的移民聚落确实星罗棋布，比如徽州人居多的

---

❶ 汪国胜，赵爱武 . 从地域文化看武汉方言［J］. 汉语学报，2016（4）：59－70.

新安街，下江人居多的花楼街，江西人居多的万寿宫，还有广东人、福建人、湖南人聚集的永宁巷，以及山西人居多的西关帝庙等，还有来自本省其他市镇的商民，如黄陂人、天门人、咸宁人等都很容易在武汉定居生活，扎根繁衍。甚至一些地名都带上了地域色彩，比如黄陂街、鄂城墩、贺家墩等，从名称上就能看出这里曾经是移民社区。这些"外来人口"将各自的原型文化、地域文化带入汉口，促进了异质文化之间的汇合、并存，由此产生了开放包容的近代汉口文化，三镇的合并加剧了武汉文化从单一走向多元。重商文化结构以及城市商业性功能结构，支撑了武汉城市文化形态的稳定性和精神建构的独特性，开放、包容、多元、创新的文化精髓代代相传，由此形成城市独特的文化特征，影响着整个城市的文化气质。

武汉人既务实又精明、既持守又通变，不仅体现在南北文化的交流之中，也能见于中外文化的互动过程中，存在一种超越文化、地域和城市范围的气度和魄力。武汉，有武汉人生存、成长、守护的江湖；武汉人，也有生于江湖、长于江湖的豪情。武汉人在开拓创新的过程中，重实功不重虚名，平日里峥嵘不显，但往往有大破大立的追求和勇毅，转变为历史创造者。武汉要实现跨越式发展，必须把握、开发利用好本地的历史文化资源，把握机会，结合新时代的发展机遇，走出有武汉特色的发展新路。传统的九省通衢，"通"的是国内东南西北各地；新发展格局中的通衢之地，4 小时高铁圈可达国内主要省会城市，覆盖中国 10 亿人口，是国内少有的集铁、水、公、空等国家级运输通道于一体的城市，更当连接世界范围内的水与陆、洲与国乃至全球视野里的东南西北。

2019 年 9 月 25 日，武汉市委审议通过的《中共武汉市委关于落实促进中部地区崛起战略 推动高质量发展的意见》提出，武汉市要加快建设新一线城市和国家中心城市，努力在中部地区崛起中发挥引擎作用。武汉要成为全国的经济、科技创新、商贸物流、国际交往四大中心，要继承和发扬兼收并蓄的文化传统，真正成为新时代的国家中心城市；要保持开放包容的城市品格，在新时代吸引留住人才，共同建设大武汉。

三、武汉精神与英雄城市

民族精神对一个国家非常重要，城市精神对一个城市则不可或缺。城市精神如同一面高高扬起的旗帜，不仅包含城市的思想灵魂，彰显城市的整体形象，也当仁不让地指引城市的未来和发展。

（一）武汉精神

武汉曾经的厚重历史，孕育了"敢为人先，追求卓越"的武汉精神。2011 年，武汉开始在全市范围内发起提炼城市精神，通过市民网上投票评选，最终以"敢为人先，追求卓越"表述武汉精神。同年，"武汉精神"被写入党代会报告，上升为城市的整体意志。

武汉精神是对武汉地区历史和文化的总结和提炼。无论是盘龙文化，还是楚文化，还是不同时代中的首义首创等，"敢为人先，追求卓越"既蕴含了古代楚人"不鸣则已、一鸣惊人"的昂扬气概，也包括了近代武昌首义的核心精神，彰显了武汉独有的历史标识和独特的精神气质，同时展现了武汉新时代新格局下的新追求。

担当是武汉精神的第一要义，体现在"敢"字上。自近代始，武汉就是一个挑战与机遇并存的神奇所在，武汉人在巨变中方显英雄本色，不仅在武昌首义中敢为天下先，终结帝制，始创共和，而且在改革开放之初，以 103 位"无业"人员在汉正街的摸爬滚打为开端，直到形成闻名全国的小商品市场，突破了当时中国商品流通体制的旧时藩篱，让武汉一度成为改革先锋，除了天下第一街，还有第一位洋厂长等若干个第一，都向世人充分展示了这座城市的魄力和性格。传承到今天，这些积淀成开放创新的城市性格。今天，武汉要建设全国经济中心、国家科技创新中心、国家商贸物流中心、国际交往中心和区域金融中心体现的也正是这种担当精神。

创新创造是武汉精神的核心所在，集中展示在"先"字上，也是践行武汉精神、实现伟大目标的途径。武汉人民秉承先民的开拓精神，正着力将城市建设成国际化大都市。除了国家自主创新示范区，武汉也是国家创新型试点城市，这些规划与目标，既是武汉传统的延伸，也是站在时代前沿、从国家全局出发的必然，包括国家级文化和科技融合示范基地，立意高远，要实现这些目标，必须提升城市的创新能力，增强城市的核心竞争力。

"敢为人先，追求卓越"还充分体现了武汉人的性格气质，提取于武汉人的基因骨血。受自然地理和环境气候的影响，武汉人大都热情豪爽、果敢刚毅，在关键问题上，武汉人从不含糊，挺身而出，充分展示了武汉人的个性魅力。武汉精神在千万市民中从来不乏鲜活具体的身影。战争年代，武汉有不怕流血不怕牺牲的战斗英雄；在和平年代，武汉有敢于创新敢于担当的改革英雄。一代代英雄的名字融入武汉的历史，构筑成城市发展的根基。

武汉精神是对武汉新时代新征程中建设"黄金期"的准确把握和对接，也包含人民对这座城市久远发展的设想和希望。当下，武汉再次站在历史发展的机遇口，要搭上民族复兴的快车道，实现大武汉的全面复兴，需要每一位武汉人民的奋斗和争取并一起推动城市发展。"敢为人先，追求卓越"的典型体现，就是创新、创业、创造，这也被武汉市民不断认同和践行着，离开了创新发展，武汉精神就会空洞化、空壳化。2012年，武汉市发出"寻找身边的武汉精神践行者"倡议书，开展"寻找我身边的武汉精神践行者"活动，通过推动人民认同武汉精神并自觉践行，激发城市发展的内生动力，促进大武汉大变样大发展。

（二）英雄城市

武汉自古就是水陆要津、华夏腹地，是兵家必争之地，也是战乱频繁、英雄辈出之地。早在两千多年前的楚国，楚人在族群战斗中就形成了"不胜不休"的惯例，逐渐形成了顽强执着的精神，并一直流淌在生长于这片土地的人们的骨血里。在近代史上，武汉红色革命传统积淀深厚，这里打响过辛亥革命第一枪，是中国共产党早期组织的重要发祥地、人民军队建军策源地，也曾为大革命时期汹涌澎湃的"赤都"，还经历过抗日战争时"保卫大武汉"的烽烟岁月。

和平年代没有硝烟，但是没有硝烟的战场同样考验着每一个人。1998年长江特大洪水期间，武汉及周边地区下暴雨，武汉最高水位达到29.43米，武汉人民万众一心，抗击洪水，在闸口立起"人在堤在"的生死牌；2003年"非典"期间，武汉人民勠力同心、共渡难关；2008年雪灾期间，武汉人民众志成城，用坚守迎来春天；艰难险阻铸就了武汉人"不服输"

"不信邪"的倔强和顽强，也矗立起一座座英雄的丰碑。

2019 年年底，新冠肺炎疫情突袭武汉，2020 年 1 月 23 日是令所有武汉人难忘的一天，上午 10 时，武汉史无前例地宣布"封城"，在本该喧闹的春节，武汉身处疫情的旋涡中心，拥有千万人口的城市却异常静谧，家家户户大门紧闭，偌大的城市戛然静止，直到 76 天后的 2020 年 4 月 8 日零时起，武汉解除封城，75 个离汉通道管控卡点才被撤除。只因封一座城，护一国人。

国际顶级学术期刊《科学》（Science）于 2020 年 3 月 31 日在线发表了来自中、美、英等国的 22 位科学家联合完成的论文《中国 COVID－19 疫情暴发的最初 50 天内传播控制措施的调查》，其中的量化数据显示，由于武汉采取了封城举措，推迟了新冠肺炎疫情扩散到其他城市的时间，这宝贵的 50 天让其他城市有时间采取相对应的保护措施，进而让中国新冠肺炎感染者的总病例数减少了 96%，武汉市采取的出行禁令是必要的，也是及时有效的，加上国家的紧急响应措施等都推迟了新冠肺炎疫情的增长速度，最终在实际上限制了新冠肺炎疫情的规模。❶

武汉封城时间长达两个多月，在这段时间里，武汉人民识大体、顾大局，主动选择"留守"，还有广大党员群众积极响应国家号召，从疫情防控大局出发，通过下沉等形式自觉服从国家需要，积极投身防控斗争，为国家取得抗疫胜利做出了重大贡献。面对疫情，身患渐冻症绝症的武汉金银潭医院院长张定宇不下火线、与病毒赛跑；武汉大学人民医院女医生张旃写下"个人觉得不需要告诉，本来处处都是战场"的现代版"与夫书"；还有"你救死扶伤，我守护一方"的医警夫妻档；无数封"不计报酬，无论生死"的请战书上印着鲜红的手印；无数人"连轴转、白加黑、纸尿裤、就地躺"……这些冲锋在前的白衣勇士，不畏艰险、顽强不屈，是武汉"最美逆行者"。

新冠肺炎疫情期间，武汉的一举一动都牵动着全中国人民的心，除了社会各界捐赠防护物资外，54 万名医务人员同病毒奋战斗争；全国各地先后组

---

❶ 崔雪芹. 科学家评估新冠肺炎暴发 50 天中国传播控制效果［N］. 中国科学报，2020－04－01.

建了 346 支医疗支援队伍、4 万余名医护人员从四面八方到湖北到武汉开展援助。面对疫情，共产党员组成突击队，带领工人昼夜奋战在武汉工地，雷神山、火神山两所新冠肺炎疫情专用医院从出方案到工程设计，再到建成并能够接收病患仅用了 10 天，10 天 10 夜一座医院的中国速度背后是 3 万余名建设者的日夜鏖战。生产和服务抗疫产品的企业员工加班加点，还有 3000 家企业跨界生产抗疫产品。京东物流的青年车队甚至组成了快递百人团，在疫情期间，99 名"火线突击队员"累计为 300 多万人次配送了 6000 吨米面粮油、蔬菜等生活必需物资，也因此在第 24 届中国青年评选活动中获得了"中国青年五四奖章"……危难之时，无数人挺身而出，无数人舍生忘死，无数人日夜奋战，共同筑起一道阻击病毒的坚固防线。各行各业的守望相助，全国人民始终和武汉站在一起，为抗击疫情提供了坚实保障。

2020 年 3 月 10 日，习近平总书记专赴武汉考察疫情防控工作，并表达了对武汉人民的关怀与称赞"让全国全世界看到了武汉人民的坚韧不拔、高风亮节"；"正是因为有了武汉人民的牺牲和奉献，有了武汉人民的坚持和努力，才有了今天疫情防控的积极向好态势"；"武汉不愧为英雄的城市，武汉人民不愧为英雄的人民，必将通过打赢这次抗击新冠肺炎疫情斗争再次被载入史册"❶。两个月后的全国两会，习近平总书记见到湖北代表团，再一次强调："武汉不愧为英雄的城市，湖北人民和武汉人民不愧为英雄的人民。"2020 年 9 月 8 日上午，在全国抗击新冠肺炎疫情表彰大会上，由于在新冠肺炎疫情中做出了突出贡献，张定宇被授予"人民英雄"国家荣誉称号。

因为爱这座城，武汉人民克服了重重困难，做出了很大牺牲。即便疫情严峻、困难重重，武汉人也没有被吓到、没有被压垮，用自己的实际行动，再次彰显了中华民族同舟共济、守望相助的家国情怀。"解封"之后，武汉又进行了全城 900 多万居民的核酸检测工作，这次核酸检测对全城居民免费，前后持续十多天，公共财政支出经费 9 亿元左右，如果说管控卡点的撤销实现的是武汉的"物理解封"，那么全员检测"没有发现确诊病例"则让武汉达到了"心理解封"，对人心的稳定和城市经济的迅速恢复

---

❶ 习近平. 在湖北省考察新冠肺炎疫情防控工作时的讲话 [J]. 中国工运，2020 (5)：19 – 22.

具有重要的作用和意义。

2020 年的新冠肺炎疫情无疑是公共卫生的重大事件，时至今日仍在全球不同地区暴发不同程度的疫情，深刻影响了全球的历史进程，更被烙进武汉的城市历史和记忆里。在疫情中，人民是武汉的守护者，是武汉的英雄，也让武汉成为当代当之无愧、广受认同的"英雄城市"。危难时，武汉人民再次展现出坚韧不拔、顽强不屈、众志成城等优秀品格，重塑了武汉当代城市形象，并长久地影响这座城市的未来。

第四章　武汉文化产业发展智慧

《中华人民共和国国民经济和社会发展第十四个五年规划和 2035 年远景目标纲要》明确提出到 2035 年建成文化强国的远景目标，并强调在"十四五"时期推进社会主义文化强国建设。文化强国的建成，离不开文化产业的发展。文化产业既是经济硬实力的组成部分，也是文化软实力的强大支撑。当前文化产业已经成为经济增长的新动能和新引擎，是衡量地区经济社会发展程度的重要标志。

"十四五"时期是文化产业转型升级、高质量发展的重要战略机遇期，武汉市人民政府根据《武汉市城市总体规划（2010—2020 年）》《武汉市建设国家中心城市行动规划纲要》和《武汉市国民经济和社会发展第十三个五年规划纲要》等文件，制定了《武汉市文化发展"十三五"规划》，现在进行《武汉市文化发展"十四五"规划》的编制工作。在市委市政府的坚强领导下，武汉市文化产业增加值持续增长，文化产业增加值占 GDP 的比重持续提高，文化产业对国民经济的贡献力逐渐加大，不断满足人民对美好生活的向往。总结"十三五"成果，展望"十四五"发展，应以"一轴两带两翼"的区域布局、以"两城三都"为重点产业业态、以"创意江城"的城市品牌推动武汉文化产业实现高质量发展，促进武汉国家中心城市建设。

第一节　新时代武汉文化建设的背景

一、国家战略中的武汉力量

（一）"中部崛起"为武汉市文化建设提出新要求

"中部崛起"战略是国家为推动中部地区发展而提出的一个重大发展

战略，是继西部大开发、振兴东北工业基地等战略后，党中央、国务院从我国现代化建设全局出发做出的又一重大决策，是我国新阶段总体发展战略布局的重要组成部分。从历史上看，一定时期的区域发展战略，都是为特定条件下的特定政治经济目标服务的。中部崛起战略的定位本质是一种"追赶"战略，即追赶东部发展的步伐，追赶西部的发展速度，充分利用中部地区独特的资源优势、产业优势和区位优势，抓紧我国消费结构和产业结构调整升级和技术、产品、服务及一些重要生产要素大规模跨国流动的机遇，解决中部"政策中空"、投入不足的矛盾；解决资源要素外流、发展后劲薄弱的问题；解决文化整合和制度创新力度不足的弱项；解决行政壁垒严重、区域整合难度较大的困难，从而缩小与东部和西部地区的发展差距，实现一定程度的均衡发展，形成东中西互动、优势互补、相互促进、共同发展的新格局。

促进中部区域崛起是党中央做出的重要决策，从提出"加快中部地区发展是区域协调发展的重要方面"，到"抓紧研究制定促进中部地区崛起的规划和措施"，再到提出"积极促进中部地区崛起"，中部崛起逐渐成为国家发展的重要战略。2004年3月，政府工作报告中正式提出"促进中部地区崛起"的重要战略构想。2006年2月，促进中部崛起的纲领性文件《中共中央国务院关于促进中部地区崛起的若干意见》出台。2010年8月，国家发改委通过《关于印发促进中部地区崛起规划实施意见的通知》和《关于促进中部地区城市群发展的指导意见的通知》。2012年，国务院出台《国务院关于大力实施促进中部地区崛起战略的若干意见》。2016年，国务院批复了《国务院关于促进中部地区崛起"十三五"规划的批复》，规划明确提出了中部地区要建成"全国重要先进制造业中心、全国新型城镇化重点区、全国现代农业发展核心区、全国生态文明建设示范区、全方位开放重要支撑区"的新战略定位。中部地区在发展中要依托现有基础，不断提升产业层次，结合发展特点推进工业化和城镇化，在发挥承东启西和产业发展优势中崛起。

在中部崛起战略中，城市是非常重要的发展主体。以武汉城市圈、中原城市群、长株潭城市群、皖江城市带、环鄱阳湖城市群和太原城市圈为重点发展区域，在中部地区经济社会发展中具有举足轻重的地位。武汉作为特大中心城市，发展的总体目标是"中国内陆最大的现代化、国际性超级城市，长江经济带承东启西的主要发展极，内陆最大的金融及科技、信息、交通、运输中心"。武汉市应加强与郑州、长沙、合肥、南昌、太原等重点城市对接，共同强化中部地区"一中心四区"战略定位。推动制造业高质量发展，积极承接东部沿海和国际新兴产业布局和转移。加快现代基础设施网络建设、生态保护和绿色发展、城乡一体化发展等领域的合作交流，构建武汉到主要城市 3 小时经济圈。

中部崛起战略的实施对武汉市文化建设提出了新的要求。中部崛起战略将促进人才、资金、技术在中部地区聚集，而武汉市作为中部地区的重要城市将成为人才、资金、技术等各种生产要素聚集的要地，这将给武汉市城市文化建设带来新的机会。此外，中部崛起战略中的一项重要任务就是增进福祉，促进人民生活迈上新台阶，主要包括全力实施脱贫攻坚、大力发展教育卫生文化事业，而武汉市作为中部地区的领头羊理应而且必然在满足人民美好生活需要、增进人民福祉方面发挥带头作用，这对武汉市文化建设提出了新要求，必将带动中部地区文化基础设施建设和文化事业的大发展。

（二）"长江经济带"为武汉市文化建设开辟新空间

2016 年 9 月，《长江经济带发展规划纲要》正式印发，确立了长江经济带"一轴、两翼、三极、多点"的发展新格局。国家有关部门在 2009 年正式批复皖江城市带为承接产业转移的示范区，国务院在 2010 年便批复了其提交的发展规划；与此同时，重庆的"两江新区"也得到了有关部门的批复。在此种环境背景下，湖北省政府指出要进一步落实湖北区域长江经济带的开发开放工作，以武汉市为龙头、以长江经济带为主轴的区域发展战略。

长江经济带的建设为武汉市文化建设开辟了新空间，这表现在：第一，武汉市是长江经济带的重要枢纽城市。长江经济带发展将遵循"一轴、两翼、三极、多点"的格局，其中"一轴"指以长江黄金水道为依托，重点发挥上海、武汉、重庆的核心作用，以沿江主要城镇为节点，构建沿江绿色发展轴。可见武汉是长江经济带中长江中游的重要节点城市和经济增长极，因此武汉的文化建设也必将受到长江经济带建设的极大影响。第二，发展长江经济带最核心的是推动产业转型升级，而推动产业转型升级的任务之一就是"大力发展现代文化产业"。可见长江经济带建设的主要任务之一就是发展文化产业，武汉作为长江经济带的重要枢纽城市，理应在发展文化产业、推动产业转型升级中发挥更大的作用。第三，《长江经济带发展规划纲要》将带动沿江交通基础设施的建设，这为武汉市的文化与旅游业的发展创造了有利的交通条件。

不断强化长江经济带核心城市作用。武汉应积极地参与长江经济带全流域联动发展，共同推动长江经济带成为我国生态优先绿色发展主战场、畅通国内国际双循环主动脉、引领经济高质量发展。加强与上海、重庆以及长三角、成渝城市群的合作对接，探索建立市际协商合作和长江流域要素市场合作机制。深化综合交通运输体系建设、商贸流通、产业发展、港口岸线开发、生态环境保护、长江文化传承等领域的合作，推动长江生态经济带提质增效和绿色发展。

（三）国家中心城市建设为武汉市文化建设提升新高度

国家中心城市是全国综合实力最强、引领作用最为显著、聚集和辐射带动能力最大，并代表国家参与国际竞争的中心城市。根据国家发改委的定义，国家中心城市是指居于国家战略要津、肩负国家使命、引领区域发展、参与国际竞争、代表国家形象的现代化大都市。在资源环境承载条件和经济发展基础较好的地区规划建设国家中心城市，既是引领全国新型城镇化建设的重要抓手，也是完善对外开放区域布局的重要举措。2010 年 2月，住房和城乡建设部发布的《全国城镇体系规划（2010—2020 年)》明确提出五大国家中心城市（北京、天津、上海、广州、重庆）的规划和定位；2016 年 5 月至 2018 年 2 月，国家发改委及住房和城乡建设部先后发函支持成都、武汉、郑州、西安建设国家中心城市。

国家中心城市作为国家发展战略的重要平台和战略支点，承载了国家的政治目标和战略任务。武汉市作为湖北省省会、国家历史文化名城、中国中部地区的中心城市，全国重要的工业基地、科教基地和综合交通枢纽，未来建设武汉国际性综合交通枢纽，国家发改委支持其建设国家中心城市。武汉市建设国家中心城市时不仅要关注自身的发展，还要勇担国家赋予的重大历史使命和责任担当，坚定不移地落实中央"四个全面"战略布局，践行五大发展理念，不断探索更高质量、更有效率、更加公平、更可持续的发展之路。武汉市除了要关注自身功能提升外，还需要充分加强与周边城市区域的优势互补和协同发展，推进区域人口、产业、交通、生态、公共服务、市场要素和体制机制一体化的对接，肩负起辐射带动中部和长江中游地区、支撑长江经济带发展的重任。

二、武汉远景发展战略

2021 年 4 月 29 日，武汉市发改委发布《武汉市国民经济和社会发展第十四个五年规划和 2035 年远景目标纲要》。"十四五"时期是我国全面建成小康社会、实现第一个百年奋斗目标之后，乘势而上开启全面建设社会主义现代化国家新征程、向第二个百年奋斗目标进军的第一个五年，也是武汉站在新起点锚定国家中心城市、长江经济带核心城市和国际化大都市总体定位，打造"五个中心"、建设现代化大武汉的关键五年。

到 2035 年，武汉市要实现"国家中心城市全面建成，长江经济带核心城市作用充分发挥，国际化大都市功能明显增强，基本建成现代化大武汉"的远景目标，加快构建全国经济中心、国家科技创新中心、国家商贸物流中心、国际交往中心和区域金融中心。要不断增长经济实力、科技实力、综合竞争力，促进经济总量和城乡居民人均收入迈上新的大台阶，建设走在全国前列的创新型城市。市枢纽功能和对外开放水平大幅提升，新型工业化、信息化、城镇化、农业现代化基本实现，现代化经济体系基本形成，建成文化强市、教育强市、人才强市、健康武汉，平安武汉建设达到更高水平。市民文明素质和社会文明程度达到新高度，城市文化软实力显著增强。

在远景规划中对武汉城市文化建设提出了基本要求。在整体建设中，要坚持马克思主义在意识形态领域的指导地位，实施先进文化点亮工程，保护、传承、弘扬长江文化，展示国家历史文化名城内涵特质，推动文化与经济社会深度融合，促进满足人民文化需求和增强人民精神力量相统一，建设社会主义文化强市。要注意全面提升市民素质和城市文明程度，加强城市形象塑造，弘扬"英雄城市、英雄人民"精神特质，提升武汉城市形象标识度和传播力。提高公共文化服务水平，加强公共文化服务供给，加强优秀历史文化保护与传承。大力发展文化产业，实施"文化＋"发展战略。

纵观伦敦、东京、纽约等世界城市的远景战略规划（见表4－1），虽然各有侧重，但都包含三个主题——人文、宜居和绿色发展。人文（文化）、宜居和绿色发展是未来世界城市发展的主题，对于我国国家中心城市的建设具有重要的借鉴意义。城市作为人类聚集的主要空间，其发展归根结底是为人服务的，无论是金融、交通、科教，还是制造业、服务业等，都是为创造更好的生存空间而发展的。城市的发展必须坚持以人为本，以人为本是所有城市建设的出发点，也是所有城市建设的落脚点，国家中心城市也必须创造丰富多彩的文化氛围、宜居的生活环境和绿色可持续的生存空间。

表4－1　世界城市远景规划分析

远景规划	时间	目标及愿景	关注点
《伦敦荣耀计划》	1995	打造世界级生产力；形成强大的社会凝聚力；建设高质量的基础服务设施和生活设施	经济、创新、宜居
《纽约2030》	2005	土地集约发展、水循环利用、空气净化、低碳交通、能源再生、气候改善	绿色、气候
《悉尼2030》	2008	绿色、全球化、连接	绿色、创新
《芝加哥2040》	2010	提升全球竞争力、建立宜居社区、营造健康的自然环境、保持多样性和建立协作的城市管理机制	经济、宜居
《巴黎2030》	2014	提升居民的日常生活质量，加强巴黎大都市区功能	宜居、人文、绿色
《东京都长期展望》	2014	成功的2020奥运会；完善的基础设施；独有的待客之道；公共安全治安；环境支撑；国际领军城市可持续发展城市；多摩地区及离岛	经济、人文、绿色
《纽约2040》	2015	建设繁荣的城市、公平公正的城市、可持续发展的城市、弹性的城市	经济、宜居、绿色
《上海2040》	2016	卓越的全球城市；令人向往的创新之城；人文之城；生态之城	经济、人文、绿色

第二节 武汉文化产业发展基础

一、阶段转向特征明显

武汉市是一个拥有 3500 多年历史的文化名城和楚文化的重镇，作为国家文化创意勃发的中心城市，武汉市紧紧围绕全市的经济和社会发展大局，依托自身优质的自然、历史、人文和环境资源以及游戏动漫、工程设计、数字化技术等发展势态良好的文化产业，积极推进城市文化建设。武汉文化发展过程中具有不同阶段的定位和特征，呈现出阶段性的特征。就现阶段而言，武汉市文化建设具有较强的过渡性和可塑造性，正在由"文化转向城市阶段"向"文化城市阶段"过渡、由"工业城市范式"向"第四产业发达的后工业城市"过渡、由"文化自觉阶段"向"文化主导的城市自觉"过渡、由"资本主导阶段"向"创新主导阶段"过渡、由"文化创意产业的兴盛阶段"向"文化城市品牌营销"阶段乃至"文化战略整合与升华阶段"过渡、由"文化创意产业导向的城市更新阶段"向"人文性主导的'城市复兴'阶段"过渡。

近年来，武汉市对于文化的注重和强调及文化软实力的日渐增强，使"文化转向"逐渐成为武汉市发展的一个关键性向度。武汉市不断探索以文化作为新增长点的发展方式，注重营造特色的文化氛围，注重城市个性的发展，将文化内容、精神文化、文化自觉作为提高城市化质量的更高层次和主题。2011 年，武汉市确立了建设国家中心城市、复兴大武汉的奋斗目标，明确提出以打造"文化五城"、建设文化强市作为文化建设的中心任务，并在推进"设计创意之城"建设，围绕动漫、游戏、影视等重点领域，加大设计、制造、营销、消费等全产业链整合力度；引导创意设计与制造业融合发展，推动"武汉制造"向"武汉设计""武汉创造"转变，在推进城市的转型更新等方面取得了可观的成绩。随着建设"文化五城"和建设"文化强市"等阶段性目标的实现，武汉市不断探索和实践以文化创意驱动的内生发展模式，注重文化业态对城市的贡献，强调文化与科技、经济的融合，不断推动文化产业成为武汉市经济增长的支柱型产业。新时代是武汉市向"文化城市"转型、实现后工业城市提升、达成城市自觉、激发创新主导、实践文化战略整合与升华、开展人文主导的城市复兴的关键时期。

对于一些城市而言，文化是为国家和区域"文化立国"或"文化立市"的最具根本性的元素，发达城市之间的竞争也越来越把文化等新兴产业和"第四产业"作为新的战略制高点和激烈竞争之所在。武汉市处于从工业城市向服务业发达的后工业城市提升阶段和文化转型的兴起阶段，把具有"后后工业"特征的文化驱动方式作为城市在新时期发展方式转型的主要推手是具有必要性和紧迫性的战略选择。近年来，武汉市城市化与城市改扩建趋于稳定和逐渐成熟，城市的地理空间、物质环境和设施建设更加注重文化向度，在经历了保护历史文化资源和文化风貌，进行文化设施建设和组织开展文化活动、大力发展文化产业、促进文化科技全面融合后，武汉市把文化城市品牌打造、建设国际文化名城提到现实的战略议程中，以期构建更为发达的文化创意产业体系，构建充满活力和生命力的文化空间，形成更为成熟的历史文化保护与开发模式，最终达到文化战略的整合与升华。武汉市从缺乏城市文化自觉意识向注重文化资源改善城市竞争力的"城市文化"阶段转型，正逐步迈向通过文化推动城市发展方式转变、促进城市综合效益和竞争力的新发展阶段。在文化导向阶段的城市发展中，武汉市文化自觉意识日益凸显，整体性文化改造和大型文化项目的建设逐渐增多并成为主流，例如大型文体场馆、现代文化艺术场所的建造，并形成激发城市活力和竞争力中的辐射效应。

在新时代，武汉市文化发展需要从更广阔视野下的内涵与形态进行建构，需要从"城市的文化"向"文化的城市"拓深。须进一步深化城市文化定位，以构建国际创意城市为目标，以技术先导因素为切入点，重新梳理武汉市文化产业的产业布局和产业结构；强化宽容度因素，找准文化产业在建设设计之都、国家中心城市中的定位和作用；以培育创意阶层为目标来引领武汉市文化发展的思路体系。

二、文化体系愈发健全

（一）现代文化市场体系逐步健全

从消费市场角度看，武汉市及区两级政府印发《关于政府向社会力量购买公共文化服务工作实施意见》的通知，政府购买公共文化服务的范围逐步扩大。"武汉文惠通"微信公众平台搭建完成、运行良好，有效激发了市民文化消费潜力，形成了文化消费的"武汉模式"。从文化市场产品供给侧的角度看，武汉市大力推动供给侧结构性改革，注重"产业规划＋资源导入＋项目落地"一体化，大力扶持艺术院团发展，深入推进"一团一策"改革，健全法人治理结构，完善经营管理体系，重塑市场主体，转变艺术生产运作方式，文化企业初步实现高质量发展。同时，文化市场主体数量快速增长，规模以上文化企业及其营业收入实现两位数快速增长。文化发展引导和市场监管执法也稳步推进，开展全市文化市场"双随机一公开"抽查等多项专项整治行动，文化市场环境不断优化。

（二）文化产业体系稳步发展

改革开放40多年来，武汉市从无到有形成了由文化事业单位引领、以市场化原则运营、以服务市民文化生活和发展文化经济为目标的产业布局。

经过多年的探索，武汉市社会娱乐文化产业得到了全面发展，并保持稳步增长的态势：琴台大剧院管理公司以5000万元的年营业收入位居全国保利院线第三名，并入选我国十大剧院；动漫产业成为全市文化产业新的增长点，2018年，全市动漫产业实现总产值超过85亿元。

此外，通过不断推进文旅深度融合的协同发展，优化营商环境，全市文旅产业也呈现出繁荣发展的新态势：武汉于2016年入选为全国引导城乡居民扩大文化消费的试点城市，自2016年武汉智慧文化消费平台"武汉文惠通"上线至今，用户规模不断扩大，实名注册人数超90万，累计完成核销的优惠券总数150多万张，直接拉动消费金额超过2亿元；48家文化场馆、158 家合作文化商家入驻，❶"武汉文惠通"还获得了国家文化和旅游部文化产业司奖励。2019 年，武汉市实现接待游客 3.18 亿人次，同比 2018 年全年增长 10.5%，实现旅游总收入 3574.3 亿元，同比上涨 13%。受疫情影响，2020 年全年旅游总人数 25911.90 万人，旅游总收入 2906.29 亿元。❷

三、重点任务成效显著

（一）坚持正确舆论导向，社会主义核心价值观不断彰显

不断强化舆论引导，及时传达宣传导向管理精神，督促各播出单位坚持正确导向，遵守宣传管理纪律，落实各项播出调度指令，严格按上级要求做好宣传工作。加强重大活动宣传指导，把住党管意识形态的绝对主导权。积极引导《长江日报》《武汉晚报》《武汉晨报》等主流媒体聚焦党的十九大等重大主题，突出全市重点工作，讲好武汉故事，为宣传社会主义核心价值观的生动实践营造浓厚氛围。一批正能量作品获广泛社会关注：话剧《董必武》入选 2017 年度国家舞台艺术精品创作扶持工程"全国舞台艺术重点创作剧目名录"作品；杂技《炫技黄包车》获得中国文联、中国杂协主办的第十届中国杂技金菊奖；歌曲《家风》入选中国文明网、央广网主办的全国"唱响主旋律喜迎十九大——社会主义核心价值观"20 首主题歌曲。

不断加强审读审看。切实履行审读审看职能，加强舆论阵地监督管理。通过向报刊出版单位反馈审读情况、提出整改意见，督促出版单位及时整改，全市报刊出版质量得到明显提高。组织专家对武汉广播电视台、武汉教育电视台等主流媒体开展专题审听审看，通过专家审听审看，对各播出机构重点宣传报道导向进行监督预警，对好的做法和亮点进行推介，

---

❶ 孙颖，苏醒. 文化事业繁荣兴盛 文化产业快速发展：新中国成立 70 周年武汉经济社会发展成就系列报告之十五［R/OL］.（2019 – 09 – 29）［2021 – 12 – 05］. http://tjj. wuhan. gov. cn/tjfw/tjfx/202001/t20200115_840966. shtml.

❷ 武汉市统计局，国家统计局武汉调查队. 2020 年武汉市国民经济和社会发展统计公报［R/OL］.（2019 – 09 – 29）［2021 – 12 – 05］. http://www. cnr. cn/hubei/yw/20210424/t20210424_525470227. shtml.

对节目栏目统筹策划、内容编排、报道手法等方面存在的不足进行了分析，并要求及时整改。

（二）"文化五城"建设顺利推进，城市文化品位稳步提升

"读书之城"建设效果显著。一是图书馆服务实现全覆盖。每年市、区两级图书馆开展各类阅读活动 1000 余场，阵地服务和数字服务超过 1000 万人次。武汉市 50 台街头自助图书馆与地铁集团 97 台自助图书馆实现全面通借通还。推进总分馆建设，武汉市共建立了 135 个分馆，形成办证、借阅、流通、活动四位一体的全市公共图书馆流通服务体系。二是对实体书店的扶持初见成效。《武汉市实体书店扶持暂行办法》产生良好的政策效应，出版物市场整体状况明显改观，总体经营年度统计数据已企稳回升；各类实体书店的经营情况大为好转，光谷书城、文华书城等一些原已陷入困境的大型综合性品牌实体书店经营出现重大转机，德芭与彩虹、视觉书店等个性化实体书店经营状况得到前所未有的改善。三是市民读书热情不断提高，阅读氛围不断增强。围绕"书香江城"品牌，重点打造"国际儿童图书日"阅读推广、"江城读书节""武汉淘书节"等阅读品牌。每年读书月期间，全市组织开展各类阅读活动均逾百余项，并保持逐年增长，2018 年达到 500 余项，直接参与市民超 16 万人次。利用法定节假日、"4·23 世界读书日"等重要时间点，开展多种形式的阅读活动。涌现了"金桥书吧""地铁读书节"等一批成效显著、社会影响大、辐射效应广的优秀活动项目典型，形成社会阅读风尚。

博物馆之城建设实现新突破。一是盘龙城国家考古遗址公园获批。在国家文物局 2017 年度开展的第三批国家考古遗址公园评定工作中，盘龙城考古遗址公园成功获批挂牌，成为武汉市首个国家考古遗址公园。博物馆陈列布展工作有序推进，已完成盘龙城遗址博物馆陈列设计、智慧博物馆、文物修复、文物复制、文化借展等工作。二是推动重大文博场馆筹建工作。武汉廉政馆顺利建成。2018 年 7 月 18 日，武汉自然博物馆正式对外开放。武汉中共中央机关旧址纪念馆顺利建成开放。三是民办和行业博物馆发展实现新突破。依据《武汉市促进民办和行业博物馆发展实施办法（暂行）》，积极引导和扶持非国有博物馆的发展。四是大力推进博物馆相关活动。以"5·18 国际博物馆日"为契机，精心组织"走进博物馆"系

列文博活动。开展博物馆进社区、进校园活动近百场。

"艺术之城"建设精彩纷呈。一是围绕弘扬社会主义核心价值观，创作生产一批凸显地域特色、深受人民群众喜爱的新剧（节）目。据统计，"十三五"以来共新推出剧（节）31个，21个项目获得国家艺术基金资助1100万元。其中，大型原创话剧《董必武》2016年在全国政协礼堂首演，2018年进入国家舞台艺术精品剧目在全国两会期间展演；歌剧《高山流水》英文版开创了武汉市英文歌剧创作演出的历史；舞蹈《丝路天音》获第十一届中国舞蹈"荷花奖"。二是实施重大文化活动培育工程，提升城市文化形象。成功举办两届琴台音乐节，其中第六届琴台音乐节举办55场各类音乐演出和活动，观众达30万人次，剧目质量、演出场次、参与人数均创历届之最。成功举办第十二届武汉国际杂技艺术节、第三届中华优秀戏曲文化艺术节，还举行了中华传统木偶皮影艺术节、武汉大学生戏剧艺术节等品牌文化活动。三是大力推进文化惠民。2016—2018年，完成惠民公益性演出5623场，其中戏曲进校园活动2074场、"城市剧场周周演"1842场、"送戏下乡"公益演出1402场、"慰问农民工"公益演出150场。

"设计创意之城"建设创意盎然。一是以入选联合国教科文组织创意城市网络"设计之都"为契机，举办"英国武汉设计月""武汉创意对流设计周"等活动，助力武汉城市转型发展。2016年，设计产业营业收入近千亿元，其中境外收入占比6.55%。二是出台《市人民政府关于加快工业设计发展的意见》《武汉市市级工业设计中心认定管理办法（试行）》和《武汉市工业设计产业发展资金项目管理暂行办法》。引进浪尖设计集团，打造武汉D+M工业设计小镇。推荐红T时尚创意街区公共服务平台项目，获得国家服务业引导资金。截至2018年6月，武汉市工业设计企业85家，拥有3个国家级工业设计中心、18个省级工业设计中心和16个市级工业设计中心。三是创设时尚、设计品牌节会活动，打造中国时尚名城。举办"黄鹤杯"工业设计大赛，吸引20余设计专业人才角逐。承办中国工业设计展览会，吸引全国34个省区市的550余家工业设计中心和企业参展。着力打造武汉时装周活动品牌，吸引123.7万人次参与，新华社报道阅读量突破120万余次。

"大学之城"建设品位不断提升。一是积极推进传统戏曲进高校。

2016年6月，武汉楚剧院与武汉大学、华中师范大学、湖北大学、江汉大学在武汉大学联合成立湖北高校楚剧剧社。以楚剧社为平台，武汉楚剧院与相关高校开展楚剧鉴赏演出等系列文化交流互访活动，受到广大师生普遍欢迎和好评。二是举办系列高校文化艺术节庆，深化城校文化融合。"十三五"以来，先后成功举办第二届武汉大学生话剧艺术节（2016年）、第十四届高校艺术节（2017年）、武汉大学生戏剧艺术节（2017年）、武汉地区高校大学生戏剧节（2018年），既为大学生搭建了展示才华的平台，也有利于巩固武汉市"百万大学生留汉创业就业计划"和"百万校友资智回汉工程"的实施成果。

（三）推进绿色发展，文化产业体量和质量迈上新台阶

总体上看，武汉市文化产业呈现文化创意产业园区量增质优、差异发展，重点文化产业亮点纷呈、实力提升的特点。截至2017年年底，全市共有各类文化创意产业园区28个，其中，国家级文化产业园区1家和示范基地6家，省级文化产业示范园区13家和基地87家。在11个创新资源高度集中的文化和科技融合示范园区中，聚集文化科技创新企业超近8000家，汇聚超过20万创新、创意、创业人才。

设计创意、"互联网＋"文化产业发展迅速。"互联网＋"文化产业突破性发展，九派新闻、掌上武汉、文化武汉等互联网文化龙头企业不断成长壮大。2017年7月九派新闻在中央网信办公布的全国新闻主流媒体App排名中跃居前15位。文化武汉本地用户已突破10万人次，成功与百家企事业单位达成战略合作。武汉广电移动客户端——"掌上武汉"上线后发展迅速，稳居"百万＋"量级城市政务资讯云平台领先地位，成为省市最具影响力的新媒体政务服务平台之一。

新闻出版业快速发展。进一步加大出版体制改革和资源整合力度，扶持、引导华中数字出版基地等出版产业园区建设。华中数字出版基地2016年被纳入湖北省新闻出版广电项目库，2018年，华中智谷项目二期入选国家新闻出版总局改革发展项目库。截至2018年2月，华中数字出版基地总投资额达10亿元，销售额超过6亿元，2016年、2017年产值分别达到21.5亿元、35.8亿元，聚合了59家数字出版、版权文化核心企业进驻。推动长江日报报业集团借力新媒体，打造成集报刊、网络媒体、移动媒体

等为一体的全媒体龙头文化企业。推动武汉出版社结合自身特点和情况积极开展"互联网＋"出版工作，成立汉版数字出版中心，立足出版内容资源优势，建设"阅读武汉"全民微阅读平台、武汉历史文化数据库和知识服务平台、学生课堂作业智能题库和学习平台、线上线下区域融合发行服务平台。大力推进绿色印刷工作，全市已有11家印刷企业通过国家绿色印刷认证。2017年出台了《关于加快武汉市绿色印刷产业发展的实施意见》。

广播影视业发展迅猛。武汉广播影视传媒集团于2016年9月27日正式挂牌，已完成武汉广电天汉传媒有限公司的"5＋1整合"，并进入实质性运作。武汉广播电视台积极探索频道频率体制改革，采编播与经营的良性互动局面初步形成。2020年武汉广播电视台在武汉广播电视台获最具综合实力城市台、中国电视满意度"城市台十强"等称号。全市共有电影院线16条、电影院124家，新城区影院建设实现全覆盖。武汉天河院线票房在全国排名已上升到第20位，2017年，天河院线武汉地区票房已达2亿多元。

动漫游戏业竞争力增强。武汉市动漫游戏行业拥有1个国家动画产业基地、4家国家文化产业示范基地、2家国家重点动漫企业、23家国家动漫企业、42家湖北省文化产业示范基地及园区、21家武汉市文化和科技融合示范企业和园区。2017年，全市动漫游戏行业总产值接近80亿元，全年完成制作影视和新媒体动画作品超8000分钟。武汉网络、手机及VR/AR游戏全年完成开发制作60余部，均进入主流运营渠道，产业营收达50亿元规模。电竞产业全年实现销售收入近1亿元。服务外包规模稳定，全年产值达到5000余万元。工程动画实现稳步增长，产值达2000余万元。

广告会展业影响力提升。琴台音乐节等汉派文化节庆逐渐形成品牌。成功举办第五、第六届琴台音乐节，首次尝试"一城两江三镇四岸二十地"全覆盖演出，正稳步向比肩北京、上海音乐节的中国音乐节迈进。连续成功举办三届中华优秀戏曲文化艺术节，举办中华传统木偶皮影艺术节、武汉大学生戏剧艺术节等品牌文化活动，武汉城市文化节庆影响力不断增强。

第三节 "文化+"出新境界

一、"文化+设计"提升品位

(一)文化引领城市设计

文化与城市建设紧密相关，党的十八大以来，武汉市政府致力于梳理城市文脉，大力推进城市文化建设，围绕城市文化资源编制实施一系列规划，文化在城市规划中的地位进一步凸显，基于武汉特有的文化资源及其自然空间布局而展开规划。

21世纪初，武汉市提出建设国家中心城市行动目标，力争将武汉建设成为"文化与生态特色鲜明的魅力宜居城市"，文化成为武汉城市建设的重要支撑。2012年，武汉市委市政府提出建设"文化五城"的战略决策，旨在挖掘武汉城市文化资源、丰富文化载体，让文化融入城市生活。文化五城，即读书之城、博物馆之城、艺术之城、设计创意之城、大学之城。之后，为进一步落实这项战略决策，武汉市国土资源和规划局会同武汉市委宣传部启动了《武汉"文化五城"空间发展规划》的编制工作。该规划从武汉市文化资源、文化产业和文化设施三个方面进行调查评估，结合武汉文化资源和发展目标，明确了"世界文化名城，全国文化中心，荆楚文化典范"的规划定位，为"文化五城"提出了具体的建设目标和详尽的空间布局策略。

在城镇化进程加速，建设国家中心城市目标愈发清晰、刻不容缓的形势下，从2012年起，武汉市政府联手武汉市规划研究院共同编制《武汉2049远景发展战略规划》，该规划立足于可持续发展价值观，提出武汉应朝着"包容的城市"这一城市有机体目标奋进。包容的城市，既是传统与现代的握手言和，也是本土与外来的接纳共生。它要求武汉市在未来的建设中，用文化理念对城市资源实施战略性和整体性的计划与安排，既要保存优秀传统文化与现代先进文明生长的土壤，且使之愈发肥沃，也要利用文化的存续架起本土居民与外来人口之间的桥梁，使每一个生活在武汉的人，都能在城市建设疾速发展的过程中得到认同并感受幸福。

在《武汉 2049 远景发展战略规划》编制的同一时期，为实现武汉市历史文化风貌街区保护和更新改造的《武汉市主城历史文化与风貌街区体系规划》编制完成并正式落地实施。两者结合，在原有的《武汉历史名城保护规划》的基础上，进一步界定武汉市区历史文化和风貌街区的功能特点，为后续引导旧城有机更新提供了切实可行的依据。

表 4-2 武汉历史建筑群功能再开发引导❶

建筑群共性	功能导向	建筑群片区	功能定位
相对集中的历史公共建筑群	城市大事件活动园区；城市居住、休闲、旅游和工作综合区；集生活、大型购物与娱乐于一体的场所	江汉路及中山大道片	形成兼具历史文化特色的多功能外向型商业历史文化街区
		首义片	以居住、休闲、旅游展示功能为主的历史地段
		农讲所片	具有旅游休闲、文化展览、科教和居住功能的历史地段
		珞珈山片	以高等教育及其辅助功能为主，兼具文化旅游、展览展示等功能的历史地段
		汉正街区	以商业服务、生活居住、旅游观光、文化娱乐为主要职能，集中体现传统人文风貌
		龟山北片	以商业文艺展演、历史文化旅游、创意咨询、高尚居住等功能为主的中心活动区
特色居住建筑组群、小尺度厂房集群	时尚休闲主题的商业建筑；酒吧、餐厅；工作室、设计创作室	青岛路片	集居住、文化创意、商业金融、旅游休闲等多功能于一体，具有浓郁艺术与文化气息的历史文化街区
		"八七"会址片	集商业、办公、休闲旅游等多功能于一体的历史文化街区

---

❶ 表格整理自《武汉 2049 远景发展战略规划》。

建筑群共性	功能导向	建筑群片区	功能定位
特色居住建筑组群、小尺度厂房集群	时尚休闲主题的商业建筑；酒吧、餐厅；工作室、设计创作室	一元路片	以居住功能为主，兼具办公、金融等功能的历史文化街区
		昙华林片	以居住功能为主，兼有文化创意、休闲服务、教育科研和中高档商业与服务业的历史文化街区
		洪山片	以居住、休闲旅游、文化展览功能为主，兼具办公功能的近代革命事件发生地和革命文化教育基地
		青山"红房子"片	集居住、商业、商务、文化、旅游等功能的历史地段
		大智路片	以居住为主，适当增加商业办公、文化展示功能
		六合路片	形成以居住功能为主，兼具商业、办公、教育、医疗、休闲、旅游等功能
		显正街片	以生活居住、商业服务、旅游观光为主要职能
大型单体厂房	大事件展览馆；展示中心；公共活动休闲中心	汉钢片	保护工业遗产及历史建筑，设置公共设施，发展文化产业，创造城市开放空间

总的来说，《武汉市主城历史文化与风貌街区体系规划》依据各个建筑群所共有的文化特征，将武汉中心城区的历史风貌区大致划分为三个部分，其所承担的功能在《武汉2049远景发展战略规划》中得到进一步彰显，规划统筹协调历史建筑所处地段的城市社会经济、文化生活与其所在地区整体的发展定位，以求实现文化资源与城市功能的有机融合。

2017年，经联合国教科文组织评选批准，武汉市正式入选全球创意城市网络"设计之都"。以此为背景，武汉市人民政府于2019年印发《武汉设计之都建设规划纲要（2018—2021年）》。该纲要就武汉设计产业空间布局进行规划，以"城、街区、园区"的多层次结构体系，建设以光谷为核心的武汉创意设计之城，建设具有武汉特色的创意设计街区以及打造"布局合理、各具特色"的设计之都示范园区。通过创意社区的建设、创意设计活动的开展，将设计之都建设与旧城改造、文化遗产保护等相关工作建立起紧密的联系。围绕设计之都的各项部署，武汉以此逐步实现"老城新生"。

为全面贯彻落实党的十九大报告中关于"坚定文化自信，推动社会主义文化繁荣兴盛"的指导意见，武汉站在历史高度，以长江文明的伟大复兴为使命，开展《历史之城暨"长江文明之心"概念规划》编制工作。概念规划首先将武汉"历史之城"划分为"核心圈层、拓展圈层、外延圈层"三大圈层，在此基础上聚焦至核心圈层❶，以"长江文明之心"这一武汉历史之城的核心展示区为重点规划对象❷。2021 年，《武汉市"十四五"规划及 2035 远景目标规划》中提出"一核一轴两带"❸文化产业发展总体布局，这一规划布局在"长江文明之心"建设的基础上，依据长江主脉络，进一步延伸"长江文明之心"概念建设，使其在宏观层面更加贴合城市发展定位。

（二）文化助力区域定位

1. 中心城区

武汉中心城区是武汉的核心，是城市功能集聚区，承担湖北省及武汉

---

❶ 即以南岸嘴为圆心，3.5 千米半径范围，北至长江二桥、西至解放大道—硚口路—汉钢片、南至鹦鹉洲大桥、东至中山路—武昌江滩，陆域面积约 31 平方千米，有 13 处历史文化风貌街区，224 处文保单位及优秀历史建筑，是历史之城的核心展示区。

❷ 规划提出，"长江文明之心"应总体形成"一园两轴、三镇六片"的整体空间结构。"一园"是指将两江交汇的龟山、南岸嘴、长江大桥、蛇山及江滩公园整体打造为长江文明公园，凸显"一瓢舀起两江水，半杯清茶三镇香"的城市意境；"两轴"是指南北向的长江蓝轴和东西向的山系绿轴；"六片"即月湖龟北片区、汉阳老城传统风貌区、汉口原租界风貌区、汉正街传统商贸风貌区、蛇山北武昌古城风貌区、首义革命文化展示区。

❸ 一核：集中打造"长江文明之心"，以长江、汉江交汇的南岸嘴为原点，以龟山、蛇山、琴台、武昌古城、汉口历史文化风貌区、汉阳归元片区、月湖片区等为主体，建设武汉历史人文聚集展示区。一轴：以"长江文明之心"为原点，在长江一环段重点建设"长江文化轴"，串联沿长江及相关区域的重点项目、重要节点，发展创意设计、传媒出版、文化遗产、文化商贸、广告会展等重点行业。两带：指长江北片和长江南片。长江北片"文化商贸融合带"：重点发展文化商贸、出版传媒等产业，构建文化商贸服务体系，全面提升武汉文化商贸产品及服务的发展水平。长江南片"文化科技融合带"：重点发展文化科技融合产业、创意设计产业，全面提升武汉文化科技创新驱动的发展水平。

市的文化服务中心功能。中心城区依托"两江交汇、三镇鼎立"的自然格局，以汉口、武昌、汉阳古三镇构成相对独立完整的城市功能体系。目前，武汉中心城区主要包括江岸区、江汉区、硚口区、汉阳区、武昌区、青山区和洪山区共7个行政区。2020年，武汉全面推进精致武汉三年行动计划，提出"一个中心城区建一个亮点区片"战略，倡议各个中心城区立足于自身文化底蕴，结合"海绵城市""老城更新""旧城改造"等行动计划，打造出区域特色鲜明的文化建设片区。

江岸区、江汉区两区原属于汉口镇范围，历史资源集中，保存大量的文物保护建筑和优秀历史建筑。近年，在《汉口历史风貌区实施性规划》的指导下，两区基于保护与传承、改造与提升两大主题，合力规划建设汉口历史风貌区，使古镇风貌焕然一新。

于江岸区，青岛路片、"八七"会址片、一元路片、大智路片和六合路片为重点改造提质对象。经过多年努力，历史建筑如青岛路片的景明大楼和圣教书局、一元路片的德式建筑、六合路片的日式建筑以及俄式巴公房子等建筑修缮一新，该区同步打造出以黎黄陂路为代表的承载独特历史记忆、呈现异国风格建筑、容纳特色街区小店的"街头博物馆"，以武汉中共中央机关旧址纪念馆为核心的集中展示武汉近现代史的红色旧址景群。此外，在建设汉口历史风貌区之余，江岸区还借"设计之都"机遇，建设长江左岸创意设计城和江岸网络互娱体验街区，将创意设计、数字文旅、智库研究等囊括其中。

于江汉区，江汉路及中山大道作为汉口历史风貌区不可分割的一部分，成为江汉区建设重点。江汉路及中山大道片位于汉口中心地带，存有大量文保单位、优秀历史建筑和近代里分住宅，是武汉历史演变中商贸文化、居住文化的"陈列馆"。片区街道沿线保存大量银行、洋行、商场等大型商业建筑，许多老手艺老字号亦扎根于此，建筑风格融贯中西，意蕴丰富，特色明显。

硚口区同样属于汉口镇范围，但其资源依托与江岸、江汉两区有所不同。据其商贸特点，硚口区致力于建设汉正街传统商贸区，坚持商贸文化的传承与创新，探索信息时代商贸文化内涵，积极引入创意设计人才、举办创意设计活动，运用5G、人工智能、大数据等新技术构建数字贸易，促使汉正街商贸从传统的批发零售向自主设计、自主品牌打造等环节升级。

武昌古城作为武昌区的核心区域和历史文化之根，理应成为武昌区建设的重心所在。经过前期规划探索，武昌古城确定了"武汉'历史之城'核心承载区，武汉城市文化地标"的定位，其依托昙华林、户部巷、黄鹤楼等特色文化要素，对现有设施及空间进行创意化改造与再利用，打造滨水艺术文创体验空间，进行得胜桥千年古街改造，全面推动整个古城更新。

汉阳区则主要围绕知音文化和"汉阳造"近代工业文化为引领的文化品牌体系的打造，进行区域文化建设。首先是推进琴台中央文化艺术区建设，通过知音主题文化艺术表演、读书会、音乐节等活动持续深化知音文化品牌。张之洞与武汉博物馆则成为"汉阳造"文化品牌建设主体，其以武汉 1890 南岸国际艺术园区为载体，以工业遗产保护利用为引擎，重点建设龟北片、国棉一厂片和汉钢片工业遗址片区，发展会展文旅，实现历史工业遗址的再利用。

青山区红房子片区作为武汉工业遗产的一部分，也是青山区形成地方特色文化产业品牌的珍贵资源，是其着重打造工业文化基地的文化建设片区。围绕红房子片区，曾孕育了武汉"敢为人先"的城市精神，是引领武汉创新发展的红色沃土。红坊作为青山滨江商务区最核心区域，将建设成为创新的新中心、文化的新平台、城市的新地标。区政府将着力推进产业转型，带动青山滨江岸线演进，打造长江右岸文化复兴的新标杆。

洪山区则依托"大学之城"建设和丰富的科教资源，以武珞路—珞喻路为主体，正在推进广埠屯科技一条街转型升级，聚焦信息传输、软件和信息技术服务、创业孵化、科技金融等重点方向，打造科技服务产业集群。"大学之城"片区定位集中展现武汉"大学之城"的校园文化特色，释放武汉"双一流"高校活力，开展校园周边综合环境治理和环高校创新经济圈建设。

2. 新城区

武汉新城区由蔡甸区、江夏区、黄陂区和新洲区四个行政区构成，均为郊区演化发展而来，具有生态资源优厚的共同特点，因此，四区围绕各个自然保护区、湿地公园等良好的生态环境，聚焦农村田园休闲等不同于都市的文化特征，同步打造以江夏区五里界街道童周岭村、黄陂区姚家集街道杜堂村、黄陂区木兰乡双泉村和蔡甸区大集镇天星村为代表的乡村文化旅游目的地。

3. 开发区

武汉开发区及功能区发挥着国家级开发区和重点功能区改革排头兵、开放试验田和发展主力军的作用，为武汉高质量发展提供支撑。其中，武汉东湖新技术开发区立足科技创新，发挥技术所长，用科技赋能文漫影游、教育出版、直播电竞、创意设计、文化信息服务、文化消费终端等文化产业领域，为文化与科技的融合发展提供平台。除了技术与资金方面的支持，东湖新技术开发区业已形成北辰·光谷文化创意产业综合体、花山河国家亲水文创体验区、光谷创意产业基地、华中师范大学科技园、武汉软件新城智慧文创园、中建·光谷之星等文化创意产业园区，在创意设计服务业、工程建筑设计、通信传输与网络设计、软件设计、3D 打印快速成型、工业设计、文物再现等领域优势明显。武汉经济技术开发区坐拥龙灵山、五湖湿地、后官湖湿地等丰富的生态资源，于 2015 年设立武汉开发区智慧生态园，该园区为经济开发区八大园区之一。智慧生态城背靠优势生态资源，以人工智能等高科技赋能，发展文化旅游及康养产业，区位特色明显。武汉临空港经济技术开发区，文化资源禀赋虽不及其他区，但经过多年的探索，目前已初步形成自身竞争优势，其网络安全基地、商贸物流的打造和发展也为后续该区的发展提供了良好的支撑，同时该区已多次举办国际国内体育赛事，成为武汉部分赛事的重要承载地。东湖生态旅游风景区着力生态文明建设，以生态优先、绿色发展为理念，利用数字经济新兴技术，策划出品多个文旅产品与活动，是武汉的文旅亮点和名片。武汉新港与临空港经济开发区定位类似，发挥都市制造行业排头兵作用，对文化功能的开拓较少，还有很大的建设空间。长江新区仍处于建设阶段，各项基础设施和配套服务亟须完善，但根据规划部署，长江新区将作为长江经济带新的增长极的重要力量而打造，为长江经济带、大别山革命老区振兴等战略的实施提供平台，力争成为未来城市之样板。

二、"文化＋科技"激发动能

在众多推动文化发展与繁荣的关键因素中，科学技术的不断发展和改革创新对文化的助推作用毋庸置疑。数字技术、网络技术的迅猛发展和广泛应用，极大地增强了文化的创造力和传播力，催生了一系列新兴文化业态和新的表现形式。文化科技融合，即将文化创意与科技创新两大要素融为一体。科技发展推动优秀文化的形成、推广，持续提高文化的影响力，反之，优秀文化会推动先进技术的诞生与运用。2012 年，在科技驱动文化发展效应不断增强的背景下，国家先后召开文化科技创新工程联席会议、文化和科技融合座谈会等系列会议，出台《国家文化科技创新工程纲要》文件、发布首批包括武汉东湖国家级文化和科技融合示范基地在内的共 16 家国家级文化和科技融合示范基地名单。随后，在"十二五"和"十三五"期间，文化科技融合发展的顶层设计不断优化，文化与科技融合实现跨越式发展，彰显出蓬勃的生命力。武汉市"十三五"规划时期已经建立了文化与科技融合示范体系，取得了较为显著的成果，并且在政策方面也加大了对文化产业的支持力度，例如在文化科技关键核心技术领域、专业研发工具等方面进行了相应的补贴，进一步增强了武汉市文化产业创新活力，有利于文化科技融合园区进一步发挥产业联动效益。

文化科技融合是武汉市文化高质量发展的动力之一，二者深度融合为城市文化发展增添了新动力，主要表现为以下三个方面：一是增强了应用研究和创新实验，优化了文化科技相结合的策源力，让大数据、物联网以及区块链等一系列科技创新在文化领域也能快速而广泛地应用；二是强化了创新创业与市场培育，创建了市场良性竞争与产业科学发展的良好环境，强化了文化科技创意产业的深层次竞争力；三是强化了科技金融与金融创新，进一步提升文化科技融合的金融支撑力。

因此，在实践和政策两方面还须持续发力，推动文化科技深度融合。首先，不仅要密切关注文化与科技、金融相融合的新进展，对新兴业态的跨越式增长保持敏锐的注意力，还要把握投资和发展机遇，在汇聚全球文化科技和金融资源、促进流动和整合的基础上，建立武汉市文化竞争力的新优势。其次，将重点放在加快对外文化贸易、强化文化金融服务、吸引和培育文化高端人才、扶持小微文化企业发展、优化文化产业用地政策等方面，研究制定相关配套政策和实施细则。最后，加快推动武汉市支持文化产业发展政策的实施，例如促进文化消费、推动文化创意和设计服务与相关产业融合等政策，强化政策统筹协调，建立健全政策评价指标体系。

（一）"一区多元数点"融合示范体系

以获得国家文化和科技融合示范基地称号为契机，"十二五"期间，武汉市集中力量在顶层设计、工作机制、示范工程和试点工作等方面开展文化和科技融合工作。武汉市以下发《武汉国家级文化和科技融合示范基地建设实施方案（2012—2015 年）》为标志，确定文化和科技融合的初期工作周期，组建工作小组进行专题研究，并围绕《武汉国家级文化和科技融合示范基地建设实施方案（2012—2015 年）》，先后制定《武汉市文化产业振兴计划（2012—2016 年）》《武汉市关于加快文化产业发展的若干政策》等指导文件，推动文化和科技融合十大示范工程，分别推出数字图书馆、数字出版产业、民族文化科技、文化演艺产业发展、高科技博览服务、工程设计之都建设、三网融合、动漫游戏、多语云翻译和教育云，为居民生活带来便利。2016 年，初期文化和科技融合工作进入收尾阶段，武汉市 5 年的努力有了成效，表现为以文化创意服务、文化传输服务为代表的文化科技融合业态发展迅速，其增加值占文化产业增加值的 51.6%，增幅居文化产业各行业之首。以建设东湖国家级文化和科技融合示范基地为契机，武汉市逐步形成文化科技创新"一区多园"的发展格局，文化科技融合示范园区、示范企业迅速成长，成立武汉文化科技创新研究院，文化和科技融合示范工程实施稳步推进。

随后，进入"十三五"规划期，武汉围绕建设国家创新型城市和全面创新改革试验区的总体部署，完善东湖国家级文化和科技融合示范基地建设和服务机制，争创国家文化产业创新试验区。实施文化和科技融合示范园区、示范企业动态认定、跟踪评价，形成一批具有国际竞争力的文化科技型领军企业。以跨界融合为渠道，持续实施"互联网＋""文化＋"发展战略，市、区两级联合着力打造"一区数园多点"的文化和科技融合示范体系。

（二）融合成果孵化高地

文化和科技融合，重在落实技术在文化领域的开发及运用，如互联网、云计算、大数据、物联网、虚拟（增强）现实、人工智能、地球空间信息、文化资源数字化和文化内容集成制作等共性技术开发，影视制作与传播、新一代广播电视、互联网社交媒体、数字出版、3D 打印、舞台装备、电子乐器等领域先进技术应用和推广，以及在媒体融合发展中运用中文大数据采集、挖掘等技术，实现资讯信息大数据处理。

推动技术研发与运用，保障技术成专利产权，实现文化科技融合成果转化是文化和科技融合发展的基础与关键。基于此，武汉积极推动知识产权运营公共服务平台高校运营（武汉）试点平台的运行，大力培育知识产权运营机构，全市已有数十家企业机构开展知识产权运营业务。此外，武汉采取联合高校组织活动，激励各区举办活动，并将其纳入定期考核，采取政府购买服务、委托技术转移服务机构举办活动等多种形式，多次举办科技成果转化对接活动，全力打造科技成果转化的"武汉样板"。同时，在成果转化方面，武汉创建科技成果转化线上对接平台，即武汉科技成果转化平台。该平台自 2018 年 12 月起正式运行，构建了集资源集聚展示、对接、评估、交易、服务、管理为一体的"互联网＋"、全流程、全要素、立体化平台，几年来，平台已汇集上万项科技成果，其中更是不乏文化与科技融合项目。如文化资源数据库、区块链时空算法、虚拟现实、交互技术、计算机图形、数字资源库、云渲染技术等各项技术，从文化资源数据库的建设，到文化资源的呈现和新兴文化产品的技术研发等各个方面，推进文化和科技融合成果的转化。目前，文化和科技融合已有阶段性成果。如武汉大力实施"教育云"服务体系建设，依托云计算技术及相关软件开发，建立起教育数据中心推动数字化校园建设。以花山软件新城、洪山国家级软件和信息服务业示范基地等重点软件产业园区为依托，催生了一批面向数字视听、数字出版、数字教育、动漫游戏等领域的应用软件、技术装备和公共技术平台。

（三）融合业态欣欣向荣

文化和科技融合既是对传统文化产业的更新，也是催生新兴产业的良好诱剂。近年来，得益于技术的运用，武汉在传统文化产业领域取得飞速突破。长江日报报业集团、武汉广播电视台等市属传统媒体单位以内容建设为根本，以先进技术为支撑，推进传统媒体和新兴媒体融合发展，建设"内容＋平台＋终端"的现代传播体系，建成形态多样、手段先进的新型主流媒体（集团）。以先进的新媒体数据技术为依托，建立统一指挥、协调联通、融合生产的媒体融合云平台，再造采、编、发流程，形成"一次采集、多种生成、多元传播"的内容生产机制。出版发行行业进行资源整合、兼并重组、股份制改造，打造在地区有影响力的新型出版发行传媒集团，发挥华中智谷国家数字出版产业基地的引领作用，打造以数字出版、文化传媒、广告会展、智能制造、商务服务为一体的文化综合园区，构建以"互联网＋"为代表的数字出版产业、数字教育（培训）和互联网电子商务企业机构总部集群。

在新兴产业领域，武汉部署了多个各具特色的文化和科技融合的文化创意产业集聚区。首先是武昌古城——环东湖、沙湖区域重点建设文化科技融合带。该区域主要涵盖武昌古城、东湖生态旅游风景区、长江文化创意设计产业园及高校文化创意产业园等区域，是武汉文化科技创新转型升级的主要轴线，重点发展文化科技融合、创意设计等产业。依托洪山区丰富的科教资源和光谷文化科技融合示范作用，以文化创意、文化科技融合、设计产业总部等为主要功能，加快建设花山河创意体验区、光谷创意产业基地、长江数字文化产业园等项目，在洪山区建设富有特色的文化创新创业产业集聚区。基于此发展起来的代表性产业为加强数字高清技术和三维动画电影技术在设计、制造等产业领域中的集成应用的动漫游戏产业，以斗鱼直播为代表的深刻把握互联网传播技术的直播平台和利用地球空间信息、大数据、云计算、三维摄影等技术而形成的智慧景区与智慧旅游服务体系等。

三、"文化＋旅游"凸显魅力

（一）双向挖掘文旅资源

武汉文化资源和旅游资源十分丰富，随着文旅融合不断深入，文化资源的旅游服务不断完善升级，旅游资源的文化内涵则不断丰富，而为了更清楚地了解两者融合的过程，本部分会对两种资源进行梳理。首先，从文化资源角度来看，经武汉市文化和旅游局 2019 年统计报告公开数据显示，武汉市有文物保护单位 282 处，其中国家级文物保护单位 29 处、省级 108 处、市级 145 处。全市共有非物质文化遗产 169 项，其中国家级非遗 15

项、省级非遗57项、市级非遗97项。全市共有博物馆121家，其中文化和旅游部门直属博物馆30家、国有行业（高校）博物馆45家、非国有博物馆46家，每万人拥有博物馆数居全国城市前列。此外，武汉市内剧院剧场共13家。就传统旅游资源而言，根据武汉市文旅局统计数据，市旅游景区共51个，其中5A级景区3个，即武汉市黄鹤楼公园、湖北省武汉市东湖景区（含湖北省博物馆）、湖北省武汉市黄陂木兰文化生态旅游区（含木兰山、木兰天池、云雾山、木兰草原），4A级景区21个，如首义文化区（辛亥革命博物馆、辛亥革命武昌起义纪念馆）、武汉市革命博物馆、武汉市黄陂锦里土家风情谷旅游区等。旅游特色街区如武汉天地、吉庆民俗街、昙华林历史文化街区、红T时尚创意街区等共17条，主要分布在中心城区；旅游名镇如黄陂区木兰乡、蔡甸区索河镇和东西湖区柏泉街等共7座旅游名镇，以及黄陂区木兰乡双泉村、东西湖区慈惠街办石榴红村和江夏区五里界街童周岭村等八座旅游名村，主要分布于武汉的新城区和开发区。❶

文旅融合是必然的趋势，针对两类资源，武汉市采取特定的方式对其进行规划与利用。针对传统文化资源，例如文物保护单位、博物馆等文物资源，武汉基于在保护的基础上以合理利用的方式进行资源的旅游功能开发。具体表现为以下几个方面：一是完善基础服务，从加大博物馆基础设施建设力度、完善博物馆的服务方式和质量，提升文物展陈水平，优化讲解体系等方面，全面完善其旅游服务的基础建设；二是充分挖掘文物与博物馆的展示和教育功能，即从设计精品陈列、开展研学教育和联动区域内其他资源设计主题活动等方面丰富其体验内容，促进其作为旅游目的地的角色转化；三是从文博衍生产品设计开发、互联网新媒体宣传等方面入手，塑造博物馆旅游形象，激发受众旅游意愿。针对非物质文化遗产等无形的文化资源，则是从创作与时代紧密结合的作品、非遗展示馆、重要节日非遗展示相关活动，融入旅游体验项目等方面，使其成为旅游产业链环节中的创造性元素。就剧院剧场资源而言，其承担的是艺术表演，结合当

❶ 吴丽云. 产业链视角下的文化与旅游产业融合发展模式及路径研究 [J]. 泰山学院学报，2016，38（6）：12－16；张广海，孙春兰. 文化旅游产业融合及产业链构建 [J]. 经济研究导刊，2012（12）：152－154.

下武汉"戏码头"振兴计划和武汉中华戏曲艺术节的举办，剧院剧场及其容纳的艺术表演将从戏曲观众培养和市场培育入手，逐步转变成文旅资源。

对于旅游资源，武汉主要采取两种方式使其转变成文化旅游资源，一是挖掘传统旅游目的地的文化内涵以及对其历史发展进行溯源，打造特色文化旅游目的地。二是通过城市规划与改造工作，对传统街区进行改造，突出或植入相关文化元素，使其融入城市文化建设。

（二）精心打造文旅产品

近年来，武汉对文旅产品的打造不再局限于景区开发与建设，而是将各类文化旅游目的地联合起来，打造体系化和精品化的文旅产品，这些文旅产品一共分为如下几类。首先是以重要节庆为契机的系列文旅活动，如五一节假日推出以"英雄之城 大美武汉"为主题的10大版块140多场活动。庆祝建党100周年而设计的红色旅游活动，包括10条串联武汉市内红色场馆的红色旅游公交专线、博物馆红色专题展览等内容。樱花季开展"相约春天看樱花"等旅游赏花季活动。于2018年举办的首届国际武汉斗鱼直播节暨斗鱼嘉年华在武汉开幕，该活动不仅包括主播站台、电竞互动，还加入了非物质文化遗产展示、汉派文化体验等丰富的汉文化元素，作为一个电竞文化与本土文化碰撞形成的产物，国际斗鱼直播节充分带动了武汉旅游经济的发展。自2015年开始，武汉每两年举办一次长江非遗大展，对非遗文化的传承及传播具有重大深远的意义，该活动也属于武汉一个养成系文旅品牌活动。此外，武汉每年夏季开展"武汉之夏"系列群众文化活动，该活动缘于武汉市夏季街头纳凉习俗，创办于1978年，已经成为武汉公共文化服务体系中不可或缺的内容。随着游客旅游需求的变化，武汉的文旅产品也在不断升级，"武汉之夏"成就的惠民公共文化旅游服务在内容和形式上不断创新，为武汉夜间文旅产品的打造奠定了良好基础。从2014年的长江灯光秀开始，武汉夜间文旅的发展已经步入新的台阶，两江四岸夜游带品牌业已形成，夜间文旅产品丰富且富有特色。如长江灯光秀、《知音号》《夜上黄鹤楼》等夜游产品呈现武汉城市记忆，彰显武汉历史文化底蕴，成为武汉城市形象的新载体；东湖风景区开发夜游路线、举办夜间活动、开发东湖游船等响应夜间消费需求；欢乐谷和玛雅海滩水公园为代表的主题公园面向年轻人推出主题派对、主题游行、音乐节、水上狂欢等夜间游玩活动，打造新品类夜间文旅产品；户部巷、楚河汉街、吉庆街等诸多特色街区融入新的潮流消费元素，推出个性化的夜间主题市集，满足游客的夜间文旅消费新需求。在打造都市文旅产品的同时，武汉还加码在周边乡村构建城郊乡村文化旅游休闲带，即黄陂木兰生态文化旅游休憩带、江夏都市郊野文化旅游休憩带、蔡甸绿色康养休憩观光带、新洲田园风情文化旅游体验带，努力打造大都市周边乡村文旅产品，都市与乡村相得益彰，共谋发展。由于国民健康日益成为社会关注的问题，尤其 2020 年暴发的新冠肺炎疫情引发人们对人居和社区的深思，健康生态人居的文旅需求愈发高涨，武汉市在"健康中国""文化强国"战略的号召下，积极部署以文化为引领、旅游为主体、康养为支撑的康养旅居项目建设，在资源禀赋强势的开发区和新城区打造多个特色鲜明的康养文旅产品。例如，坐落在红安经济开发区的武汉恒大健康城，其依托红安红色文化，整合健康养生、保险医疗等资源，满足全龄化康养需求，成为华中区域康养宜居标杆。2016 年，武汉黄陂区提出打造"木兰康谷——大健康旅游目的地"，依托木兰文化生态旅游区，从发展健康产业的角度出发，明确"健康之谷""运动之谷"和"文化之谷"三重定位，建设一个具有黄陂人文地域特色的健康产业集聚地。位于新洲区仓埠区的湖北紫薇森林康养基地也是武汉康养文旅一张响亮的"国字号"名片。该康养基地位于有 3000 多年历史的仓埠古镇，古镇历代人才辈出，有着丰富的人文历史和革命传统教育资源。该基地以花卉种植，尤其是紫薇树种植形成自身特色，结合举办多届的桂花文化节、紫薇文化节和海棠文化节，已经成为华中地区集农业体验、养生休闲和绿色健康于一体的特色文旅目的地。而蔡甸区则依托其天然绿色生态优势，打造"知音·九真山"和国家湿地公园武汉后官湖湿地公园，成为都市周边的天然康养氧吧。此外还有基于博物馆、革命旧址等优秀历史资源开展的研学旅游产品，以江汉路步行街、楚河汉街、光谷步行街等历史文化街区为载体，具有强购物属性的休闲文旅产品，更有以知音文化为灵魂的《知音号》、以木兰文化为核心的《花木兰·云中战歌》和以中西结合为精髓的《汉秀》为代表的三大旅游演艺产品，这些演艺产品的成功为今后武汉打造更多演艺剧目提供了样板。

除了文旅体验产品，武汉市还积极推出配套文化旅游商品，包括汉味食品、地方特色农副产品、武汉非遗、荆楚工艺品、文创产品、动漫游戏衍生品等，这些旅游商品作为文旅产品消费内容的一部分，既能加深游客的文旅体验，还助力于武汉文旅消费，形成具有较大知名度和市场竞争力的武汉特色旅游商品品牌。

（三）构建创新文旅消费

2020年，文化和旅游部、国家发改委、财政部联合公布了第一批国家文化和旅游消费示范城市、国家文化和旅游消费试点城市名单，武汉市位列其中。2021年，文化和旅游部为全国首批15个国家文化和旅游消费示范城市正式授牌，武汉市获评国家文旅消费示范城市。

武汉市坚持以文化和旅游供给侧结构性改革为主线、注重发挥政策杠杆效应，从供给与需求两侧发力，积极探索"政策引导型"文化和旅游消费新模式，并不断取得成效。

2015年，武汉市武昌区展开拉动城乡居民文化消费试点工作，2017年10月武汉市正式出台《武汉市开展引导城乡居民扩大文化消费试点工作实施方案》，同年11月"武汉文惠通"平台正式成立。该平台是武汉市文化和旅游局联合腾讯大楚网共同打造的文化惠民智慧服务平台，自2017年11月10日上线以来，通过向市民免费发放文化惠民优惠券的形式，大幅提升了市民参与文化消费的热情，得到了社会的广泛关注和认可。"文惠通模式"在促进武汉市文化产业发展和促进武汉市文化消费升级方面发挥了积极作用，其探索了"互联网＋文旅消费"的新业态，几年的发展，已初步形成集"构建公共文化评价系统、文旅消费支付系统以及政府评估参考决策系统"三大系统功能于一体的武汉市文旅消费大数据产业平台。上线以来，"文惠通"平台经历过两次升级，通过直接补贴消费者个人、间接补贴文旅企业的方法，打破了传统文旅消费补贴的单一模式，构建服务评价—积分奖励—消费积分—消费补贴的服务机制，使文旅产品得以直观地呈现在消费者面前，激发游客的消费热情，极大地扩大了武汉市文旅消费规模。平台的各类线上交易及其商品展示，建立了文旅消费的大数据库，为今后扩大文旅消费需求、推进文旅消费供给侧改革提供了决策依据。

2020 年新冠肺炎疫情突如其来，给武汉市的经济发展造成重创，文旅产业尤甚。直到下半年，新冠肺炎疫情得到有效控制，我国进入疫情防控常态化阶段，武汉也从颓靡之中逐步恢复过来。为刺激文旅消费回补，武汉市政府于 2020 年 8 月以政策激发消费潜力，组织开展"惠游湖北·打卡大武汉"活动，全市 A 级景区免费向全国游客开放，同时对引客入汉的旅行社给予奖励。活动期间，全市参与活动的 44 家景区共接待游客 2148.74 万人次，比上年同期增长 27.47%；全市星级旅游饭店营业收入从 10 月起实现正增长，四季度比上年同期增长 17.1%；全市旅行社累计接待来汉过夜境内团队游客 280.396 万人次，比 2019 年同期增长 5.4 倍。❶ 此外，武汉市采取政府补贴、景区让利的方式，于 2020 年 4—7 月，发行武汉消费券 5 亿元，其中用于文旅消费补贴 8000 万元。对"武汉文惠通"平台注册用户文化消费，按照消费额的 30% 给予补贴，每人每年最高补贴 300元。推出惠民旅游年卡，市民游客购卡每张仅需 200 元，可凭卡全年无限次进入全市 40 余家收费景区游览，年卡景区单次门票总价值近 3000 元。惠民旅游年卡发行以来共售出 243 万张，实现出游游客 1361 万人次，为游客节省门票支出 7.1 亿元，带动相关消费 27.2 亿元。

（四）规范管理文旅市场

2016 年，武汉市人大及其常务委员会通过《武汉市旅游条例》，该条例根据《中华人民共和国旅游法》《湖北省旅游条例》等有关法律、法规而制定，目的在于维护旅游者和旅游经营者的合法权益，规范旅游市场秩序，有效保护和合理利用旅游资源，促进旅游业持续健康发展。该《条例》是武汉文旅市场管理的初步指导文件。2018 年，为贯彻落实国务院、湖北省关于加强旅游市场综合监管工作的系列文件精神，加快建立权责明确、执法有力、行为规范、保障有效的旅游市场监管机制，进一步解决扰乱旅游市场秩序、侵害旅游者权益等突出问题，营造良好旅游环境，武汉市政府发布《市人民政府办公厅关于切实加强全市旅游市场综合监管的通知》。2020 年，武汉市文化和旅游局结合行业特点，印发《武汉市文化和

---

❶ 武汉发布又获国家级名片！武汉文旅消费迈上新台阶［EB/OL］.（2021 – 04 – 02）［2021 – 05 – 01］. https：//mp. weixin. qq. com/s/rllNBcSlxRNuJaliDF6 – eg.

旅游行业 2020 年社会信用监管建设工作要点》，围绕强化事前信用承诺、健全事中分级分类监管、落实事后联合激励和惩戒的主线方面，共细分 13 条，旨在构建以信用为基础的新型监管机制，促进武汉市文旅行业社会信用体系建设大发展。

一系列政策文件构成了文化和旅游高质量发展的制度建设体系，在制度规范下，武汉严格文化和旅游市场监管执法，引导市民游客文明出游、理性消费、依法维权，力争营造安心放心舒心的文化和旅游消费环境。

四、"文化＋体育"养成 IP

（一）持续打造赛事品牌

在体育强国、体育强省的引领下，武汉市从竞技体育、全民健身两点发力建设体育强市。一方面，以各种竞技体育项目为核心的体育赛事的举办在一定程度上放大了城市功能；另一方面，逐步发展完善的全民健身体系也作为体育建设为武汉城市功能增色。同时，新兴电竞赛事的入驻，进一步推动武汉体育产业发展迈出新步伐。

经过多年发展经营，武汉已累积打造出多类特色品牌赛事。其中不乏依据特定地域条件发起的本土品牌赛事，也包含武汉作为承办地而举办的高水平职业赛事和其他特色赛事，这些赛事活动在发动广大人民群众积极参与健身运动和构建武汉城市体育精神上发挥了重大作用。

"五马"之城。2003 年首届武汉国际赛马节（"赛马"）举办，到 2015 年武汉马拉松（"武马"）的成功举办，直到 2017 年武汉水上马拉松（"水马"）、世界飞行者大会（"天马"），2018 年中国汽摩运动大会（"铁马"）的加入，这一系列高水平体育赛事涌现，逐渐形成武汉"五马"赛事品牌，对于武汉市民来说，"跑汉马、游水马、观赛马、赏天马、看铁马"成为城市生活新时尚。

网球之城。武汉网球公开赛是继北京中网、上海大师赛之后，国内级别最高的网球赛事，2014—2028 年，于每年 9 月在武汉举行。武汉网球公开赛与多哈、罗马、蒙特利尔、辛辛那提并肩成为全球五大超五巡回赛。赛事运营主体为武汉体育发展投资有限公司。武汉网球公开赛的主赛事为 WTA 超五巡回赛，2019 年赛事奖金总额为 282.8 万美元，冠军积分为 900

分。比赛时间为 9 月 20—28 日。WTA 超五巡回赛的引进以及武汉网球公开赛的创办，是武汉对自身城市网球文化的凝聚和提炼，是将武汉打造成中国网球之城的第一步，这对于中国网球事业的发展也将是一个新的里程碑事件。武汉市为了办好武汉网球公开赛，按照世界一流、时代之巅的总要求，建设了光谷国际网球中心，中心包含一座 15000 席的主场馆、一座 5000 席的副馆和 6 片室外标准硬质比赛场，同时还配有必要的辅助设施，总建筑面积 103400 平方米。

军运之城。2019 年 10 月 18—27 日举办的第七届世界军运会，也是武汉的一张体育名片，为武汉提供与世界交流的平台，是展现中国军人体育风采以及武汉体育精神的重要窗口。为迎接军运会，武汉市举办各类全民健身活动，在校园内开展各类文体活动，使军运会成为全民话题，营造了"喜迎军运会、打造新环境、当好东道主"的浓厚氛围。同时，各类比赛场馆设施的建设、竞赛信息与指挥系统以及范围广阔、工程宏大的运动员村的建成等系列举措，为军运会的顺利举办提供了强有力的保障。在军运会举办后，武汉着手收尾工作，包括竞赛与非竞赛场馆的再利用，军运会社会、文化、经济、体育、场馆、信息化、军民融合等遗产课题研究以及军运会博物馆的筹建等内容。值得注意的是，在军运会整体筹备期间，武汉市规划部门制订了"五边五化"的行动计划，全面升级城市基础设施，使城市面貌脱胎换骨、城市功能品质得以提升。

渡江之城和登山之城。截至 2020 年已举办 45 届的"7·16 渡江节"是武汉本土赛事的突出代表之一，多年举办已使它成为城市的一张响亮名片，该比赛集中突出了武汉地域文化、长江水域文化和体育竞技文化，展现出武汉的城市活力。2010 年的中国武汉木兰山登山节，一共分为全国群众登山健身大会（木兰山站）暨木兰山徒步达标赛、武汉市首届职工登山大赛和第二届武汉木兰山山地徒步竞速赛三大项目。其中，全国群众登山健身大会（木兰山站）暨木兰山徒步达标赛始于 2002 年，发展至今有近 20 年历史，每年参赛规模近 5000 人，不仅是武汉全民健身运动的代表性活动，也是国内知名的全民健身活动品牌。

电子竞技之城。在传统体育赛事之外，电子竞技的出现也丰富了武汉的体育赛事格局，为武汉增添了新的活力。电竞赛事入驻武汉历史并不短，在 21 世纪初，武汉就开始吸引大量的国际性电子竞技赛事，如 CEG 全国电子竞技公开赛、IEF 国际数字娱乐嘉年华、WSVG 等国内及世界顶级赛事。2017 年，武汉市电子竞技协会的成立标志着武汉正逐步规范和完善电子竞技这一体育运动的发展。近年来，该协会为联合本地国有企业、打造武汉品牌电竞赛事，在积极对接全球各类品牌赛事如 Dream Hack（瑞典）、WESCO 世界大学生电子竞技联赛、《英雄联盟》德玛西杯、CFPL 全国总决赛、KPL《王者荣耀》冬季冠军杯等赛事上做出不少努力。疫情之后，电竞赛事的举办，如《英雄联盟》S10 第十届全球总决赛、《英雄联盟》2021 春季赛总决赛等，为武汉市扭转疫情的颓靡、凸显武汉年轻活力之城、增加武汉年轻人幸福感、助力武汉提升国际形象发挥了不小的作用。

（二）养成全民健身文化

为繁荣发展体育竞赛，打造国际赛事名城，同时营造全市全民健身氛围，武汉市正逐步构建"（省）市—区—街道（乡镇）—社区（村）"四级体育设施布局体系，以此来承载不同规模的健身、竞赛与活动。省市级，则集中主要力量打造高水平赛事场地和训练场馆，包括省市级体育中心、体育设施和体育训练基地；区级，则以运动场馆建设为中心，服务区级文体活动，鼓励其分担大型综合赛事或单项赛事；街道层面，满足居民更加广泛的运动爱好需求，建造球类、健身操、游泳等多项体育健身活动的健身设施或场地，努力建设"30 分钟"健身圈；社区层面，以完善球类、健身操等简单体育运动的配套设施供应为主，打造"10 分钟"健身圈。

此外，武汉市充分利用各区所长，依托各区资源优势，打造多中心健身休闲圈。主城区，以"两江四岸"和"东湖绿心"为主要着力点，发展和完善城市健身休闲功能区，完善两大健身休闲运动带。在新城区和开发区，则利用其自然资源和景区优势，落地建成一批健身绿道、自行车道、健身休闲运动基地、房车汽车露营营地等，推动环山、环湖、环江、环高校健身休闲带建设，打造以蔡甸区、江夏区、黄陂区、新洲区等新城区为代表的国家级山地户外运动产业带、东湖风景区为代表的水上运动产业集聚区、东湖高新区为代表的电子竞技、智能体育运动产业示范区、武汉经济开发区为代表的冰雪旅游示范基地、汽摩运动、航空运动产业示范区。

五、"文化＋贸易"重现盛景

商贸繁荣、物流繁荣标志着一个地区的发展活力。展望"十四五"，武汉市委、市政府提出，加快打造国家商贸物流中心，阶段性工作目标是2025年社会消费品零售总额突破1万亿元，社会物流总额达5.5万亿元。❶武汉市"码头文化"由来已久，其居于全国中部，具备较好的交通区位优势，现阶段重视推进武汉码头文化的现代转型，接续"货到汉口活"盛景。

（一）发展"水陆空"立体化交通，拉近与世界的距离

武汉市积极打通大交通发展"大动脉"，重视推进天河机场扩能升级、加快建设港口型国家物流枢纽、推进长江中游航运中心建设、推进沿江高铁等项目建设；另外，利用"六环二十四射多联"聚合城市空间，完善市域快速交通体系，强化主城和副城基础设施的互联互通，突破性推进轨道交通建设。❷借助交通建设，将码头文化融入城市文化品牌构建中。扩展码头文化相关的旅游线路，长短线结合开发武汉大码头文化旅游。例如城市规划中利用长线将武汉、宜昌、襄樊等的长江码头、汉水码头串联，短线可与江滩观光、长江夜游等旅游项目联通。

（二）畅通双循环，共享大武汉大市场

武汉市通过实施多个举措不断扩大武汉市消费市场。一方面，着力推动老街老店回归升级，规划建设武汉商脉主轴，在长江沿岸建造特色步行街。另一方面，积极发展夜间经济和特色旅游活动，在发展夜间经济时，策划"江城八点半"等特色主题活动，将大码头文化融入其中，组织夜秀、夜游、夜购、夜食、夜读、夜娱等活动；创新特色旅游活动，如"相约春天赏樱花""寻访英雄武汉红色记忆"等。建设武汉国际贸易城，加

---

❶ 首店经济升级商贸，"九省通衢"重塑流通，武汉力争2025年物流总额达5.5万亿元：重现"货到汉口活"［N/OL］.（2021－03－04）［2021－05－01］. https：//epaper. hubeidaily. net/pc/content/202103/04/content_84809. html.

❷ 打造新枢纽重塑"货到汉口活"［EB/OL］.（2021－01－30）［2021－05－01］. http：//www. wuhan. gov. cn/sy/whyw/202101/t20210130_1621902. shtml.

强汉口北建设武汉国际贸易城的支持力度，接续码头商埠文化；同时优化消费环境，维护消费者合法权益。

（三）扩展对外"朋友圈"，开启"类海外"新生活

首先，武汉市作为"数字丝绸之路"重要节点城市，深度融入"一带一路"建设，建设全国进出口商品集散分拨中心、中部地区名优产品出口平台，实施外贸主体培育行动，加大外资外企引进力度。实施湖北自贸区武汉片区扩容提升行动，深化服务贸易创新发展、跨境电商、市场采购贸易方式等改革试点，争创国家数字、文化等特色服务出口基地，建设"数字丝绸之路"重要节点城市。其次，提升口岸功能，加强口岸与综合保税区联动发展。最后，营造"类海外"工作生活环境。包括建设国际交往中心、持续推进中法生态示范城建设、深入实施"友城常青""家在武汉"工程、实施城市形象塑造推广工程等。

第五章　武汉文化事业建设密码

武汉市历史文化悠久，文化底蕴深厚，自古以来就是荆楚文化重镇。近年来，武汉市以文化体制改革为先导，积极繁荣城市文化事业，持续改善文化民生，在文化建设方面取得了显著效果。文化事业的发展不仅要继承和弘扬优秀传统文化，吸收和同化优秀域外文化，还要深挖文化内涵，推动文化的创新性发展和创造性转化，反过来赋予文化事业发展更大潜力，为提升城市文化软实力提供重要保障。具体而言，结合武汉市文化事业发展实际，落实文化事业顶层设计，深化公共文化服务体系改革，激励多方主体参与文化事业发展，充分发挥文化事业内外部活力，为文化事业发展寻求多种资本增值途径，从而形成文化事业带动并与其他产业协调发展机制。在这一基础上，构建具有特色的武汉城市文化形象，带动武汉城市文化的发展。

第一节　武汉文化事业建设的特色

一、普惠型全覆盖公共文化服务体系基本形成

武汉市自古以来就是荆楚文化重镇，具有悠久的历史与深厚的文化底蕴，❶但在新中国成立初期，其公共文化服务体系尚不健全：全市仅有影

---

❶ 武汉市文化和旅游局. 湖北武汉五项举措大力发展文化事业 [EB/OL]. （2019 - 08 - 26）[2021 - 05 - 01]. https://www.mct.gov.cn/whzx/qgwhxxlb/hb_7730/201908/t20190826_845878.htm.

剧院 38 家，公共图书馆 2 家，戏班子 27 家❶，从数量和形式上都难以满足武汉市居民的文化需求。

经过 70 年的砥砺奋斗，武汉市公共文化服务机构如雨后春笋般涌现，持续向基层下沉，建成了遍及三镇、惠及城乡的 147 个街头和地铁 24 小时自助图书馆，29 家群艺馆（文化馆）与公共图书馆、170 个街道（乡镇、场）文化站、1441 个社区文化活动室❷，实现了小文化向大文化的转变，特色文化、专题文化向社区文化、基层文化的转变，不断推动公共文化服务资源下沉化，公共文化服务建设标准化。武汉市在文化、体育等基础设置建设上也取得了亮眼的成绩：江汉关博物馆、中国共产党纪律建设历史陈列馆、辛亥革命博物馆、长江文明馆、武汉科技馆等标志性场馆相继建成；琴台大剧院、武汉杂技厅、武汉体育中心、武汉图书馆新馆等大型文体工程项目投入运营。武汉普惠型全覆盖公共文化服务体系已基本建成，并形成了戏剧艺术演出中心区、高雅艺术演出中心区和市场艺术演出中心区 3 大艺术中心区，分别以武汉剧院、琴台大剧院、汉秀剧场三个武汉地标性演出场所为中心。❸

二、文艺精品硕果累累

新中国成立初期，武汉的文化发展就排在全国第一梯队，专业剧团和剧种之多位于全国第三位，其中，武汉京剧与北京、上海京剧形成"三足鼎立"之势，广具影响。改革开放以来，武汉市以中宣部"五个一工程"为龙头，打造了一批具有特色的文化品牌，如武汉国际杂技艺术节（逢双年）、中华优秀戏曲文化艺术节、琴台音乐节等，"十三五"时期，武汉市继续深入文化强市建设，再次收获了一批国家级文艺精品，多元、包容、

---

❶ 武汉市统计局．文化事业繁荣兴盛　文化产业快速发展：新中国成立 70 周年武汉经济社会发展成就系列报告之十五［EB/OL］．（2019－07－25）［2021－05－01］．http：//tjj. wuhan. gov. cn/tjfw/tjfx/202001/t20200115_840966. shtml.

❷ 武汉市统计局．文化事业繁荣兴盛　文化产业快速发展：新中国成立 70 周年武汉经济社会发展成就系列报告之十五［EB/OL］．（2019－07－25）［2021－05－01］．http：//tjj. wuhan. gov. cn/tjfw/tjfx/202001/t20200115_840966. shtml.

❸ 武汉市统计局．文化事业繁荣兴盛　文化产业快速发展：新中国成立 70 周年武汉经济社会发展成就系列报告之十五［EB/OL］．（2019－07－25）［2021－05－01］．http：//tjj. wuhan. gov. cn/tjfw/tjfx/202001/t20200115_840966. shtml.

具有传承精神的文艺作品全国瞩目，具体如表 5 - 1 所示。

表 5 - 1 武汉市"十三五"时期文艺精品创作生产建设情况

武汉市"十三五"文化发展规划重要文化专栏"文艺精品创作生产"重点项目	重点项目建设情况
文艺创作扶持	2016 年，全国艺术基金资助项目立项名公示结果显示，楚剧《万里茶道》、武汉人民艺术剧院联合湖北省董必武思想研究会创作的话剧《董必武》等 5 个项目成功入选。 2017 年，《光之谷》《宇宙锋》等 7 个项目荣获国家艺术基金资助
重大奖项参评	武汉人民艺术剧院联合湖北省董必武思想研究会创作的话剧《董必武》2016 年首次公演便入选第十一届中国艺术节参演剧目，2017 年入选国家舞台艺术精品创作扶持工程"全国舞台艺术重点创作剧目名录"作品。 歌曲《家风》入选全国"唱响主旋律喜迎十九大——社会主义核心价值观"20 首主题歌曲
文艺作品锻造	2017 年，董宏猷小说《一百个孩子的中国梦》和舒辉波报告文学《梦想是生命里的光》获第十届全国优秀儿童文学奖。 杂技《寂静的天空·绳上技巧》荣获第十一届中国武汉光谷国际杂技节"黄鹤银奖"。 武汉原创本土话剧《犟妈》、方言剧《鬼子进了城》、周国献纪实摄影《汉正街"扁担"》等文艺作品反映了武汉地域文化特色和城市精神，深受群众喜爱，产生了广泛的影响力

三、文博非遗事业在传承中创新

截至 2019 年 9 月，武汉市共有 116 所博物馆、纪念馆，其中国有博物馆、纪念馆 28 家、民办博物馆 44 家、行业博物馆 44 家。❶ 发掘 300 余座古墓，出土 2000 余件文物，文物发掘能力和保护水平全面提升。❷

---

❶ 武汉市统计局. 文化事业繁荣兴盛 文化产业快速发展：新中国成立 70 周年武汉经济社会发展成就系列报告之十五 [EB/OL]. (2019 - 07 - 25) [2021 - 05 - 01]. http：//tjj. wuhan. gov. cn/tjfw/tjfx/202001/t20200115_840966. shtml.

❷ 武汉市统计局. 文化事业繁荣兴盛 文化产业快速发展：新中国成立 70 周年武汉经济社会发展成就系列报告之十五 [EB/OL]. (2019 - 07 - 25) [2021 - 05 - 01]. http：//tjj. wuhan. gov. cn/tjfw/tjfx/202001/t20200115_840966. shtml.

近年来，武汉市对于文物、非遗的保护力度法治保障也在不断加强。现有市级以上文保单位 282 处，其中国家级 29 处、省级 108 处、市级 145 处。❶ 2016 年，武汉在全国副省级以上城市中率先施行了《武汉市非物质文化遗产保护条例》。先后 5 次开展国家级非遗代表性传承人、省级非遗代表性项目申报推荐工作，组织 3 次武汉市市级非遗代表性传承人申报审定工作。❷ 全市共拥有 634 项非遗代表性项目，621 位非遗传承人，17 家非遗生产性保护示范基地，其中 1 个国家级示范基地、3 个省级基地、13 个市级基地。黄陂区（楚剧、泥塑）、汉阳区（高龙）被命名为"中国民间文化艺术之乡"。2019 年 3 月，万里茶道正式列入《中国世界文化遗产预备名单》。❸

多年的探索与传承使武汉的文博非遗事业在传承中创新，依托武汉市科技融合优势，形成了非遗文博事业传承的"武汉经验"。不少学者、科研单位开始尝试将数字化、可视化与文博非遗保护相结合，变革音频、图片等固态化非遗保护技术，将知识图谱、多媒体、用户画像等新技术应用于非遗资源的信息存储及利用中，逐渐实现非遗展示的活态化。

四、群众文化活动品牌化特色化

文化是一个国家、一个民族的灵魂。文化兴国运兴，文化强民族强，武汉市群众文化建设是武汉城市文化建设的一部分，是武汉城市文化建设的血肉。

随着人民群众自身物质生活水平的不断提升与社会的不断发展，武汉市群众文化活动的规模不断扩大，现有社会文艺表演团体 70 余个，如星海合唱团、武汉邮政艺术团、武汉市老年干部合唱团等；且逐渐走向品牌化、特色化——涌现了一批以"武汉之夏"、城市剧场"周周演"、汉口江

---

❶　武汉市统计局. 文化事业繁荣兴盛　文化产业快速发展：新中国成立 70 周年武汉经济社会发展成就系列报告之十五 ［EB/OL］. (2019 – 07 – 25) ［2021 – 05 – 01］. http：//tjj. wuhan. gov. cn/tjfw/tjfx/202001/t20200115_840966. shtml.

❷　武汉市统计局. 文化事业繁荣兴盛　文化产业快速发展：新中国成立 70 周年武汉经济社会发展成就系列报告之十五 ［EB/OL］. (2019 – 07 – 25) ［2021 – 05 – 01］. http：//tjj. wuhan. gov. cn/tjfw/tjfx/202001/t20200115_840966. shtml.

❸　于静. 打造群众文化品牌　展现特色文化魅力 ［J］. 四川戏剧，2019 (4)：166 – 168.

滩大舞台等为代表的特色群众文化活动品牌与以归元庙会、木兰艺术节、滨江之春等为代表的特色群众文化活动。❶

其中，"武汉之夏"群众文化活动，作为我国首批公共文化服务体系优秀示范项目，至今已连续举办44届，具有示范意义。进入21世纪，武汉市按照中央"贴近实际、贴近生活、贴近群众"的要求，以"欢乐文化"为主导，组织开展了丰富的群众文化活动，斩获多枚奖项：仅2010年，武汉就获得"中华人民共和国文化部群星奖"7项，"群文活动奖"1项，3人被评为"群文之星"。党的十八大以来，全市创新建立了市民点单、政府买单的模式，大力推进文化惠民工程。每年推出"艺术生活人文武汉"大型公益性演出300场，低票价的城市剧场"周周演"成为常态，更有送戏下乡、送戏进景区等免费演出活动，仅2018年一年，由市直文艺院团举办的惠民演出就达2000多场。这标志着武汉市已经基本形成了"以武汉市直属专业艺术表演团队为龙头、社会民营娱乐业为骨干、民间艺术团队为补充，多元并存、互为补充的群众性文化活动演出市场格局"❷。

除了上述极具特色的群众文化品牌外，"十三五"期间，武汉市确立了"一核两带多中心"的文化功能空间布局，同时涌现出一批重要的城市文化品牌，如表5-2所示。

表5-2 武汉市"十三五"时期城市文化重要品牌建设情况

武汉市"十三五"文化发展规划重要文化专栏"武汉城市文化重要品牌"重点项目	重点项目建设情况
建设"志愿者之城"	志愿者招募、注册管理制度、培训体系不断完善："吴天祥小组"、长江救援志愿服务队、信义兄弟志愿服务队等民间志愿者团体持续发展，不断进步

---

❶ 武汉市统计局. 文化事业繁荣兴盛 文化产业快速发展：新中国成立70周年武汉经济社会发展成就系列报告之十五［EB/OL］.（2019-07-25）［2021-05-01］. http：//tjj. wuhan. gov. cn/tjfw/tjfx/202001/t20200115_840966. shtml.

❷ 武汉市统计局. 文化事业繁荣兴盛 文化产业快速发展：新中国成立70周年武汉经济社会发展成就系列报告之十五［EB/OL］.（2019-07-25）［2021-05-01］. http：//tjj. wuhan. gov. cn/tjfw/tjfx/202001/t20200115_840966. shtml.

武汉市"十三五"文化发展规划重要文化专栏"武汉城市文化重要品牌"重点项目	重点项目建设情况
壮大知音文化品牌	多次举办知音文化论坛，2019 年，举办以"世界军运·天下知音"为主题的 2019 知音国际文化节，推动武汉市国际化宣传
振兴武汉市"戏码头"	举办系列活动，如汉剧大师陈伯华诞辰 100 周年座谈会、《纪念陈伯华大师百年诞辰图片展》等，纪念大师风采，传承艺术精神。 吹响汉剧"集结号"，2019 年，武汉市举办了首届中国（武汉）汉剧艺术节，来自湖北、陕西、福建、广东、湖南等地的 11 个专业汉剧院团参演。 多次举办文艺公益活动，如"汉剧在我们身边活动"等，进一步扩大汉剧公众影响

五、文化人才队伍不断壮大

改革开放至今，武汉市坚持自主育才，相继培养了周锦堂、胡庆树、夏菊花、赵瑞泰等 31 名著名艺术家、253 名尖子人才、17 家舞台艺术名家工作室，在全国产生广泛影响。截至 2019 年 9 月，武汉市共有 1360 余名在职专技人员，其中，超过 90 名专业技术人员拥有正高职称；9 人享国务院政府特殊津贴，2 人享受省政府专项津贴，超过 20 人享受市政府专项津贴；5 人获评湖北省有突出贡献中青年专家，7 人获评市管优秀专家；10 人荣获中国戏剧表演艺术最高奖：梅花表演奖，武汉京剧院院长、国家一级演员刘子微两次获得中国戏剧梅花奖（第二十二届及第二十六届）；19 人入选黄鹤英才计划和黄鹤英才文化计划人才。❶

同时，武汉市利用公共文化服务开展全民教育，壮大文化人才队伍。近年来，武汉逐步明确了建设普惠性、高质量、可持续公共文化服务体系

---

❶　武汉市统计局. 文化事业繁荣兴盛　文化产业快速发展：新中国成立 70 周年武汉经济社会发展成就系列报告之十五［EB/OL］.（2019－07－25）［2021－05－01］. http：//tjj. wuhan. gov. cn/tjfw/tjfx/202001/t20200115_840966. shtml.

的目标，从公共文化数字化、创新实施文化惠民工程和打造12分钟文体圈三个方面部署公共文化服务体系建设。在公共文化数字化方面，武汉以"武汉终身教育学习网"和"武汉教育云"在线教育平台的搭建为主，完善各个公共文化机构的线上信息资源展示平台图书馆网站、博物馆网站等，形成较为完善的移动数字文化场馆服务体系。此外，充分利用、更新公共文化活动，使公共文化服务承担起线上教育功能，使公共文化内容得以更快地传播抵达市民，为公民提供便捷的学习渠道和丰富的学习资源。为满足市民丰富的文化生活需求，武汉以文化惠民政策为导向，先后实施"三个千万人次"文化惠民工程、农家书屋、农村电影等文化惠民工程，新建并开放琴台音乐厅、辛亥革命博物馆、"武汉客厅·中国文化博览中心"等标志性文化场馆，汉阳中心书城、长江数字化学习云平台等建成投入运营，农村广播村村响工程顺利完成，还形成汉口江滩大舞台"天天演"、城市剧场"周周演"等文化惠民活动品牌。围绕市—区—街道—乡村的公共文化服务网络，武汉市提出打造12分钟文体圈，目的在于让居民在12分钟步行路径内，就能享受到图书馆、博物馆、文化馆、文化广场、公园、剧院、电影院、书屋等场馆服务。截至2020年年底，武汉市共有博物馆12家，比2015年增加了8家，增长45%。

随着公共文化服务体系的不断完善，其公众教育功能不断彰显，公共文化服务的布局和内容成为武汉市实现学习型城市建设目标的重要一环，并逐渐与全民终身学习教育体系相融合，使公共文化资源源源不断地转化为公众教育内容，提高居民的文化素养。

在广而泛的公众教育体系中，武汉针对特殊年龄阶段的居民开展各具特色的公共教育活动。如2018年启动的全市中小学研学旅行试点工作则为在校中小学生而打造，其充分利用武汉丰富的历史文化、革命传统、科教、人文、环境资源，分别在革命旧址、植物园、木兰草原、盘龙城、博物馆等公共文化场馆开展研学旅行。经过3年多的发展，2021年，武汉市发布首批中小学生研学旅行服务机构和研学旅行基地、营地推荐名单，标志着武汉通过研学旅行推动素质教育这一措施已进入新的发展阶段。而针对老年人，武汉市则主要采取"社区教育"这一形式，先后组建了"汉阳树""高校社区共建""生态旅游农业"等一大批社区教育联盟，为老年人的教育提供阵地。此外，武汉市定期通过各类学习平台和微信公众号，发布疫情防控、心理咨询、体育健身、艺术文化课程等信息，向居民推送了大批视频课程和互动资源，鼓励老年群体居家享学。

值得一提的是，随着"设计之都"城市定位的深化，创意设计理念的推广与普及也变得愈发重要。基于此，武汉市有意将"创意设计普及教育"打造成具有武汉特色的学习品牌。随着设计之都示范园区建设、创意社区/街区/园区建设、各具特色的设计产业园区建设等的层层推进，以及以武汉设计日和第六届武汉设计双年展领衔的设计之都品牌活动的举办，武汉"设计之都"这一城市定位不断深入人心，市民广集才思参与设计之都建设的热情不断高涨。

第二节　武汉文化事业建设顶层设计

一、构建文化事业创新发展体系

（一）以文化政策为创新保障，全面治理文化事业顶层设计

武汉文化事业能够不断发展壮大离不开决策者精心规划的顶层设计，离不开筑城者一砖一瓦的基础建设。❶ 特里·克拉特教授的文化场景理论指出，城市发展过程中不仅要关注城市地理空间的聚集，也要讲城市发展与文化发展的深度融合，树立基础设施建设和文化开发并重的城市文化发展理念。❷ 多年以来，武汉市一直将城市发展与文化产业、文化事业的发展紧密结合，并通过不断完善政策文化体系，出台相关政策与法律法规，保障武汉市公共文化服务事业与地区艺术事业的长期发展与繁荣。

在"十二五"规划中，武汉市委、市政府以"敢为人先、追求卓越"的城市精神，坚持文化强市战略，为实现武汉百年梦想设计了"读书之

---

❶ 中国文明网．武汉公共文化建设纪实：让文化融入城市发展和市民生活［EB/OL］．（2016－10－13）［2021－05－01］．http：//www.wenming.cn/syjj/dfcz/hb_1679/201610/t201610 13 _3814561.shtml.

❷ 禹建湘，汪妍．基于文化场景理论的我国城市文化创新路径探究［J］．城市学刊，2020，41（2）：23－29.

城、博物馆之城、艺术之城、大学之城、设计创意之城"的"文化五城"建设蓝图。随后又相继出台了高标准的《关于加快构建武汉市现代公共文化服务体系的实施意见（2016—2020）》和《武汉市非物质文化遗产保护条例》。2020 年，武汉市文化和旅游局发出了关于印发《2020 年全市文化和旅游工作要点》的通知，从"完善公共文化旅游服务体系""提升群众文化活动品牌效能"及"加强广播电视管理"等方面进一步为武汉市公共文化服务建设提供新的思路。❶

（二）以公众需求引领供给侧发力，优化公共文化服务体系

当前，我国城市文化内容建设趋于雷同，不仅给游客造成"千城一面"的文化体验感，也大大影响了公共文化服务质量。武汉市在如何实现文化事业的创新发展中逐步积累了经验——兼顾政府宏观调控与市场发展需求，既牢牢把控占据意识形态主导地位的文化领域，又鼓励新兴的、非核心的文化领域进行合理化的市场运作，高效改革武汉市公共文化服务供给体系。结合人民群众的实际需求，从供给端发力，寻找并开发城市独特的文化气质，不断优化公共文化服务体验。

以公众需求为创新中心。建设开发上，武汉市充分考虑城市人口分布特征与区位因素，以社区、街道为配套设施建造的依据，充分考虑文化设施的使用效益，把握"建多大""建多少""谁来管""怎么管"等关键问题，以人次、频率等数据驱动科学决策的依据，建设时还充分考虑特殊群体、弱势人群的额外需求，充分保障各类人群的基本文化服务权益，解决好公共文化服务设施建设过程中"重建不重管，重管不重用"的问题；运营上，有效完善公共文化服务水平，丰富群众活动内涵，提升群众活动质量，持续完善文化设施运作组织，使城市公共文化服务水平不断提升。

以供给侧为创新重点。首先，武汉市政府深入调查城市居民的实际文化需求，创新推出人民群众喜闻乐见的文化作品及公共文化服务，不断优化文化供给品质，提升文化满意度，鼓励优秀文化，增加演出场次，开展

❶ 武汉市文化和旅游局. 市文化和旅游局关于印发〈2020 年全市文化和旅游工作要点〉的通知 [EB/OL]. （2020 - 05 - 06）[2021 - 05 - 01]. http：//wlj. wuhan. gov. cn/zfxxgk/fdzdgknr/ghxx/202008/t20200827_1437311. shtml.

巡演展演。其次，贯彻落实国家"互联网＋战略"，推动文化科技深度融合，将城市居民文化消费与"大数据"相挂钩，采用"互联网＋"时代的大数据平台，利用大数据、云计算等方式，通过市民文化消费情况的数据精准挖掘与分析武汉市文化消费的需求与走向，对市场潜在规模进行预估，把握文化市场最新动向，引导文化企业开发更加适合公众、匹配公众需求的优质文化产品，改善文化产品的供给，探索文化产品供给侧改革路径。

此外，武汉市还从调节文化消费供需两端着手：一方面，完善制度建设、开展理论研究、实施财税优惠、创新投融资渠道、加强知识产权保护，激发文化企业的创新活力；另一方面，科学引导、合理促进文化市场形成开放透明、公平有序的竞争氛围。

（三）以科教储备为创新动力，提供公共文化服务基础保障

武汉科教资源丰富密集，拥有以武汉大学、华中科技大学、中国地质大学、华中师范大学、中南财政政法大学、华中农业大学、武汉理工大学等为代表的全国知名学府共 92 所大学，高校林立，科研院所云集。同时，据《2020 年武汉国民经济与社会发展统计公报》统计，截至 2020 年年底，武汉市全年在校研究生 16.48 万人，比上年增长 10.3%；本专科在校生 106.72 万人，增长 6.0%；中等职业教育在校生 8.04 万人，增长 0.9%；普通中学在校生 36.34 万人，增长 5.7%；小学在校生 65.45 万人，增长 5.0%；幼儿园在校生 35.73 万人。丰富强悍的科教资源为武汉的文化创新、文化创意产业的发展提供强劲的动力。以科教资源最为丰富的洪山区为例，近年来，洪山区紧紧依托辖区科教智力资源优势，把发展文化创意产业作为转变经济发展方式、推动产业结构优化升级、走差异化发展道路的重要举措。逐步实施"一核、三园、五区"的战略构想，即以发展文化创意产业为核心，重点打造南湖科技创意产业园、武汉创意天地、联想融创智谷三大文化创意园区，大力发展广埠屯文化产业集聚区、卓刀泉文化产业集聚区、鲁磨路文化产业集聚区、民族大道文化产业集聚区、天兴洲文化产业集聚区。洪山区文化创意产业产值多年保持年 20% 左右的增长幅度。武汉创意天地位于洪山区野芷湖畔，毗邻大学城，创意天地以游戏动漫为代表的文创企业聚集效应已在创意天地及其周边区域初显，成为品牌

创新载体。人才汇聚、科研成果就地转化、科技创新基金设立，洪山区已经成为出版传媒、数字娱乐、创意设计、文化教育等创意产业培育的优厚土壤。

二、制定文化事业建设特色规划

（一）依托"一轴两带两翼"布局规划，发挥文化资源禀赋

知识经济决定了城市发展的空间布局，"十三五"期间，武汉市确立了"一核两带多中心"的文化功能空间布局，琴台中央文化艺术区建设已取得不俗的影响力，汉口沿江区域与武昌古城区域文化功能进一步凸显。随后，武汉市顺应全球化时代、数字化时代、后工业化时代城市建设发展的"多中心多组团"规律，按照"资源集聚、特色展现、协同发展"的基本原则，统筹布局武汉市文化产业发展空间布局，进一步确定了"一轴两带两翼"的宏观布局，以优化城市文化的发展空间，即建设新时代新风貌的长江文化主轴，建立文化科技融合带、文化商贸带"两带"以及构建历史文化旅游翼与生态休闲文化旅游翼"两翼"。

首先，武汉市围绕武昌古城、汉阳旧城、汉口等武汉市特色文化风貌区，加强长江文化主轴建设，充分挖掘并传承优秀的长江主轴历史文化资源，延续城市文化发展脉络，以现代化、时尚化的表达方式激活汉正街、武昌古城、老汉口等武汉市文化片区，更新城市公共文化设施，营造包容、年轻、多元、时尚、活力的城市文化氛围，并进一步扩大城市文化展示与文化传播的影响力，展现长江文明的新风貌。

其次，围绕汉口沿江——张公堤园博园区域深化建设文化商贸融合带，则能够借机发展汉口、中山大道、汉正街等历史文化风貌街区，以商贸带动历史文化传承发展；围绕东湖高新区、武昌古城——环东湖、沙湖区域深化建设文化科技深度融合带能够持续推动武汉市文化科技深度融合，形成武汉市文化科技深度融合、创新升级的主要轴线，助力武汉市文化科技发展达到国内领先、国外知名的水平。

最后，围绕黄陂木兰—新洲问津建设历史文化旅游翼，能够以区域经验推动其他区域文化旅游的发展，并进一步推动区内山水旅游资源、木兰旅游资源以及问津文化等历史文化资源向外传播，促进文化的传承与流

动。围绕蔡甸园艺—江夏生态建设休闲文化旅游翼，能够有效带动蔡甸区现有的花博汇、园艺小镇等文旅品牌的发展并将江夏区"大江大湖、诗画山水、田园风光、人文璀璨"的禀赋优势转变为发展优势。依托上述区域布局规划，能够盘活可供挖掘的历史资源与旅游资源，落实全域旅游建设，促进旅游公共服务的规范化及品质化。

（二）打造"创意江城"品牌体系，促进文化创意融入公共服务

从城市发展机遇与现状来看，发展"创意江城"恰逢其时。2017 年，武汉市获批"全球创意城市网络"中的七大主题创意城市之一，获"设计之都"称号，这为城市发展创意设计、增强城市活力注入了新动力，使得以创意促进城市发展、转型的指向更为清晰。因此，武汉市应紧紧围绕创意核心，以创意设计为手段，打造"创意江城"品牌，建设以知音文化品牌、工业遗产文化品牌、创意街区品牌和文创之城品牌为主要内容的品牌体系，不仅能够带动地区文化产业发展，更能够促使文化创意驱动公共文化服务的变革与发展。

1. 打造武汉市知音文化品牌

知音文化是武汉市鲜明的、具有地域特色的文化故事，"知音"这一意蕴，表达了中华民族对人类精神文化交流的向往，在文化多元交流的当下极具指导意义。此外，武汉市所具有的琴台大剧院、琴台广场等地标性建筑，首部漂移式多维体验剧《知音号》自推出便好评如潮，再次证实了知音文化在文化内涵和现代表达上的活力。因此武汉市着重打造知音文化品牌，在此品牌下进一步完善其子品牌体系，探索文化旅游、创意产品、文化活动等，传播知音文化，打造城市文化品牌。

2. 打造武汉市工业遗产文化品牌

武汉市的工业发展史是武汉城市发展中不可或缺的一部分。厂房，作为城市发展的细胞，逐渐丧失其原本功能，但其所承载的时代记忆与特征却是城市不可忽视的文化珍宝。当下，武汉市有 10 多个保存完好的现代工业遗址，对其进行合理保护、再利用，不仅赋予其现实发展功能，更凸显传承发展工业文化的应有之义。塑造工业遗产再利用模范城市可作为武汉市文化发展的重要着力点，例如建设创意园区、工业主题博物馆、创意街区等文化空间，可以盘活工业遗产资源，从而激发工业遗产的现代活力。

工业遗产开发要维护遗产所在地的特色文化语境，构建一种可持续的社区生活模式，突破传统的单一建筑实体的开发模式，重视建筑内外部及周边情景的设置，提升而不是破坏原有的场所精神❶。将遗产所在地融入周边环境中，可以设置合理范围内的缓冲区降低工业景观与元素的距离感与突兀感。以工业遗产的合理再利用唤醒城市记忆，传承更新城市工业文化内涵，丰富城市文化本色。

3. 打造武汉市创意街区品牌

在历史演变发展的过程中，武汉市沉淀下来诸多具有鲜明特色的街区，这些街区凝聚着武汉城市发展过程的历史记忆，是遍布在城市中的重要肌理。根据城市发展理论，城市未来的发展方向是创意化与体验化，创意街区不仅可以促进城市发展，同时还会营造良好的文化生态空间，逐步发展成集生产、交易、服务、旅游、休闲等为一体的产业轴带，并为城市营造良好的文化创意氛围。根据场景理论，开放、自由、充满活力的街区同样会吸引具有活力创意的人才聚集，这有利于城市创意阶层的培育。充分盘活武汉市街区文化资源，武汉市以黎黄陂路、红 T 时尚街区等为重点，先行先试，重点打造创意街区，争取打造一批集良好体验性、独特观赏性、鲜明特色性并存的文化创意街区，从城市肌理出发全面激活城市发展活力，建设创意氛围浓厚、创意阶层集聚的创新之城，同时为公共文化建设增添活力。

4. 打造武汉市文创之城品牌

文创之城，即在城市发展中应注重文化与创意的协调并用，这与"设计之都"的发展理念相契合。"创意城市网络"的目的不仅在于推动各地文化、创意和社会经济的发展，更倾向于挖掘各地的文化、创意以及社会经济的潜力，促进人类文化的多样性，并且希望每个参与其中的城市对人类文化的多样性做出独特的贡献。"创意城市网络"不仅具有开发财富的经济价值，而且体现了尊重人的创意和才能的人文思想，为人类实现减少贫困和共享财富的理想，开辟了新的希望之路。❷ 设计之都的建设过程也

---

❶ 詹一虹，曹福然. 英国工业遗产开发的经验及启示 [J]. 学习与实践，2018 (8)：134 – 140.

❷ 创意之城 设计之都 [J]. 上海经济，2011 (11)：19 – 20，6.

是城市发展与文化创意的发展过程。根据"3T 理论",建设创意城市不仅要重视技术的创新应用,更要注重营造创意阶层与包容社会的氛围。在国际理论层面上,城市文化发展与建设的过程中必须高度重视创意,也就是创意阶层的培育。武汉市现正结合城市发展实际新兴文创之城,借助设计之都这一发展机遇,大力发展文化创意产业,培育城市创意阶层,激活社会发展活力,建设具有发展活力、创意集聚的新兴文创之城。

(三)推进公共文化服务进校园活动,完善公共文化传播渠道

1. 党史学习教育

2021 年中国共产党建党一百周年,武汉市深入学习贯彻习近平总书记在党史学习教育动员大会上的重要讲话精神,运用"学史"专题学习、挖掘红色文化资源、设计红色旅游线路、党史知识竞赛等多种举措因地制宜开展党史学习教育活动。习近平总书记在党史学习教育动员大会上指出:"要抓好青少年学习教育,着力讲好党的故事、革命的故事、英雄的故事,厚植爱党、爱国、爱社会主义的情感,让红色基因、革命薪火代代传承。"为落实总书记的重要讲话精神,引导青少年学史明理、学史增信,感悟革命精神、汲取奋斗力量,武汉市文化和旅游局根据青少年的学习特点、认知规律,开展了一系列创新性探索和实践。具体表现为以下几个方面:"音乐唱响红色主旋律"——武汉市少儿图书馆将党课和红色音乐融合,开展百场党课进校园活动,通过崭新的模式,让党史真正走进少年儿童心中;"书画描绘红色记忆"——以"马良杯"武汉市少儿书画大赛为例,连续举办 36 届的书画大赛已成为全市的品牌比赛,亦是进行党史学习教育的重要平台;"阅读讲述红色故事"——自 2021 年 3 月以来,武汉市少年儿童图书馆与社区、学校共建红色书屋,为少年儿童开辟"悦读"新园地。

2. "进校园"教育实践

武汉市注重将传统文化教育作为积极培育和践行社会主义核心价值观、落实立德树人根本任务的主要抓手,持续深入开展"中华优秀传统文化进校园"教育实践活动,主要通过建立教育实践基地、设立课程、编写校本教材、共建文化社团等形式展开。目前,已有不少中小学结合素质教育,将非遗文化引进校园、进入课堂,在学校中开设汉剧、剪纸、汉绣、

根雕、陶艺等相关课程，从小培养青少年对非遗的热爱，提升对非遗文化的感知力。另有市艺术学校先后开设汉剧、楚剧、京剧、木偶戏中专班，定向培养非遗传承人才。江汉大学、武汉商学院分别设立了汉绣专业课程，江汉区在武汉关小学设立了"汉绣艺术教育基地"。硚口区联合武汉第一聋哑学校建立叶画传承基地。武汉楚剧院与部分高校联合成立湖北高校楚剧剧社等。从 2016 年起全面开展的"戏曲进校园"活动亦是"进校园"系列活动的重要一环，该活动坚持"戏曲演出进校园、戏曲教育进校园、戏曲活动进校园、戏曲社团进校园、戏曲志愿服务进校园"的总体思路，不仅将戏曲带进课堂，令学生在欣赏学习过程中更好地了解戏曲文化，也为全市"戏曲进校园"试点、示范中小学承担戏曲教学工作在职教师专业培训，提高教师戏曲素养和教学水平，更好地向中小学生传播中华优秀传统文化。

3. 文物遗址保护主题教育

为发挥文物遗址的教育、展示功能，激发公民文化遗产的保护意识，武汉市鼓励高校、中小学开设文化遗产教育课程和相关专业，依托各类政府机构或者非政府组织开展文化遗产保护的国际交流与合作，倡议教育系统学校重视文化遗产知识宣传，配合相关市直部门做好文化遗产知识普及教育。此外，武汉积极探索鼓励社会组织参与文化遗产保护的新模式，充分发挥志愿者的作用，加大宣传力度，拓展公众对文化遗产保护的参与度，形成全社会文化遗产保护的新格局。如依托湖北省博物馆、武汉博物馆和盘龙城遗址公园，建立与高校合作的实习基地，开展相关教育、文化活动，吸引更多企事业单位、学生、游客等人群了解武汉的珍贵历史遗产，探寻城市之根，发扬武汉城市精神，推动文化自信和文化复兴。

三、探索文化事业资本增值路径

1980 年，皮埃尔·布迪厄从象征支配角度深入解读了马克思的资本论述，首次提出了文化资本，他将文化资本解释为"能够通过时间和代际传递而在社会场域中积累、转换和传承的资本形式"❶。文化资本与经济资本

---

❶ 曲如晓，曾燕萍. 国外文化资本研究综述［J］. 国外社会科学，2016（2）：100–108.

不同，经济资本是能够量化交易的，文化的特质决定了"文化资本"不属于实体概念，而是一个功能性概念，但文化也能够通过资本运作发挥类似于经济资本的作用。高波、张志鹏等人认为，文化资本具有报酬递增的特性，文化资本的积累有利于一个国家或地区的经济增长，文化资本的缺乏会导致资源配置效率的低下，从而抑制区域经济增长。罗浩则对文化通过劳动供给、人力资本等要素影响经济增长的具体路径做出了阐释。总之，文化资本积累对于武汉的经济建设与公共文化服务建设都有着不可言喻的意义，武汉也在推动文化事业资本增值的道路上不断探索，沉淀出具有武汉特色的文化事业资本增值经验，如利用文化科技融合优势打造智能跨功能信息共享平台以加强文化资源保护、传承与流动，牵头"万里茶道"申遗，推动文化艺术精品工程建设等。

（一）发挥文化科技融合优势，打造智能跨功能信息共享平台

武汉市政府不仅顺应当前的文化发展意识，更注重合理利用当前的社会文化理念，充分利用主导地位优势，整合多方主体和先进的文化创新手段，发挥文化科技融合优势，实现传统"活起来"和文化"靓起来"，以此构建可借鉴、可复制、可推广的"非遗"文化保护、传承、发扬的"武汉经验"。

构建基于智能化的跨功能信息共享服务平台，建立可供文本自动编辑、图像原型检索、机器视觉比对、工艺流程仿真的大数据库，将具有巨大规模、快速流转等特征的非遗数据变成活数据。运用交叉推算、过程化信息集成和相关性模糊查询等方式真实再现非遗文化，建立集大数据清洗、加工、描述为一体的非遗技艺在线沟通、人机互动、数字化复原等虚拟现实体验系统。同时积极引导"非遗"项目申报的个人、团体、单位在平台上开展文化欣赏、体验、展示等多种形式的活动，开拓文化"非遗"传播与展示的"流行视窗"。

（二）以工业遗产为载体，加强工业文化传承与开发

为提高城市地位与影响力，进一步为武汉文化事业增添动力，武汉以丰富的工业遗产为载体，探索将工业文化融进现代城市的发展思路。以盘活工业遗产为工作目标，将工业文化作为巩固"国家历史文化名城"地位

的着力点，创新文化传承、传播思路、方法与举措，以工业遗产类博物馆、主题公园、摄影展等多种手段刺激工业文化焕发新生机，构建"工业遗产—工业文化—城市文化"的完整文化内涵体系与价值链条。贯彻服务武汉、辐射全国的宏伟设想，不断探索成为华中地区工业文化聚集、展示、传播的核心枢纽城市，不断吸引一批工业遗产资源丰厚、工业文化底蕴深厚的省市相关人员来汉聚集，促进省市之间在工业遗产保护与传承等各领域开展交流合作项目，以华中地区工业文化地标性城市的姿态引领整个华中地区乃至全国的工业文化领域的创新发展，打出武汉市"百年工业名城"的亮丽名片。

第一，确定工业创意取向的工业遗产场景主题，并在相关区域内及边界以各种创意形式进行标识和展演。吸引艺术家、创意工作室等生产群体的入驻和消费群体的注意力，激发生产消费活动与活力。第二，建设公共绿地，提高文化设施开放性及其之间的贯通性，打造生产消费一体化的场所。第三，注重工业文化与流行文化等多元艺术的结合，鼓励艺术家在非保护区进行自由涂鸦、街头表演，特别要大力引进武汉本土艺术家，发展在地性文化。第四，打造新旧居民的融合性社区，协调多方利益，构建共同情感空间。同时武汉市政府应积极做好迁出人口的安置工作，妥善控制人口数量；建立文化生态、经济生态和空间生态等方面的补偿机制，减少文化变迁、物价抬升、空间挤占等带来的损失，保障居民利益。第五，建设并及时更新公开性数据库。针对工业遗产设立官方网站设置数据库链接，数据内容应当包括区域范围和规划、常住居民数量、工业遗产的总数、简介和利用类型、入驻艺术家、工作室和企业的数量和简介、活动影像资料、代表作品等信息，数据库链接不仅作为宣传展示窗口还可为宏观管理提供信息。

（三）牵头"万里茶道"申遗

万里茶道是中国茶叶陆路外销的重要通道，也是联通中俄两国的世纪动脉，更是继丝绸之路后广泛联系亚洲和欧洲的交通、文化交流要道。武汉市是近代中国茶叶贸易重镇，在茶叶贸易历史上具有重要地位，尤其是汉口，它是茶叶交易、加工、金融中心和近代制茶工业的起点，也是茶叶的转运、集散中心和国际贸易港口，更见证了"东方茶港"的辉煌。1891

年，俄国皇储尼古拉认为"万里茶道是伟大的俄中茶叶之路，在汉口的俄国茶商是伟大的商人，汉口是伟大的东方茶港"。

在"一带一路"和长江经济带战略的推动下，武汉市积极复兴万里茶道，具有重要的历史文化意义，不仅有利于加强武汉市在中蒙俄三国间文化交流的作用和影响力，还有利于加强对武汉市万里茶道相关文化遗产的保护，也有利于武汉市作为重要节点城市的文化品牌塑造，更有利于武汉市的文化产业升级和文化城市转型。武汉市作为"万里茶道"最大的贸易枢纽，坚持三步走原则以配合湖北省申遗的牵头工作，积极探索成为国家"万里茶道"申报世界文化遗产的核心体的路径。

第一，做好"万里茶道"文化遗产保护管理工作。首先，落实江汉关大楼、汉口俄商近代建筑群和大智门火车站三处遗产申报点的保护与申报工作；其次，完善武汉江滩万里茶道文化园规划建设与管理，推动该文化园成为"万里茶道"的核心展示区与文化旅游区；最后，重视引导楚剧《万里茶道》"走出去"，凸显"万里茶道"的地域文化特色，讲好"万里茶道"的历史故事。

第二，积极主动承担各沿线省市以及节点城市的沟通联络工作，同时扩大与沿线国家的交流工作，推动"申遗工作会"以及多国参与的"国际文化遗产保护交流"相关会议在汉召开，持续扩大武汉市在"万里茶道"申遗道路上的核心功能与城市影响力。

第三，推进相关科研成果、文艺精品和文化产品的产出。一是从"产、学、研"联合的角度推动"万里茶道"科研工作的高质高效开展，聚集一批人才、团队、高校、机构组建专业的"万里茶道"科研平台和基地，促进诸如"万里茶道"文化（通）志、文献汇编、系列丛书等的科研成果产出，扩大武汉市对"万里茶道"文化遗产的价值体现与科研影响力。二是从文化艺术事业的角度推动相关文艺精品的创作工作，除了继续加强"万里茶道"舞台剧的推广与宣传，还要探索多元化的文化艺术衍生品的创新创作，促进武汉市作为"万里茶道"枢纽地位的"软实力"提升，通过丰富的文化艺术表现形式讲好"万里茶道"故事，让"万里茶道"文化在多方努力下体现更大的文化价值，焕发新的生机。三是协同创新，推动形成"万里茶道+"文化产业发展格局。以"万里茶道"为平台，开发"万里茶道"文化资源，结合武汉市文化产业发展规划，形成"万里茶道+"产业发展模式。

（四）串联红色文化景观群，打造红色文化高地

武汉红色文化资源不仅历史跨度大、持续时间长、内容丰富，还具有集群效应突出的特点，红色文化资源分布集中、相互毗邻，可串联为红色文化景观群。重点红色文化景观群包括首义文化片区、都府堤红巷历史名街区和汉口的沿江租界红色片区三个。

首先，建立长效机制，统筹协调红色文化资源的保护、整治与修复。红色文化资源的保护与开发是一项长期、系统的工程，包括居民动迁、无保留价值建筑的拆除、道路的改造、保留建筑的修缮、现代城市功能的完善等多方面，涉及面广，利益交织，因此，武汉市政府也在尽快建立强有力的专门性领导机构，以便统筹协调各方面的问题。同时，统筹协调各相关部门工作，制定工作制度，明确责任，各司其职，以便工作有序开展、高效进行。其次，多方筹资，保证财力充足，以支撑该项系统工程的持续实施，并形成良性循环的长效机制。除市、区两级财政给予支持外，积极争取国家和省级专项资金支持，如旅游、文物保护、优秀历史建筑保护、园林绿化、安防消防等多方面的资金补助。同时，广开筹资渠道，吸纳社会资金，调动社会资本尤其是私人资本积极参与此项工程。最后，重点推进并打造"武汉红色文化"的品牌特色。重点打造"人物"纪念馆，如东湖毛泽东故居、詹天佑故居纪念馆、宋庆龄汉口旧居纪念馆、白求恩纪念馆、郭沫若故居、刘少奇故居、恽代英故居等。以历史人物的魅力为引领，表达红色文化价值。同时，加强文化科技融合建设，将武汉中共中央机关旧址纪念馆、八七会议会址纪念馆等作为重点场馆，引进VR、AR、全息投影等高新技术，不仅可以突破原有空间相对狭小的局限，还能以生动形象的方式充分表达党的革命活动和国家兴衰等宏大叙事。

（五）推动武汉戏曲、舞台、文化艺术项目库等精品工程建设

1. 戏曲文化振兴工程

开展戏曲文化教育具有重要意义。第一，有助于学生群体的价值养成，戏曲艺术经过千年孕育积淀而成，在内容上蕴含着许多与社会主义核

心价值观有共同源流的价值标准，是当代青年学生群体应该学习和发扬的文化精髓，能在潜移默化中实现对学生群体道德教化和价值养成。第二，这是传统戏曲传承和发展的需要，传统戏曲的发展不仅需要名家名曲，更需要社会环境和受众的支持，将传统戏曲与校园文化建设结合，不仅可以在学生群体中挖掘潜在爱好者，培养下一代观众，还可以为传统戏曲的创造性转化和创新性发展提供有力保障、为传统戏曲推陈出新提供智力支撑。

扩大"戏曲汉军"培养的工作，推动落实武汉市戏曲文化教育传播"四进"工作，推进"戏曲进校园"活动，实现戏曲文化教育在全市中小学校的全覆盖，鼓励推动"戏曲夏令营"等戏曲文化幼教活动常态化建设，探索戏曲文化融入高校文化艺术教育体系的新路径与新方法；加强培养各年龄段学生群体对戏曲类传统文化的审美与认知，为戏曲事业发展积累新兴后备力量。

2. 舞台艺术精品创作工程

加快武汉市已有的舞台艺术剧目产品进入国家级、省级舞台艺术精品名单；以政策优惠、资金扶持等一系列举措吸引一批高端舞台艺术创意设计团队入汉留汉，深入挖掘本市地域特色、城市历史、人文文化等关键要素，推动一批"汉派"文艺精品的加速创新；鼓励高校艺术团体融入舞台艺术精品创新创作大环境，充分发挥青年艺术工作者的创新力与"前卫"思想，以开拓高校艺术精品创作新思路。

推动武汉舞台艺术与信息技术的融合，丰富艺术创作方式与表现形式，提升艺术水平和审美层次，加大艺术传播力度，从而塑造舞台艺术精品剧目。具体方式包括健全工作机制、加大财政投入、落实税收优惠、健全融资体系、加强人才培养与引进、搭建"产学研"平台等，通过以上方式支持武汉舞台信息技术产业提升、企业成长、技术研发和创新创业环境建设，推动武汉当代舞台艺术与信息技术融合应用示范。

3. 文化艺术项目库建设

文艺创作与生产不同于一般的物质产品生产，具有特殊的艺术规律和特性，具有社会意识属性。在文化艺术的管理方面，要利用项目管理的思维。该思维的优点在于能够打破常规资源和岗位的分割，迅速调配项目所需内外资源，较好地实现文化效益、社会效益和经济效益的工作目标。武汉市在管理文化艺术事业时，注重融合"项目思维""平台思维"和"智库思维"，统筹推动重点文艺产品开发项目库建设，加强重点文艺产品项目入库的论证评审工作，完善重大文艺创作作品在资金投入、创作资源配置、媒体宣传推广等方面扶持工作的体制机制，为地区文艺事业从业者、创作者搭建良好的平台，为地区文艺精品创作的良好环境"保驾护航"。

（六）深度落实产学研合作，实现文化人才资本增值

武汉积极支持市属高校加强传统文化学科专业建设和研究平台建设，支持高等学校和职业院校开设传统工艺专业课程，以现代学徒制方式传承传统工艺技艺，培养高素质的技术技能人才。江汉大学与武汉诗词楹联学会共建诗歌创作与诗教平台，学校常年开设"诗词写作与鉴赏"选修课，建设了一支专兼职结合的教学工作队伍，在校内营造了爱诗、吟诗、写诗、传诗的文化氛围。武汉商学院于2013年在全省高校开设了服装设计（汉绣专门方向）专业，首次培养汉绣的科班大学生，并在校内建起汉绣坊。武汉城市职业学院开设了"湖北传统音乐欣赏与实践"课程，通过武汉市广播电视大学网上学习平台在市属高校共享和使用，并于2017年4月成立国学教育学院暨武汉少儿国学教育研究中心，为传统文化的研究、传承和人才培养搭建平台。

围绕设计之都建设，武汉鼓励在汉高等院校和中等职业学校根据设计之都建设需要调整或者增设相关专业。积极开展青年设计师培训计划，每年依托大专院校、科研院所、设计机构完成500名青年设计师培训工作，提供设计之都城市青年设计师驻留学习机会。依托在汉教育资源，建立武汉设计网络学院，实现在汉大学的师资、空间、设施、学术资源共享、优势互补、学历互认，促进设计人才培养、交流、合作和共享。得益于在汉高校有70多所都开设了艺术设计相关专业，武汉正推动成立"长江设计创新学院"，采取灵活的资源共享机制，采取校际联盟、学术组织、行业协会、第三方机构运营等多种形式培养艺术设计人才。

此外，因武汉科教资源大多聚集于洪山区，对于洪山区而言，推动文化产业产学研融合是必然趋势。2018年，洪山区举办"激越四十年·洪山文创印记"嘉年华活动，设立文创"洪山力量"论坛，论坛现场，洪山辖

区 32 所高校和 100 家文化创意企业共同成立洪山文化创意产业联盟，搭建高校、文化创意产业、政府三方创新合作的对接平台，为联盟成员单位的科研成果转化、人才引进和培养、大学生实习就业、知识产权保护、产业项目宣传推介等畅通多种渠道，推动文化创意产业项目合作，促进发展经验、资源和人才交流，实现多方共赢。该联盟的成立以及所运用的产学研创新模式，为武汉文化产业的发展带来了积极影响，也为后续武汉探索产学研合作人才培养提供了模板。

第三节 武汉文化事业建设创新措施

一、深化公共文化服务供给体系改革

（一）明确目标，完善公共文化服务供给体系

明确公共文化服务供给体系的改革目标。武汉市在改革时既坚持了以政府为中心的宏观调控，又兼顾了市场层面的发展与需求，不同级别、不同领域的文化业态对标不同的供给体系，灵活变换主客体关系，既牢牢把控了处于核心地位、占据意识形态主导地位的文化领域，又引导、鼓励了非核心、新兴的文化领域进行合理化的市场运作，用文化事业产业化发展的理念指导公共文化服务供给体系改革。

保障公共文化服务供给体系的资金投入。第一，将公共文化服务体系建设、公共文化产品购买、文化艺术精品工程、（非）物质文化遗产保护等文化事业重点工程项目纳入了武汉市各区中长期文化改革发展规划、国民经济和社会发展规划等重大纲领性文件中，将所需经费列入同级财政预算，并落实相关单位资金扶持与专项补贴工作，保障公共文化服务事业与地区文化艺术事业的长期发展与繁荣。第二，引导社会资本加大对文化发展的投入，形成以政府投入为主、社会力量积极参与的、稳定的文化事业发展投入机制。

创新公共文化服务工具。在满足公众对文化设施需求的基础上，利用文化科技融合，为公共文化服务提供创新性工具。武汉市在"十三五"期间就大力推进公共文化信息共享，着力加强公共文化数字化建设，推进了

数字图书馆、文化馆、博物馆以及美术馆的建设。❶

（二）权责分明，落实公共文化服务考评体制

设立明确的硬性考核指标。从公共文化设施建设的创新举措、万人公共文化设施面积、区级文化设施、街道及社区综合文化服务中心建设等多个民生角度展开考核工作，以公共文化服务保障系统、设施与设备、资源与服务、社会参与等维度建立考核评价指标，全市参与、各区评比，通过考核查找各区公共文化服务工作存在的问题与短板，以及工作开展的难点与痛点，并对症下药、组织整改，不断推动各级文化行政主管部门完善公共文化服务体系建设工作，充分保障人民群众的文化权益。

明确考核方式与考核主体。注重现代化公共文化服务体系建设过程的动态跟踪管理，对公共文化服务体系构建工作采取多种考核方式，如日常调度、动态督查、年终考核等进行考核，多单位、多部门落实考核工作的层级划分与主体责任，推动公共文化服务的考核工作常态化发展，不断提升武汉市公共文化服务监管与管理水平，构筑政府、市场、社会共同参与的服务体系格局。

（三）政府购买，推动公共文化服务机制创新

为加快建立有利于政府职能全面转变、促进公共文化服务均衡化发展的模式，构建了"政府搭台—市场辅助—民众参与"的平台，实现政府购买公共文化服务的健康长效机制。

第一，解除各种独占公共文化服务供给的约束性规制。下放公共文化服务供给的各项权力，实现权力的分散化与共享化，运用市场机制与社会机制实现政府与文化企业、文化社会组织在公共文化服务供给当中的权力分享、责任共担与协商合作，释放文化社会力量发育成长空间，形成公共文化服务供给的多中心竞争性合作格局。

第二，确保信息公开。定期适时发布各自有关公共文化服务生产、供给、管理与服务等方面的信息，实现相互间信息公开与社会化共享，保障

---

❶ 武汉市人民政府. 武汉市文化发展"十三五"规划（2016—2020 年）[EB/OL]. (2016 - 12 - 31) [2021 - 05 - 01]. http：//www. wuhan. gov. cn/zwgk/xxgk/ghjh/zzqgh/202003/t20200316_970577. shtml.

政府购买公共文化服务过程所需的信息完全性与对称性，促进供给主体间相互信息沟通与彼此竞争性合作。

第三，加强财政引导。灵活运用财政补贴、定向采购、转移支付以及税收减免等公共财政措施，鼓励文化社会力量积极参与公共文化服务供给的各个环节，发挥公共财政的"撬动效应"。在"十四五"规划中，武汉市明确了市公共文化服务基金的设立，旨在将基金搭建成所有参与公共文化服务供给的组织机构的竞争舞台，保障其按照公平、公正、公开与透明原则，经由自愿申请、专家评估、行政核准或商洽立项等程序，获取购买公共文化服务的基金份额，实现公共文化服务资源的有效竞争与购买资金的公平配置，维护政府购买公共文化服务的实质正义与程序正义，鼓励民间社会资本投资公共文化服务，拓展公共文化服务经费来源的渠道。

第四，完善招标采购制度招标。组建由各类公共文化服务专业人员参加的独立性招标采购委员会，全面负责政府招标采购公共文化服务的具体运作；建立公共文化需求偏好表达机制，尽可能将喜闻乐见的公共文化服务纳入政府购买日程，并实行动态性调整；建设公共文化服务招标采购的信息平台，建立公开化信息发布机制，完全公开政府招标采购的资格标准、服务内容、运作程序与最终结果等相关信息，保障政府购买公共文化服务的招标采购过程的透明性。

第五，探索合同外包、特许经营、政府资助、凭单制、法令委托、减免税、使用者付费与志愿服务等多样形式，建立政府与市场、社会三者协同合作的公共文化服务的立体化供给模式。

二、全面激活文化事业发展创新智慧

（一）以文化流动为支撑，促进文化事业创新发展

首先，武汉市作为国家历史文化名城，全面正确地认识到文化遗产继承与文化创新的关系，将文化遗产和文化积淀变成文化事业创新发展的资本。文化资源既包括历史的遗存，更包含了当下的创造和增加，而后者赋予了一个城市文化事业的文化创新活力。

其次，文化流动作为武汉文化事业发展创新的重要路径，调动各方资源为其创造条件。一方面，通过文化流动，文化事业发展质量得到了提

高，文化软实力有所增强。另一方面，在战略上确保文化事业在文化流动中处于有利位置，表现为以下四个方面：一是将文化设施和机构、流动能力、文化活动作为文化流动的基础条件，利用强大的经济硬实力为文化软实力提供设施、事业机构等的硬件支撑，争取做大做强文化设施，推动文化事业机构科学布局；二是凝聚了文化人才和文化精英，将文化事业单位、一流高校和学术机构汇聚在一起，引导创意人才、科技人才向文化事业流动，同时打破了文化资源垄断和固化配置，鼓励创新组织参与解决社会问题；三是丰富资源来源渠道，多方主体参与，更多的新生力量参与到公共文化产品供给，包括市场、各类社会组织及公民个体力量；四是拓展了公共空间，公民主体间的人文社交不再只局限于传统公共空间，网络空间、社区型公共空间在日常生活中同样扮演着极其重要的角色。

（二）以四大工程为保障，凝聚培育文化人才

加强文化发展人才队伍建设，将文化建设人才纳入全市各级党委和政府人才发展规划和工作计划中。落实好"百万大学生留汉创业就业""百万校友资智回汉""高校科研成果转化对接""海外科创人才来汉发展"等四大资智聚汉工程，全力培育创意阶层，为文化事业发展储备力量。为解决大学毕业生落户、住房、收入"三大难题"，建设全国低成本创新创业中心，打造成"大学生最友好城市"，为广大青年人才营造大众创新、万众创业的大环境。重视高端领军人才的引进，着眼全球，招募全球人才，打造百亿千亿企业，加大对文化领域高端人才的引进，以聚力发展"菁英经济""校友经济""院士经济""海归经济"为主要抓手，重点引进一批世界级的文化领军人才，引入一批世界级的文化领域创新创业团队，围绕"一带一路"、长江经济带等国家战略和国家中心城市、全面创新改革实验区、自主创新示范区、中国自贸区武汉片区、中法武汉生态示范城等国家级改革试点，策划开展一系列招才引智推介和国际国内人才合作交流活动。

加大人才引进、培养力度，多层次、多角度构建复合型的人才结构。支持文化事业与高校院所、培训机构、文化企业、园区基地、众创空间、孵化器等的合作，充分发挥优势，推进产学研用合作培养人才，有计划、有步骤地打造一支以高端文化领军人物牵头，以优秀中青年人才为主体的

金字塔型的文化人才梯队。重视以文化为核心，多学科、多行业的复合型人才结构建设，强化以"金融、科技、艺术"等文化延伸领域的配套人才的培养与引进工作，保障地区文化事业"辐射式"的发展。

（三）深化国内外文化交流，激励城市创新合作

推动文化流动、促进文化创新离不开国内外文化交流与合作，深化国内外文化交流可以从价值观念的交流、文化事业的交流、文化产业的交流和教育学术的交流四部分着手。价值观念的交流是文化交流的核心，可促进武汉与国内外其他城市之间的相互理解，为各类文化合作与推进带来更多"精神合力"；文化事业的交流主要是政府间的文化项目交流，如文物巡展借展、艺术团体访问、共同举办特色文化节庆等；文化产业的交流主要指市场间的文化贸易，如会展活动、文化企业投融资、文化旅游等；教育学术的交流主要是推动教育经验和科学研究的相互学习和人才流动等。

首先，以加强武汉市国际友好城市的国际联谊和合作为抓手，借助这一便利化、制度化的安排促进武汉与其他国际城市之间的文化交流。其次，在政治活动中推进文化交流。武汉市长、副市长等高层行政官员对其他城市进行正式互访、参与会议、参与体育盛事、文化节、纪念日等活动时，可设立文化议题进行交流；派代表团进行考察学习、赠送礼品、授勋表彰等维系双方的关系，提高并强化对各自城市历史、艺术和体育等方面的认知。再次，在经济联系中推进文化交流。代表城市特色的商品是友好城市在经济交往过程中进行文化交流的重要媒介，可重点推进文化旅游、动漫文化、设计行业、文化科技融合技术及产品等方面的交流合作。最后，在社会交往中推进文化交流。重点推动体育团体、文艺团体、教育团体等与国内外城市的文化交流，积极举办或参加体育赛事、高校交流活动、联合培养项目、长期交换项目、短期交流项目等，进行民间艺术团体互访、互通图书馆资源等，举办或参与电影节、音乐节、文学节、学术会议、各类型博览会等活动。

三、构建武汉"知音江城"城市文化形象

城市文化形象是一个城市的历史文脉、蕴含的文化精神、核心价值理念、独特文化标志和鲜明气质特色的集中展示与体现，是城市主体对各种

城市文化要素，经过长期综合发展所形成的一种潜在直观的反映和评价。在工业化与科技文化的现代社会中，城市已发展成为由价值和资源支配相互依存、相互对立的"竞技场"。城市形象建设是实现城市可持续发展的必然要求，也是国家城市化、信息化建设战略的组成部分。城市（群）的发展进程直接影响国家的发展战略，城市可持续发展也是国家可持续发展的重要前提。❶

20 世纪 50 年代末，美国著名城市规划师凯文·林奇在《城市意象》一书中，主张"城市形象是人们对城市物质环境主观的有机反映"❷，并认为道路、边界、区域、节点、标志物是城市意象塑造的关键要素。而张冬月从媒体议程设置的角度，认为城市形象代表了一个城市的整体风貌，能够在公众心中被描述和想象，是一种"偏离客观的现实世界"。❸ 蒋栩根从我国国情出发，认为城市形象可以视作城市竞争的软实力，是一个城市的内部公众与外部公众对该城市在综合实力、外显前进活力与未来发展前景的具体感知、总体看法和综合评价。❹ 胡之冠则认为城市形象是城市给人的印象和感受，而构成这种印象的包括建筑、交通、生活设施，而市民行为、文化气氛、风土人情等共同构建起了城市形象关键的内容。❺

在目前大众传播发达、拟态环境特点凸显的现代媒介信息社会中，城市或区域之间的竞争越来越激烈，城市形象也就成为竞争中的一种注脚。利用大众媒体塑造和传播"象征性现实"的城市良好形象有可能成为城市竞争力的一部分。在全球化城市角逐场上，城市对外部的吸引力反映在城市形象上，从这个竞争角度来看，城市形象传播比城市基础建设本身显得更为关键。因此，如何塑造城市形象及其城市形象在社会大众传播的效果与影响，也关系到城市软实力与竞争力的提升问题。

---

❶ 莫智勇. 中国城市形象传播力研究［D］. 武汉：武汉大学，2013.

❷ 凯文·林奇. 城市意象［M］. 方益萍，何晓军，译. 北京：华夏出版社，2001：102 – 106.

❸ 张冬月. 城市形象建构的媒体议程设置研究：以长沙为例［J］. 今传媒，2019，27（10）：48 – 49.

❹ 蒋栩根. 短视频时代个体叙事视角下的武汉城市形象建构：以自媒体"二更更武汉"短视频为例［J］. 科教导刊（旬刊），2019（8）：160 – 161.

❺ 胡之冠. 南昌城市形象在政务新媒体的传播策略探析［J］. 新闻传播，2019（4）：68 – 69.

由此可见，城市文化形象是决定城市品位的外在显性标识，可直观地呈现城市的文化信息，增加城市的知名度，提高城市的核心竞争力。其作为无形资产，可以提高城市的增值能力。重视引导城市文化空间的建设，有利于开展对外交流。当前，武汉市着力构建"知音江城"城市文化形象，讲好武汉城市故事。

（一）成立专门城市文化形象策划管理机构

政府主导并协调各个部门，联合高等院校，聘请专业形象设计机构，多方主体共同构建城市文化形象专门管理机构，负责咨询、规划和监督工作，处理与城市文化形象有关的事务。该机构要制定以"汉派江城"为主题的城市文化形象定位等发展规划，开展城市文化形象的整体营销和推介活动，负责形象系统设计和维护以及形象危机应对等方面的工作，培养提升公共服务部门城市文化形象意识，掌握基本形象营销推广技能，形成科学的城市文化形象运营机制。

（二）强化社会主义核心价值观宣传与教育

继续加强社会主义核心价值观的宣传工作与公民道德建设工作，规范市民行为，提升人文素养。以《武汉市文明行为促进条例》为基准，在社会信用体系建设的基础上建设"市民文明行为档案库"，推进完善市民行为奖惩机制，强化市民责任感和公民意识，进而推动文明城市建设常态化、超大城市治理精细化。

（三）开展系列特色文化活动

开展具有武汉特色的文化活动，增强国内外受众的认同度。一方面，依托城市特色文化元素以及文化名人效应，开展富有武汉特色的大型文化节庆活动，打造系列富有文化内涵、具有武汉民俗特色的活动项目，加强宣传提高活动的吸引力和影响力，建立武汉文化活动品牌。另一方面，积极承办国家文化艺术交流项目，加强对外合作，联合举办跨地区的文化艺术交流活动，获得国内外受众的认可，从国内外两方面提升武汉市的形象。

（四）系统提炼武汉市文化元素

根据文化分类，可从物质文化和非物质文化两方面提炼武汉市文化元素。如物质文化中的水文化、汉味饮食文化、汉绣服饰文化、建筑与桥梁设计文化等，非物质文化中的神话传说文化、近现代革命文化、方言文化、武汉精神等，（见表 5-3）从中提炼文化元素，整合文化资源，作为武汉城市文化形象的主要特色，同时要在城市标识系统、公共艺术、文化宣传、特色文化活动等方面体现，使武汉市在总体布局和局部景观特色上都能表现出特有的文化风情，塑造具有地方特色的城市个性。

表 5-3　武汉城市文化形象文化基因

	水文化	城市结构、水产鱼馔、大江大湖、舟船文化
物质文化基因	汉味饮食文化	传统名菜、传统小吃、"过早"文化
	汉绣服饰文化	生活用品、装饰品、形象元素
	建筑与桥梁设计文化	武汉长江大桥、工业遗产、汉口历史文化街区
非物质文化基因	神话传说文化	黄鹤文化、木兰文化、知音文化、问津文化
	近现代革命文化	首义文化、红色文化
	方言文化	汉剧艺术、风物词语、名词变韵
	武汉精神	大气磅礴、彪悍好胜、敢为人先、自强不息、追求卓越、灵巧机变、浪漫不羁

（五）构建武汉吉祥物产业链

构建武汉吉祥物产业链，设计代表武汉"知音江城"形象的吉祥物。当代社会，"萌"经济现象突出，城市吉祥物愈来愈成为承载城市文化形象的视觉表达点。同时，成熟的城市吉祥物会衍生出各种产品，形成完整、全新的经济产业链，可被再创作、再制作为动画、漫画、周边产品等，涉及城市旅游、制造、零售、广告、出版、艺术、互联网及新媒体应用等众多领域。以独特性、辨识性、主流审美、注目性、通俗性、信息性、艺术性为原则，通过社会征集、企业外包等形式，选取吉祥物视觉原型，运用造型美学、色彩传达、设计联动等方法进行设计。

（六）统筹文化保护与发展

统筹推进城市文化形象构建与文化产业发展、历史文化遗产的保护和利用、城市的文化空间建设等方面的协同发展。城市文化主要通过文化活动的开展、文化产品的开发、文化设施的建设三方面来影响城市文化形象的塑造，如桂林、杭州、丽江等城市借助"印象"系列演艺产品和文化旅游产品，成功地推广本地特色的城市文化形象。城市所拥有的历史文化遗产是构建城市文化形象的重要资源。要加强保护和合理利用城市历史文化建筑、遗址文物、民风民俗资源。强化对古街、古楼、古村的改造规划与创意策划，打造特色鲜明的历史文化街区，使其成为城市文化形象中亮丽的风景线。城市文化空间是城市文化形象的重要载体，包括硬件空间和软件空间两个方面，其中硬件空间包括静态的城市整体布局与建筑物等，软件空间包括动态的文化活动、文化人才网络等。

第六章 "以文化城"的未来之路

党的十八大以来，中国文化建设受到了前所未有的关注，也取得了显著进步，中华文化的影响力在广度、深度、效度上都有显著提升，中华文化为全球文化发展输送中国智慧，尤其在构建人类命运共同体的过程中，不断提供来自中国的强大精神力量和智力支撑。在习近平新时代中国特色社会主义思想指导下，中国坚定文化自信，通过促进中华优秀传统文化的传承与创新，加快文化产业的转型和文化事业的升级，增强文化产品的国际竞争力，为实现中华民族伟大复兴奋斗不已。

文化经济和服务在城市发展中起着重要的支撑作用，新时代我国城市文化建设需要重视城市优秀传统文化的传承与创新，充分发挥大城市群的文化引领作用，也要缩小城市之间的文化发展不平衡程度，实现"以文化城"的城市发展进步之路。

第一节 新时代城市文化建设理路

借助改革开放的东风，中国开启了飞速的城镇化进程，这次史上规模最大、速度最快的改革让中国城市的发展日新月异，取得了举世瞩目的成就，在推动整个经济社会发展、改善民生中发挥了重要作用。

新时代里，城市建设成为现代化建设的重要力量，中国城市发展面临新的机遇和挑战，需要进行更加广泛深入的改革，城市文化建设是城市建设的重要组成部分，中国城市发展动态和趋势直接影响城市文化建设的方向和未来。

一、中国城市发展动态

中国一直重视城市的建设和发展，2015 年，国家召开城市工作会议，布局城市发展的顶层设计，指出要尊重城市发展规律，转变城市发展方式，提高城市工作全局性、系统性、持续性，提高各方推动城市发展的积极性。在国家的号召下，各地政府从建设与管理两端着力，创新解决城市病等突出问题，城市得到健康成长。新时代里，中国城市发展呈现如下动态。

（一）都市圈聚集效应显现

《国家新型城镇化规划（2014—2020 年）》确立城市群为新型城镇化主体形态，并规划建设 19 个城市群，由于当前我国多数城市群发展尚不成熟，国家开始培育都市圈计划，都市圈是从城镇化到城市群的中间阶段。2019 年 2 月，国家发改委发布《关于培育发展现代化都市圈的指导意见》（以下简称《意见》），这是中国第一份以"都市圈"为主题的中央文件，标志着都市圈时代正式来临。《意见》指出，都市圈是城市群内部以超大特大城市或辐射带动功能强的大城市为中心、以 1 小时通勤圈为基本范围的城镇化空间形态。❶ 2020 年 10 月，"十四五"规划继续提出："优化行政区划设置，发挥中心城市和城市群带动作用，建设现代化都市圈。"❷ 国家将以促进城市群发展为抓手，加快形成"两横三纵"城镇化战略格局，区域发展将转变为以中心城市和城市群为重要载体的发展模式。

都市圈建设以同城化为方向，按 1 小时打造城市通勤圈，最大受益者是圈内的中小城市。都市圈将促进城市功能互补、产业错位布局，推动公共服务共建共享和政策协同。当前，中国有上海等 10 个 2000 万人以上的大都市圈，有重庆等 14 个 1000 万～2000 万人的大都市圈，这些大都市圈创造了约 54% 的 GDP。虽然 24 个千万级大都市圈在经济产业实力以及圈内中心城市对周边城市的带动作用方面也有差异，比如，较为发达的都市

---

❶ 国家发展改革委. 关于培育发展现代化都市圈的指导意见 [ER/OL]. （2019－02－21）. http：//www. gov. cn/xinwen/2019－02/21/content_5367465. htm.

❷ 关于制定国民经济和社会发展第十四个五年规划和二○三五年远景目标的建议 [ER/OL]. （2020－11－03）. http：//www. gov. cn/zhengce/2020－11/03/content_5556991. htm.

圈整体经济水平领先，且中心城市与部分周边城市差距开始明显缩小；正在发展中的都市圈整体经济实力较强，但中心城市对周边城市的发展带动尚不足；还处于起步阶段的都市圈整体经济实力不够强，中心城市和周边城市的经济联系较弱。但多数都市圈人口和产业处于持续流入状态，未来大都市圈人口和产业占比仍将继续提升，都市圈、城市群的聚集效应逐渐显现。以中心城市为引领的都市圈城市群成为支撑中国经济高质量发展的主要平台，是中国当前以及未来发展的重点。

（二）国际影响力持续加强

经济全球化是促进中国城市群与国际接轨的重要因素之一，城市发展水平与城市开放程度呈正相关态势，城市对外开放程度越高，城市经济发展水平越高，文化交流越频繁越深入，城市群发育程度就越高。

在经济发展方面，改革开放40多年来，中国已经成为世界上第二大经济体，中国经济与世界经济的融合不断深化。在社会制度优势、人力资源优势、市场环境优势等经济发展优势的不断加持下，中国经济走势强劲，在国际上也赢得了越来越多的共识。虽然经历了疫情的打击，中国经济仍然表现出巨大的韧性，中国经济的恢复速度惊人，不断地创造奇迹。当前，世界经济仍在动荡中，不确定因素仍然很多，比如国家政策调整、保护主义加剧、疫情仍在持续等对经济发展都会产生影响。对于中国来讲，稳中求进，保持经济社会持续健康发展就是在为世界稳定发展做贡献。中国经济的强劲表现同时也产生了辐射作用，明显带动部分国家的经济发展，显示出国际影响力，中国逐渐成为全球经济增长的"主引擎"。在全球化时代，全球供应链的要求越来越高，无论是生产还是物资、库存和时间上，都开始追求低成本。因此，全球供应链不仅要求各个环节的专业性，还要求有灵活快速的应对体制，中国城市群兴建的港口、机场、高速公路和高铁等，为高效率的运转打下了坚实的基础，提供了良好的交通环境。同时，城市的新兴工业、互联网、新消费也给世界经济带来了新机会，未来中国经济增长效率和质量将得到更好的提升。世界对中国的期待，也正在从"高速度"转为"高质量"。

在文化交流方面，近年来，多个城市在城市规划上已经将城市国际形象建设、国际影响力等作为城市发展规划的一项重要内容，并且结合城市特色为城市国际形象建设描绘出具体的实现途径。部分城市在国际文化交流方面已走上产业化、专业化发展道路，注重从供给侧改革提高对外传播的服务能力和文化对经济的支撑能力，尤其是抓住未来重大节事活动的宣传要点，将城市的国际形象传播落实到个体化的体验，从而增强了城市国际文化影响力。

（三）城市创新动能强劲

过去，中国城市的发展动力主要源自固定资产投资、土地扩张以及低成本劳动力供给等，随着城市的发展，这些低科技含量已经不能满足城市发展的需要，国家开始开启创新驱动城市发展，将城市潜力变成现实的生产力。自 2008 年以来，科技部、国家发改委开展创新型城市建设，先后有 78 个城市（区）得到国家资助，城市工作会议也着重提出要通过科技、文化的改革释放城市发展新动能。

2020 年 12 月 26 日，科技部和中国科学技术信息研究所分别公布《国家创新型城市创新能力监测报告 2020》和《国家创新型城市创新能力评价报告 2020》，报告构建了包括创新治理力在内的 5 个方面的监测评价指标体系，国家创新型城市的创新能力有了相对客观的监测指标和评价标准。报告显示，国家创新型城市建设成效显著，科技创新成为高质量发展的核心驱动力，部分城市创新动能强劲、高质量发展势头良好，城市创新能力越强，经济发展水平越高。武汉成为创新能力排名前五的城市。城市创新发展的核心动力来自高层次创新人才，排名靠前的城市往往同时也是科教资源较为丰富的城市或者是能集聚人才的一线城市。

城市发展未来能走多远取决于城市创新能力，如果能抢抓新一轮科技革命的机遇，搭上产业变革的快车，聚焦营造创新创业生态，持续增强科技创新在城市建设中的支撑和引领作用，探索差异化创新发展道路，城市发展趋势必将越来越好。

（四）公众参与程度渐深

城市发展和公众的切身利益紧密相关，因此公众参与是社会主义经济建设的必然要求；公众参与也是民主政治建设的要求，公众的监督能促使政府机构规范市场秩序，确保公开性与公平性；公众参与还是依法行政的要求，公众的意志需要通过公众参与来实现。

人民是城市建设的主力，也是城市工作的中心，新时代城市发展的最终目标仍然是要让人民生活变得更加美好。只有坚持以人为本的原则，将公众参与变成常规性的、基本性的做法，更好地遵循城市建设的客观规律，使公众参与城市发展规划、建设管理更加成熟、更加有效。实现共治共管、共治共享，才能使城市建设更适应时代的要求，更符合人民的需要。

人民群众对推进城市建设、改善生活具有天然的热情和要求，政府需要采取措施将人民建设城市的积极性和主动性激发出来，将公众的意见体现在城市建设的规划、方案和项目实施中，并引导公众参与到推进城市建设的行动中去，从而使公众不再是城市建设的局外人或观察者，而是城市建设的参与者、设计者和受益者，这样才能更鲜明地体现城市建设的本质。随着通信技术的发展，在新时代里，公众可以通过电话、网络、论坛、媒体或参与调查等多种渠道表达城市建设的意见和想法，因此公众参与的重点在于政府和单位在进行城市建设规划和实施时要通过多种方式听取、采纳或者吸收群众意见。

公众参与城市建设已显现出多种成效。首先，在具体项目的规划、设计中，由于吸取了公众的一系列合理意见，项目在设计和实施中往往更科学、高效、合理、务实、人性化。其次，在城市建设的体制机制改革中，随着公众参与活动的开展和逐渐深化，政府部门和企业单位管理者的观念和工作作风、工作机制和建设模式也正在发生悄然而又深刻的变革，这些都给城市带来了新的活力。

（五）均衡发展受到重视

中国实施城市群战略由来已久，城市群在推动国家重大区域战略融合发展上起到了积极的作用。建立以中心城市引领城市群发展、城市群带动区域发展的新模式，由于地理分布、历史积淀、环境条件等的影响，不同城市群的规模、发展水平不平衡，同一城市群内不同规模城市经济发展水平差异较大。

历史基础造成的起点不同，人口、经济集聚的原始路径惯性依赖，城镇化发展的政策等是导致城市发展不均衡的重要原因。中小城市发展本身在经济规模上存在劣势，在人才、基础设施上存在缺陷，另外，行政主导、市场跟随还会产生负面影响，不自觉地强化"马太效应"。城市群发展的现实情况往往是超大城市发展势头强劲，中小城市发展乏力，没有形成合理的大中小城市体系结构。因此，实现"空间均衡"的发展，应当是当今中国城市发展的重中之重。为实现城市均衡发展，应以城市群为载体带动中小城市发展，促使城市群核心的超大、特大城市发挥回流效应，打通微循环，合理发展中等城市，积极发展小城市。对于处于城市群中的中小城市，要抓住城市群、都市圈战略带来的发展契机，主动从城市群、都市圈发展的角度对自身进行准确定位，有条件承接核心城市的辐射和带动，避免与核心城市落差过大，无法接受其产业和功能转移的状况，同时走特色之路，为自身的产业发展和人口聚集提供动力。

（六）文化充实内涵品位

中国之前提速急行的城镇化过程中，往往重视的是基础设施、交通、建筑等"硬"建设，在新时代的大转折时期里，则逐渐显示了需要加强文化建设，用以提升城市发展内涵、提升城市品位，进而推进城市发展的新趋势。

文化不仅是城市的灵魂和独特魅力所在，而且是城市经济的重要内容、城市软实力的重要组成部分，文化建设的影响不可限制。有文化的城市更有魅力，能吸引更多的资源进入城市，也更具有影响力，在对外交流和合作时有更强的主动性，更有创造力，在推动城市发展中更能开拓进取。无论是对一个国家，还是对一个城市，文化自信是更基本、更深层、更持久的力量。在未来的城市发展中，文化创意、创新、创造力将使城市有更长足的发展后劲和未来。

二、中国城市文化建设原则

（一）城市文化建设必须坚持社会主义方向

习近平总书记在党的十九大报告中提出，要坚持中国特色社会主义文化发展道路，激发全民族文化创新创造活力，建设社会主义文化强国。报告为新时代中国城市文化建设指明了方向和道路。

第一，城市文化建设要确保社会主义性质和道路。随着全球化进程的加快和网络技术的发展，国外各种思潮和精神污染也随之而来，而中国特色社会主义道路是党和人民历经艰辛探索出的适合中国国情的道路，是根植于中国大地、反映中国人民意愿、适应中国和时代发展进步要求的社会主义，也是为中国实践所证明的社会主义。中国近现代历史和社会发展证明，只有社会主义才能救中国和发展中国，也才能实现中华民族伟大复兴。因此，中国的社会发展必须坚持走中国特色社会主义道路，中国的城市文化建设也必须不断坚持和发展中国特色社会主义。

第二，城市文化建设还要将坚持为人民服务作为根本的定位和方向。历史唯物主义告诉我们，人民群众是社会实践的主体，是历史的创造者。因此，城市的文化和建设从本质上来说是服务于中国最广大人民群众的，城市文化建设是为了人民，应依靠广大人民群众，建设成果也应由人民共享。

第三，推动城市综合文化实力出新出彩，必须坚持用习近平新时代中国特色社会主义思想凝心铸魂，培育和践行社会主义核心价值观，提高宣传思想战线能力水平。

（二）城市文化建设必须坚守中华文化立场

习近平总书记指出，"中国特色社会主义文化，源自于中华民族五千多年文明历史所孕育的中华优秀传统文化，熔铸于党领导人民在革命、建设、改革中创造的革命文化和社会主义先进文化，植根于中国特色社会主义伟大实践"。● 其中，中华优秀传统文化、革命文化和社会主义先进文化等共同构成了中华文化的内容，也是中国文化自信的源头所在。中国特色社会主义文化建设就是：以马克思主义为指导，坚守中华文化立场，立足当代中国现实，结合当今时代条件，发展面向现代化、面向世界、面向未来的，民族的、科学的、大众的社会主义文化。而坚守中华文化立场，关键就是要坚持以马克思主义为指导。中国传统文化中很多朴素的哲学与

● 习近平. 决胜全面建成小康社会 夺取新时代中国特色社会主义伟大胜利：在中国共产党第十九次全国代表大会上的报告［ER/OL］.（2017－10－27）. http：//www. gov. cn/zhuanti/2017－10/27/content_5234876. htm.

马克思主义的唯物论、辩证法是相融相通的，自觉运用马克思主义唯物史观作指导对中国传统文化进行分析鉴别，取其精华、去其糟粕，才能正确地揭示文化的本质和作用，为社会发展和城市建设服务。

（三）城市文化建设必须坚持开放性品格

习近平总书记在纪念马克思诞辰 200 周年大会上强调指出，"马克思主义是不断发展的开放的理论，始终站在时代前沿"。● 马克思主义理论是在批判地继承既有理论的基础上，吸收借鉴人类历史上一切优秀思想文化成果的结果，因此是一种开放的理论，同时，马克思主义理论的开放性还表现在，马克思主义理论还能不断探索时代发展提出的新课题、回应人类社会面临的新挑战。因此，在马克思主义理论指导下的中国城市文化建设也必须坚持开放性品格。

城市文化建设的内容之一是传承城市优秀传统文化，而推动中华优秀传统文化"双创"的路径之一就是实行对外开放，加强文化的对外文流。当今世界各国文化相互交流日益频繁，需要正确处理中华传统文化与外来文化的关系，睁眼看世界，了解世界上不同民族的历史文化，从中获得启发、为我所用来推动中华优秀传统文化"双创"，激活其生命力，让中华文明同世界各国文明共同为构建人类命运共同体做出贡献。

10 月 31 日"世界城市日"是由我国发起设立的国际日，源自 2010 年上海世博会高峰论坛上发布的《上海宣言》，宣言提议设置世界城市日用以激励人类为城市创新与和谐发展而不懈追求和奋斗。2013 年，第 68 届联合国大会第二委员会通过有关人类住区问题的决议，自 2014 年起，将每年的 10 月 31 日设为"世界城市日"并获得了联合国全体会员国的支持。世界城市日自设立至今，已先后在上海等城市举办了活动，其总主题为"城市，让生活更美好"，表达了世界城市建设的共同愿望。"世界城市日"是中国城市建设开放性文化品格的充分体现，有利于加强世界各国共同关注城市发展进程中的共性问题与重大挑战，促进解决全球城市问题。借助"世界城市日"平台，世界各国可以开展合作，对各类资源进行综合、整合与提升，发达国家可以寻求重大问题的解决方案，发展中国家能够学习

● 习近平. 在纪念马克思诞辰 200 周年大会上的讲话［N］. 人民日报，2018 – 05 – 04.

先进经验，世界各国可以深入探讨城市快速发展过程中的主要挑战，共同实践解决方案，共同促进全球城市乃至全人类的可持续发展。

（四）城市文化建设必须坚持差异化战略

文化理应是一个城市独特精神的体现，同时也是区分城市的重要符号。"千城一面"往往是伴随城市现代化建设中出现的现象，因此在城市文化建设中要正确处理文化传承与时代创新的关系，实施差异化战略。

首先，城市的规划和建设需要尊重历史与文化。在历史文化传承的基础上进行创新，而不能丢弃城市原有的文化特色，新的文化发展观要求城市文化发展要保留和突出自己的城市文化特色。

其次要融入和符合新时代的需要。把历史文化资源、人力智力资源等结合起来，才能形成符合实际、各具特色的新型城市文化发展模式，才能打开更为广阔的发展空间。比如将传统建筑与时代特征相结合，把传统文化、特色文化融于设计中，从而实现建筑的现代化，而不是简单的大拆大建。

第二节 新时代城市文化建设类型

城市是人们聚居与生活的地方，为人们的生存和活动提供设施或场所。在关注城市时，多从"主体""功能""空间"三个角度出发，其中，个人及人群存在的状态，如聚居的程度及状态或社会团体的体制及制度，属于城市"主体"范畴；人们开展的各项活动，如经济活动、文化活动等相关的内容，可以归入城市"功能"范畴；城市的物质状态，如各种设施、装备、场所的呈现和集合状态，则属于"空间"范畴，主体、功能和空间三者间是相互关联的，每个城市的主体、功能和空间都是多种多样的。在进行类型划分时，以城市的主要功能为基本表述，统筹主体和空间的区别，更有利于对城市资源条件、历史发展、周边环境、区位影响等进行综合分析。

同时，文化是城市的生命和灵魂，城市文化建设是一个城市综合竞争力和"软实力"的引领与支撑。当前社会进入以文化论输赢的新时代，新时代的城市建设应根据自身的文化资源特点、文化建设动力源泉，发挥文化治理优势，推进城市文化建设发展。文化已然成为经济社会发展的新着力点，成为衡量城市发展和社会进步的重要指标，文化治理将成为城市创造性发展的新"范式"。

因此，从城市的性质、功能以及城市文化发展的动力机制和资源比较优势等来看，新时代城市文化建设的未来发展类型可以分为以下五种。

一、政府引导型城市文化建设

政府引导型城市文化建设的主要动力来自政府，城市文化的起步、成长与发展都需要政府的积极引导，借助政府在城市中的政治地位和政治影响力，通过政府自上而下有效地参与，促进城市文化在较短的时间内取得快速的发展。政府引导型城市文化建设的显著特点在于政府在城市演变中扮演规划者、设计者、决定者的角色，主要通过城市文化建设规划引领城市文化建设。无论是在全能型政府理论中，还是在有限政府的阐释下，政府都有重要的地位和作用。作为城市文化的建设者和执行者，政府在城市文化建设中的理念和行为对城市文化的发展方向和发展结果都有着举足轻重的影响。城市文化建设的成功经验也说明政府所扮演的角色是公共决策的主要制定者，也是规划者和引导者，所起的作用是不可取代的。

（一）典型特征

国内外传统城市发展最为明显的特征就是政治职能多为主要功能，政治因素在城市形成和发展中起着非常重要的作用，城市的政治地位在一定程度上决定着城市的规模。在农业经济发展为主的中国古代，城市发展的推动力主要来自政治力量和军事力量，行政中心往往会发展成为大城市，各级政府设置于城市内部，构成国家统治机器的重要组成部分。"都"代表着宗庙，是国家统治权力的象征，"市"代表着商贸，是经济发展的象征，而"城"则代表着对政治和经济发展的"包围"和"防护"，"城市"即为"都""市""城"的综合体，象征着权力及发展。尤其是城市体系与行政体系是相对应和配套的，京城、省城、府城、县城和乡镇的五级城市体系本身就构成了国家行政统治体系，更形成了不同层级的文化风格和习俗。政治功能型城市文化的建设及发展则紧紧围绕政治展开，仅以1982年国务院公布的首批24座历史文化名城为例，其中的北京、西安、洛阳、南京等都曾是国家政治统治的中心，在城市构建中展现的恢宏气派和规制特色都代表着中国传统的政治思想。而大同、江陵、长沙、拉萨等在历史上成为区域性政治中心的城市也在全国城市格局中占有重要的地位，并各具地方文化特色。而在欧洲，其早期由分散的村落向高度组织化的城市发展的主要动力为王权统治，在城市集中聚合过程中，国王占中心凝聚地位，有明显的政治色彩，城市文化建设也是由皇庭正统文化统筹民间文化的发展。比如，中国北京，古称燕京、北平，是中华人民共和国的首都、直辖市、国家中心城市、超大城市，国务院批复确定的中国政治中心、文化中心、国际交往中心、科技创新中心。瑞士日内瓦，是世界著名的联合国城市，以其深厚的人道主义传统、重大会议及会展举办、众多国际组织所在地著称于世。美国华盛顿位于美国的东北部、中大西洋地区，是美国的首都，大多数美国联邦政府机关及各国驻美国大使馆都位于华盛顿，更是世界银行、国际货币基金组织、美洲国家组织等国际组织总部的所在地，尤其是华盛顿哥伦比亚特区，作为全美国的政治中心，很多经济元素都与政务需求相关。

当今，中国城市体系亦与政治管理体系相适配，"正省部级—副部级（副省级）—计划单列市—准副省级"的城市行政等级体系的设置，对于各级城市形成独特的城市性格和城市风貌有着重要影响。省会（首府）城市的设立，是国家城市政治功能最典型的表现，提到省会城市就会有政治、经济和文化发展中心的综合城市印象。省会（首府）城市是国家一级行政区，一般为省的政治中心或政治驻地，政治功能十分明显，一般基于一个城市的政治地位及政治作用而设置，如济南、石家庄、长春、哈尔滨、兰州、杭州、郑州、武汉等作为省会城市，都是区域的政治中心，在城市发展过程中具有强大的竞争力和吸引力，并形成了独具区域特色的城市文化。

（二）建设思路

在政府的引导下，我国城市文化建设呈现突飞猛进的态势，部分城市形成了以政府主导、国有文化事业和产业为主体的城市文化产业格局。但受传统为政思想、社会消极因素、经济发展水平的制约以及旧文化体制等的影响，在城市文化建设中还存在政企不分的现象，政府对文化建设资金投入不够，对城市文化的继承与创新推动作用不强，对文化资源分配效率不高，对国有文化单位的改革在法律和政策上还存在不足，对城市文化监督管理不够科学，对文化产业的布局不够科学，对产业结构的调整不够到位，对城市文化人才的培养和挖掘不够等问题。城市文化的建设中，政府应该通过政策、法令发挥规划、引导等作用。因此，政府制定科学的政策制度等，是政府引导城市文化建设成功的重要途径。当下，政府职能被赋予新的时代意义，城市文化建设也迎来新的机遇，政府应该积极主动地采取各项政策和措施，对城市文化发展目标进行合理规划，为城市文化的建设指明方向；通过制度保障、资金保障、机制保障、权益保障、人才保障等，为打造精品城市文化提供政策支持和发展平台；注重城市文化氛围的营造，宣扬城市精神，提升城市文化品位，打造城市文化品牌，通过城市文化建设发展带动城市现代化进程的步伐。

1. 制度保障

文化发展的宽松环境对于城市文化建设具有极为重要的作用，环境因素主要由文化观念和文化制度两方面构成，文化建设观念直接影响着文化发展的追求目标和精神境界，文化制度在推动文化事业和文化产业发展中也起着重要的作用，直接影响着城市文化的建设、发展和投资环境。政府主管部门应进一步转变职能，提高城市文化建设发展的规划与统筹能力，以先进的行政文化引导城市文化事业的发展，以科学严谨的态度规划、统筹城市文化建设，这样才能促进城市文化的繁荣昌盛。

2. 资金保障

政府应加大资金投入力度，同时还要建立并完善城市文化建设的社会资金投入机制，以期能够为城市文化建设提供十足的经济保证。城市文化建设的加快发展，就必须加大文化体制改革的力度，充分解放和调动各种闲置的文化资源，鼓励各种社会资本进入文化产业发展领域同时也要加大财政对文化建设的支持力度，合理编制文化建设的年度预算。

3. 机制保障

从体制机制方面看，要适应新时代、新要求，必须解决文化部门管理僵化等深层次问题。继续深化文化供给侧改革，通过优化管理部门的权责利架构，完善协调机制，创造有利的文化体制机制改革环境。

4. 权益保障

政府要加强对城市文化市场的监督与管理，规范文化市场秩序，打击各种违法行为，保障市民的文化权益。历史文化丰富的城市文化建设应遵循城市的历史文化脉络，按照市民社会的愿景需求，体现城市可持续发展的内在要求，打造主题鲜明的城市文化，并有效地解决好城市文化主题的坚守与整体推进的关系、城市文化建设与市政建设的关系、城市文化建设政府主导与全民参与的关系。在推动文化资源的继承与创新方面，政府要起到积极的引导作用，引导市民、社会等加强对城市文化资源的保护、继承与创新。

5. 人才保障

政府要加大力度，培养高素质文化人才，为城市文化建设提供强大的人才保障、智力保障。城市文化建设是人的实践的过程，需要在生活实践中通过人与物等要素的共同作用，才能形成特有的城市文化和印象，因此，城市文化建设的最终落脚点是文化人才的培养和实践。

6. 服务保障

我国城市公共文化服务尚无统一的标准，因此城市间公共文化服务均等化道路依然漫长，尤其在社会效益和经济效益之间的选择上，很多城市面临难以抉择的困境，因此借助高科技手段，利用信息技术的发展是提升公共文化服务质量的重要渠道和途径。城市要以保护优先、利用为辅，严格按照国家要求建设文化遗址公园、博物馆等公共文化设施，以对城市文化遗产进行保护加创新性应用，让传统文化与现代生产生活实现不断融合发展。

进入新时代，推进城市文化建设需要在习近平新时代中国特色社会主义思想指导下，坚定文化自信，掌握意识形态工作的领导权，以人民为中心繁荣社会主义文艺，促进中华优秀传统文化的传承与创新，以提升文化软实力为目标，加快文化及相关产业转型升级，完善公共文化服务体系，提升公共文化服务能力，增强文化产品和服务贸易的国际竞争力，提高城市文化事业和文化经济高质量发展，为建设社会主义文化强国和中华民族的伟大复兴提供智慧和力量。

二、产业聚集型城市文化建设

产业聚集型城市文化建设的主要动力来自文化产业的聚集效应，文化和产业发展相互促进、相辅相成，文化为产业发展提供丰富的精神内涵和内容，产业为文化发展提供强大的动力支持，类型的显著特点在城市文化经济的力量占主导，引领着城市文化的建设和发展。

（一）典型特征

产业聚集一般是指产业在发展过程中，相关的企业或机构由于相互之间的共性和互补性等特征而紧密联系在一起，形成一组在地理上集中的相互联系、相互支撑并产生良好的外部规模经济、创新效益和竞争效益的产业群的现象。产业聚集一般为在某一区域内相关的企业和机构，伴随着区域资源开发、生产及生活等基础配套设施建设，受到规模经济发展要求的驱动，产业及产品的共性和互补性特征增强，在聚集机制的作用下，形成在地理上集中的相互联系、相互支撑的产业群，从而提高生产效率、降低信息和交易成本、增强整体竞争力。产业聚集型城市，一般具有较强的创新能力，具有持续的产业增长率，具有不断增强的产业扩散效应，具有显著的产业规模和良好的发展潜力，并在时间上呈现出阶段性，随着经济发展阶段而不断进化。

国际知名的产业聚集型文化城市有伯明翰、蒙特利尔、纽约等。伯明翰（英国）作为老牌知名工业城市，虽没有伦敦（英国）作为国家首都的优势，但也是依靠特色文化资源驱动城市文创产业发展。"二战"后，伯明翰经历了普遍衰退，面对城市形象恶化、人口流失、经济衰退等问题，开始重视利用原有产业结构及独有工业遗产发展城市的文化和经济。以英国首例世界遗产铁桥峡谷（属工业遗产类别）为例，英国通过产业化开发，不仅实现了其下辖十座工业遗产博物馆的"经济独立"、每年为地区贡献近 2000 万英镑的经济收益，同时也成功地构建了综合性收益体系。蒙特利尔（加拿大）同样也是"设计之都"，拥有众多举世闻名的博物馆、艺术品画廊和展览中心，众多剧院、电影院和国际盛事，为戏剧、音乐、舞蹈和电影爱好者提供了终年不断的世界级演出，使蒙特利尔成为加拿大和全球领先的文化中心，同时也凸显了本地及本土的特色文化。以"蒙特利尔焰火节"为例，政府不仅将其视作经济活动，更紧扣"树立民族精神"的主旨，将市场调节与公益手段相结合，既由文化公司操办实践，又依托相应非营利机构来统筹，并吸引广大志愿者深度参与，以此弘扬民族精神、发扬蒙特利尔本土文化。与此同时，蒙特利尔注重强化文化特色，例如依托"北美法语文化中心"的地位，通过"政府＋社会"的运作模式，发展以法语文化为内核的文化创意产业，构建本土特色文化语境。需要指出的是，加拿大特别重视对数字艺术及创意产业的发展，已建成世界数字文化产业之都。纽约（美国）作为与伦敦的竞争对手，其文化产业同样实力超群，已发展建设为美国文化最为繁荣和发达的地区，不仅拥有包括百老汇、林肯艺术表演中心、美国大都会博物馆等在内的世界顶级文化设施空间，同时拥有众多非营利文化艺术机构及传统媒体。通过协调九大部门——广告、电影和电视、广播、出版、建筑、设计、音乐、视觉艺术及表演艺术，纽约成功地整合了创意内容在产业中居于中心地位的部门，形成了专门的"创意核心产业部门"，吸引了广大的人才资源及社会资源，至今已吸引超过 30 万名的创意产业就业人员、创造超过 1100 亿美元的产值。

在中国，自新中国建立到改革开放前，在实施计划经济体制下，政府全面掌握着城市经济、文化建设各方面的主导权。改革开放以后，市场经济取代计划经济，政府对社会各项事业的管理思想与管理行为实现了很大的转变，开始重视简政放权，调动社会各方面的主动性与积极性，提升公民参与城市建设的热情。在城市文化建设方面，政府逐渐放松对城市文化建设的控制，从之前的严格管控转变成激励、引导，同时更加重视市民的文化需求，并愿意倾听来自民众对文化的多样性与自主性的呼声，随着科技的发展和社会的进步，城市文化产业的发展也被提上议程，开始成为朝阳产业，很多城市的文化产业迎来了发展的春天。经过多年的发展，当城市的文化产业基本上处在同一条产业链上时，彼此之间成为既竞争又合作的关系，并且呈现横向扩展或纵向延伸的专业化分工格局，再通过相互之间的溢出效应，就能使技术、信息、人才、政策以及相关产业要素等资源得到充分共享，那么聚集于该区域的企业就能因此而获得规模经济效益，进而大大提高整个产业群的竞争力。

（二）建设思路

目前我国城市文化建设方面的市场化程度还需要进一步加强，尤其是在人员、资金的流动方面弱势比较明显，远远比不上经济领域，尤其体现在社会资本、资金较难进入文化领域，资本的流动性不够，在交互上还存在一些隐性的壁垒，而且城市文化产业规模普遍较小，产业结构层次较低，文化资源利用不充分，产业内容上的创新不足。政府应当在对本地文化资源进行全面普查的基础上，高度重视文化产业的发展规划制定，并将文化产业发展纳入全域经济社会发展总体规划，在进行产业布局、空间布局、交通建设、城乡建设时，都要将文化产业的发展纳入视野，为资本进入文化产业创造良好的环境。

1. 注重文化内涵

我国文化产业发展种类丰富，有传媒业、旅游业、影视业、出版业、演艺业、音像业、娱乐业、艺术培训业、美术业、体育业、会展业等，这些为城市文化产业发展提供了广阔的空间。在发展文化产业的过程中，城市首先应当注重提升产业自身的文化内涵和开发项目的自身文化品位，提升产业的人文精神意义而不是只顾经济利益。比如在旅游项目上，需要加强景点的文化建设自觉，除了门票和游乐设施，更应该重视挖掘和开发旅游资源中的文化内涵，推进变文化资源优势为文化产业优势。

2. 注重文化创新

加快城市文化建设，发展文化产业，关键还要注重创新。文化产业是内容产业，以创新和创意为生命线。从文化生产上看，城市文化经济对国民经济发展的作用日益增强，文化创意产业和相关产业融合度不断增强，文化企业地域聚集性和空间差异性也不断增强。但是，大部分城市文化经济在产业低端徘徊不前，国际竞争力提升速度较慢。城市文化建设的关键，往往不在于建设了多少新项目，而要注重是否提升了城市文化内涵和科技含量，是否提升了市民的文化素质和思想道德。在这方面，文化建设与经济建设的产业结构升级具有相同的追求目标。

3. 注重消费质量

随着人民生活水平的提高，城市文化消费从发展型出现转向，转变成享受型，虽然提升了对经济增长的贡献，但也存在一些问题，比如增长速度放缓、水平差距较大、区域发展不平衡、供给质量不高等。而要提高新时代城市文化消费的比重和质量，必须重视文化消费特殊性，以及不同群体消费上的巨大差异性，走差异化发展道路，细分文化消费市场，推动国有资本、民营资本等在文化建设上的通力合作，才能提升供给质量，进而推进国际市场话语权的有效提升。

新时代，城市文化发展必须抓住机遇、深化改革，尊重文化经济的发展规律，注重新兴信息技术和商业模式的创新应用，深耕有产业空间的细分市场，充分把握国家战略和政策机遇，不断提升城市文化经济的质量和竞争力。

三、科学教育型城市文化建设

科学教育型城市文化建设的主要动力来自城市科教资源和人才资源优势，类型的显著特点在于城市拥有丰富的高校资源和雄厚的科研实力，城市的科技水平、教育水平相对较高，引领城市文化的建设和发展。

（一）典型特征

百年大计，教育为本。教育是城市建设和社会发展的重中之重，是一座城市软实力的生动体现，更是构建现代化强国必不可少的前提条件。一流城市孕育一流教育，一流教育成就一流城市。科学与教育是增强城市核心竞争力的重要支撑，承载着人民群众对美好生活的向往。一座城市在发展面向全球、面向未来的教育时，就是在主动识变、应变和求变，积极在教育领域回应群众的真正关切。信息技术的不断发展，促进教育形态日益丰富，智慧教育、智能教育的出现与迭代，不断推动教育与城市发展战略定位更加匹配、与人的全面发展需求更加契合、与信息技术革命的要求更加适应，构建与现代化教育制度体系相适应的一流教育是城市在新时代进行文化建设的重要支撑。教育兴则百业旺，教育强则发展快。在经历"百年未有之大变局"的当今世界，新一轮的科技革命和产业革命带来了前所未有的激烈竞争，而竞争本质上还是人才的竞争和教育的竞争。一个城市拥有的人才数量、人才素质的高低，决定城市经济发展、文化建设的速度和质量，更影响社会政体的安稳状态。

在中国，各大城市都以构建与社会主义强国建设的教育体系为发展导向。深圳始终坚持教育优先发展，在教育领域积极推进改革创新，创造了教育发展的"深圳速度"和"深圳质量"，基础教育已经成为全国基础教育的第一方阵，创新教育成为深圳的一大特色。上海积极推进教育现代化，构建了"普惠型学前教育—优质均衡的基础教育—特色一流高等教育—贯通融合的职业教育—泛在可选的终身教育"的现代化教育体系，为每一个学习者提供了全面而个性的发展选择。在英国，剑桥大学带动剑桥城成为世界上最著名的大学城之一，800多年的建校历史使得剑桥大学与剑桥城你中有我、我中有你，开放的课堂和讲座、博物馆和艺术馆、科学文艺演出，闻名于世的剑桥大学出版业、旅游服务业、高科技产业等，为城市发展提供了充满活力的文化氛围、强大的智力支持和先进的技术服务。位于美国旧金山的硅谷则是"以产带学、以学助产"的典型代表，硅谷最早是研究和生产以硅为基础的半导体芯片的地方，故得名"硅谷"，其电子工业和计算机业的发展水平位于世界顶流，同时又是全世界的人才高地。区位上，硅谷以附近一些具有雄厚科研力量的美国一流大学斯坦福大学、加州大学伯克利分校等世界知名大学为依托，以高新技术的中小公司群为基础，并拥有谷歌、脸书（Facebook）、惠普、英特尔、苹果公司、思科、特斯拉、甲骨文、英伟达等大公司，真正实现了融科学、教育、技术、生产为一体。有着"科学技术的方向盘"之称的波士顿则是美国教育的典范城市，不仅孕育出数代美国总统和各行各样的领导者，更是实现了从幼儿小学初高中教育，再到本科研究生高等教育教育质量和创新能力的一流建设，哈佛大学、麻省理工大学等上百所高等学府，为美国乃至全世界的发展注入源源不断的活力。

（二）建设思路

科学教育资源促进社会发展的主要途径是通过培养高层次人才，开展科学研究，提高科学技术，进而推动社会进步和文化建设。然而，并非所有具有科教优势、人才优势的城市都能很好地把科教资源转为经济发展、文化发展的优势，存在城市科教规模具有优势但质量不佳、科教成果产出量较高但本地贡献率不理想、产学研结合不够而初创孵化能力不足、人才流失、技术流失等现象和问题。在新时代里，科教优势、人才优势与发展优势的关系已经从潜在的伺服状态到现实的需求状态，城市发展需要提升科技创新能力即科技、知识的外化与物化能力，其中，将科技、知识转化为企业产品是其核心，而人才与教育是作用于其间的关联因素，即通过高层次人才的创造性实践和生产，将科技转化为创新产品，进而促进城市发展。

1. 加大配套文化政策支撑力度

在城市文化建设方面，科教与人才优势转化为发展优势的过程中，应以提升城市文化内涵和品位为中心，消除不利于提升文化企业科技力和创新力、不利于科研成果实践转化和不利于文化产业人才教育培养的制度性障碍等，进而推进资源转化的效率。同时增强政府对文化科技发展的服务功能，促进形成多层次的区域文化科技创新网络以及区域创新文化和创新氛围。

2. 围绕人才需求深化教育改革

高校要根据城市文化建设的需要调整专业、课程设置和研究方向，不仅提升高层次人才的科研创新能力，还要提高解决实践问题的能力，为社会培养出高素质的人才，提升科教源头创新能力。文化企业也要借助高校的教育资源优势，建立人才培训制度，培养和锻炼出懂技术、善经营、会管理、具有创新意识的企业家、技术带头人以及具有专业技术知识和市场开拓能力的销售人才群体、创新创业团队。

3. 实施差异化的创新战略

根据城市文化产业发展的基础，对接文化产业的产业链布局创新链，根据创新能力的差异和文化发展的需要，处理好原始创新、集成创新和引进消化吸收再创新的关系。努力挖掘传统地域文化精髓，借鉴和吸收其他文化的有益成分，构建具有城市特色的创新文化，形成具有城市特色和人文亲和力的创新环境。努力培育龙头骨干文化企业、积极引进大型跨国文化公司、激励中小型民营文化企业创新，强化文化企业在科技创新体系中的主体地位与作用。通过开发区、工业园区和创新创业基地等的建设推进产生产业集群、形成产业聚集优势效应，积极打造创新高地，形成文化科技创新体系的空间格局，推动特色产业和产业集群得到快速发展。

4. 促进校企城互动格局

推进培育文化科创产业，助推校企城互促发展。高校、企业、市政府可以协同组建各级文化科技推广应用中心、文化科技开发园区、文化工程研究院所、文化科技创业基地等组织，鼓励科技人员将科研成果进行转化、孵化、推广和应用。文化企业可以通过吸纳高校高层次人才建立、壮大自己的科技创新中心，政府实施专门高级人才吸引战略，用优惠的政策、优厚的待遇吸引各类优秀人才。通过这些措施助推校企城互促发展，建立一支高素质的、强大的文化科技转化推广专家团队，形成智库，进而推进城市文化建设。

5. 丰富科研资金筹措渠道

资金缺口大是文化产业化过程中的一个突出问题，尤其表现在科技研发成本上，现代高新技术的研究和创新具有高投入、高风险、高收益的突出特点。因此，丰富科研资金筹措渠道，走政产学研相结合的道路是解决资金问题的重要渠道。政府、高校、企业三方共同投入，实行利益分享、风险共担，既解决资金投入问题，又解决高端专门人才缺乏问题，最终实现共赢。企业需要逐年提高文化科研创新投入的比例，政府对高新技术产业实行税收优惠政策，建立财政支持体系，高校转变人事制度，解放高层次人才的生产力等，以此促进文化科技成果转化为生产力，促进城市文化建设。

6. 充分挖掘高校人才资源优势

人才资源是第一资源，把城市文化资源与技术市场结合起来靠的是文化人才。近年来，我国高校通过自行创办、与社会机构或企业合作创办科技企业以及直接出售科研成果等途径转化科技成果，形成了独具特色的中国高校科技产业。当前中国高等教育已经进入大众化的发展阶段，在新时代里，为了更好地提高我国高等教育的培养质量和水平，政府做出了建设"双一流"高校的重大决策，而"双一流"建设有赖于高校科技创新能力和社会服务能力的提高，坚定不移地促进高校科技产业化工作，推进高校科研成果的转化和应用，不仅是推动中国高校自身改革与发展的战略重点，也是适应社会发展的必然要求。

虽然现阶段在科教资源、人才资源转化为城市文化建设发展优势过程中仍然存在一些矛盾，但只要政府、高校和科研院所、文化企业等能明确职能和角色，通力合作，协同创新，那么城市文化建设的发展必然未来可期。要以合作共赢为目的，为文化科技人才营造良好的空间和环境，创造激励文化科研创新转化应用、尊重文化科研创新人才的良好氛围，造就一支高素质的文化科技队伍，进而加快促进科技成果的实践转化。

四、生态环境型城市文化建设

生态环境型城市文化建设的主要动力来自城市的生态环境、人与自然和谐相处的文化优势，类型的显著特点在于城市拥有优良的生态环境和丰富的自然资源、历史文化资源，生态与经济社会的协调发展将引领城市文化的建设和发展。

（一）典型特征

绿水青山就是金山银山，生态环境保护工作的成效直接影响城市建设的成色，良好的生态环境是一座城市最普惠的公共产品和人民福祉，更是促进绿色发展与转方式、调结构紧密结合的基础保障。"绿色"是城市发展的底色，优良的生态环境和丰富的自然人文资源，为城市可持续协调发展提供绝佳的生态优势。习近平总书记指出："生态兴则文明兴，生态衰则文明衰。"生态环境型城市文化建设通过坚持可持续资源开发和生态保护相互促进，通过培育系统的生态文化，不断提升城市生态文明水平，促进生产方式向绿色发展、循环发展和低碳发展，最终形成人与自然、人与人、人与社会和谐发展的生态文化及生态文明，在过程中遵循良性循环、全面发展和可持续繁荣的基本宗旨。尤其是在党的十八大将生态文明建设纳入中国特色社会主义事业"五位一体"总体布局，贯穿于经济建设、政治建设、文化建设和社会建设全过程的各个方面。

西班牙的巴塞罗那有着得天独厚的自然生态条件，气候宜人、风光旖旎、古迹遍布，素有"伊比利亚半岛的明珠"之称，是西班牙最著名的旅游胜地。其拥有数量众多、特色鲜明的公园，包括 12 座历史主题公园、5 座植物主题公园、45 座市区公园和 6 座森林公园，城市内部布满绿色空间，面向大海，阳光充沛。同时巴塞罗那积极践行涵盖能源替代、运输管理和绿色建筑等内容的新绿色城市运行计划，取得了"欧洲使用太阳能电池板密度最高的城市""垃圾分类率高达60%"等成绩。

奥地利的维也纳不仅是享誉全球的"音乐之都"，更凭借图画一般的自然景色——森林、草地、河流、湖泊被评为"全球最宜居的城市"。维也纳整座城市的发展皆以环保统领，从1999年开始推行"气候保护计划"，人均二氧化碳年排放量达到全欧洲最低，在2006年为5.9吨；"城市供暖和制冷计划""维也纳生态购买计划""绿色出行计划"等从城市供暖和制冷、鼓励环境友好型企业发展、高效绿色的交通网络等方面，为市民提供了优良的生态环境保障和舒适的生活环境。

日本的奈良是新时代人与野生动物和谐相处的典范城市。据调查，2016年共有约1455头鹿生活在奈良公园里，其中公鹿400头、母鹿826头、小鹿229头。这些鹿都是野生动物，不仅出现在草地和树林里，而且在热闹的道路、商业街及人流密集区均有出现，它们不惧怕人类，与人类成为最好的朋友。在保护野生鹿工作方面，奈良考虑细致，不仅设有专门保护鹿的"奈良鹿爱护会"，还在城市设施的方方面面体现对鹿的关怀，如有关鹿的交通标志、特制的鹿饼干、公园零垃圾桶等。

由此可见，生态环境促进城市文化建设的主要途径是坚持资源开发和生态保护相互促进，实现绿色发展、循环发展、低碳发展，进而形成人与自然和谐共处、生态与经济和社会协调发展的生态文化。

（二）建设思路

在追求经济效益的大环境下，部分城市对自然资源的开发强度过大，生态环境破坏严重，新的地质灾害隐患不断出现，还有的城市对自然资源综合利用水平低，高耗能、高污染、高排放项目低水平重复建设，接续替代产业发展滞后。资源过度消耗、环境保护缺位等导致资源开发与经济社会发展、生态环境保护之间不平衡、不协调的矛盾突出。推进生态环境型城市文化建设就是要把生态文明建设放在突出的地位，以生态开发和保护为起点，从城市生态经济系统优化战略出发，融入可持续发展工作全过程。

1. 创新生态文化管理体制

城市的文化建设和发展离不开政府政策的正确引导，生态文化管理体制创新，就是要建立符合可持续发展原则的、适应经济社会发展客观需要的生态保护管理制度。比如，综合决策机制、公民参与机制、调控监管机制、资源性产品价格形成机制、环境污染防治机制等，通过制度管理，加大保护生态环境的力度，规范资源开发行为，严格准入条件，引导资源规模化、集约化开发，提高资源节约和综合利用水平，扶持接续替代产业发展，建立生态保护新秩序，实现资源开发与城市发展的良性互动，更加科学地利用自然为人类的生活和经济社会发展服务。

2. 加强生态文化宣传教育

保护环境既关系广大人民的切身利益，又关系中华民族的长远发展。因此，需要构建生命共同体理念，建立对自然生态系统及其构成元素的整体性保护治理思维。同时，加大对生态文化建设的宣传力度，利用融媒体渠道，使市民认识生态文化的内涵，了解生态文化建设的要求，让市民意识到环境对人的影响，真正认识到生态文明建设的重要性。同时积极开展绿色社区、绿色学校、绿色工业园等的创建活动，使公众树立生态保护、能源节约、环境优化、消费简约等生态意识，公众生态意识的形成是生态文化的重要体现。通过引导群众养成文明的生活习惯、推行低碳绿色的生活方式，从根源上减少污染源，将生态建成一种文明。另外也要科学利用生态资源，让群众充分享受到生态文明建设的成果。

3. 开发循环利用资源

注重资源开发和生态建设的协调共进，实现良性循环。生态建设是生态文化发展的物质基础和经济前提，因此在开发利用自然资源时，要统筹资源开发与生态保护，努力增强资源保障能力和生产能力，优化开发布局，形成集约高效的资源开发格局和生态建设，进而形成和谐发展的生态文化。作为一种有效的经济增长方式，发展循环经济是实现可持续发展的重要途径。循环经济以提高资源利用率为核心，通过调整结构、技术进步和加强管理等措施，大幅度减少资源消耗、降低废物排放、提高劳动生产率，实现资源的节约、综合利用和清洁生产。因此，鼓励企业循环式生产，促进资源循环利用，形成能源资源节约型的经济增长方式和消费方式，保护生态环境，促进经济社会可持续发展。

4. 发展绿色生态产业

生态资源如森林、湖泊、草原等多数是自然资源，也有如城市绿化、公园绿地等建设产生的。对于天然的生态资源，要认真保护、合理开发、科学使用；对于人造的生态资源，要悉心维护、精心养护、加强管护。因此，城市发展需要加大应用科技创新成果的力度，以创新的思路保护和建设生态，依托产业基础，发挥城市资源比较优势，大力发展和扶持绿色生态和接续替代产业，增强科技创新能力，积极推进新型工业化和产业优化升级，提升企业生产力和竞争力。

5. 加强生态景观建设

通过环境治理和生态保护进行生态景观建设，将生态文明成果转化成生态旅游的景点，以旅游产生的经济效益反哺生态文明建设。同时加大生态项目的实施，拓宽生态文明建设融资渠道，拓展生态文明建设途径和主体。

6. 挖掘精神文化资源

适应时代需求，大力宣传生态城市创业历程中涌现的模范人物事迹和人物无私奉献、艰苦奋斗、改革创新的精神，开展群众性精神文明创建活动，倡导敬业诚信、勤劳致富、团结友善的社会风尚，为城市可持续发展注入源源不竭的精神动力。

促进生态环境型城市文化建设，对于维护国家能源资源安全、推动新型工业化、建设资源节约和环境友好型社会具有重要意义。目前，我国对城市的可持续发展提出了新的要求，迫切需要统筹规划、协调推进，把城市建设成经济繁荣、环境优美、生态良好的美好家园。这既是市民的共同愿望，也是新时代人民义不容辞的责任。

五、综合型城市文化建设

综合型城市文化建设的动力比较多元，无论是城市的经济发展、历史渊源还是文化资源、教育科研等都有较好的基础，发展较为均衡。综合型城市文化建设的显著特点在于城市有着较为丰富和完善的城市文化体系。

（一）典型特征

综合型城市一般指在经济、文化、政治和社会层面综合发展且综合实力和竞争力较强的城市。国际上以全球城市或者世界级城市作为综合型城市的统领，在中国社会科学院财经战略研究院与联合国人居署合作的报告《全球城市竞争力报告（2019—2020）：跨入城市的世界300年变局》中，纽约、伦敦、东京、北京、巴黎五座城市被评选为全球城市。在经济全球化、政治多极化、社会信息化和文化多元化的新时代，综合型城市是世界城市网络体系中的组织结点，其对全球经济和政治文化的发展具有较强的控制力和影响力，具有经济发展水平和质量高、产业结构日益高端化、对全球资本具有控制能力、国际经济交往能力强等基本特征。综合型城市文化建设则立足强大的经济发展实力和国际影响力，对自身丰富的文化资源及文化资本进行系统的开发。城市本身就是某一类文化的代名词，且在世界范围内独一无二。

纽约是美国第一大城市及第一大港口，纽约都市圈为世界上最大的城市圈之一，与英国伦敦、中国香港并称为"纽伦港"。纽约与伦敦并列为全世界顶级的国际大都市。2018 年 11 月，纽约被 GaWC 评为 Alpha＋＋级世界一线城市，直接影响全球的经济、金融、媒体、政治、教育、娱乐与时尚界。巴黎是法国的首都和最大城市，也是法国的政治、经济、文化和商业中心，世界五个国际大都市之一，并被 GaWC 评为 Alpha＋级世界一线城市。巴黎建都已有 1400 多年的历史，它不仅是法国的也是西欧的政治、经济和文化中心。伦敦是大不列颠及北爱尔兰联合王国的首都，欧洲第一大城和最大经济中心，是全球最富裕、经济最发达、商业最繁荣、生活水平最高的城市之一，在政治、经济、文化、教育、科技、金融、商业、体育、传媒、时尚等各方面影响着全世界，是全球化的典范。东京，是面向东京湾的国际大都市，日本三大都市圈之一——东京都市圈的中心城市，不仅为世界商业金融、流行文化与时尚重镇，亦为世界经济发展度与富裕程度最高的都市之一，拥有全球最复杂、最密集且运输流量最高的铁道运输系统和通勤车站群，为世界经济富裕及商业活动发达的城市之一。

（二）建设思路

城市文化建设的最终目的就是要打造城市文化体系，城市文化体系是一个立体、综合、复杂的系统，既包括城市物质文化，也包括城市精神文化。城市的物质文化主要是指城市文化的物质载体，如城市标志性建筑、文化基础设施、博物馆、文化馆等，一般属于表层的可视化的城市文化表现。城市的精神文化主要包括市民的思想观念、心理状态、价值观等，以及由此形成的城市精神、市民行为规范等，都属于深层的抽象化的城市文化内涵。因此，城市文化体系的建设是内外结合、物质文化与精神文化两手抓的过程。

1. 规划城市景象

城市景象是城市文化最显性、最直观的物质载体，能充分体现和反映城市文化的内容。在现代化城市的景象设计中，既要注意保护城市原有的文化景观尤其是历史文化景观，不能一味地追求城市现代化而将原有的城市文化资源进行破坏，同时，又要与时俱进，注意突出城市自身的特色，充分凸显城市的文化特点，反映城市人文精神，避免造成城市景象趋于同一化。在城市建筑的设计和城市规划方面，不仅在普通的建筑设计中要体现反映城市风貌，还应该注重修建能够高度反映城市文化内涵和品位的标志性建筑、地标性建筑等。

2. 塑造城市形象

城市形象的塑造不仅来源于城市景象，更来自城市人民的性格品格以及城市特色文化。在城市形象建设中，除了塑造城市文化标志性建筑物外，还可以设立城市形象代言人，或者树立能突出和集中体现城市的人文与历史文化特点的城市文化品牌等，从而建立起城市的文化形象。比如京派与海派、岭南文化、中原文化等。

3. 营造文化环境

文化对于推动城市发展发挥着重要的作用，只有文化内涵深厚、不断创新开拓、发展潜力强大的城市才是魅力无限、活力无穷的城市。在规划城市景象、塑造城市形象的同时，政府还要注重营造积极健康的文化环境和氛围，通过开展有效的文化活动，激发公众参与城市文化建设的热情、主人翁意识和积极性，充分发挥其主观能动性，提升市民素质，使之成为城市文化的践行者，形成共同的城市文化价值观。并通过加强城市文化产业和文化产品的建设和发展，提高文化服务能力，为市民提供文化建设成果共享的渠道，进而推动城市政治、经济、文化良性互动及协调发展。

4. 打造城市精神

城市精神是一座城市的灵魂，也是市民文明素养、道德理想的综合反映，以及人民生活信念与人生境界的高度升华。作为一种意志品格与文化特色，城市精神也是市民认同的精神价值与共同追求。打造城市精神先要培养市民对城市的认同感，通过文化宣传、文化建设、文化活动、文化景观等加深公众对城市文化的了解，对城市生活行为、积极向上的生活态度形成共同认知，进而提高市民对城市文化的认同度、归属感，并形成公众共同的价值观。这样才能提炼符合城市自身特点的城市精神，为城市全方位发展提供精神动力，推动城市的现代化进程。

5. 加强文化治理

文化渗透在城市的经济、政治、市政、环境、治安等各方面的建设中，因此文化治理是系统性、综合性的治理，也是需要政府、市场、企业、社会组织、市民等多元主体协同进行的治理。同时，文化治理不仅是工具性的治理方式，更是一种思维方式，文化治理观念体现了未来城市的整体发展观。因此，文化治理在现代城市发展中具有战略地位，是城市建设转型的重要推手和普遍趋势，需要从战略的高度给予综合全面的考虑。加强文化治理需要建设城市优秀传统文化的传承体系，推动城市优秀传统文化创造性转化和创新性发展；需要提升政府基本公共文化服务能力，为市民提供便捷高效、开放公平的现代公共文化服务；需要全面提升城市文化产业的质量和效益，建立健全现代文化市场体系，推动文化产业成为城市经济发展的支柱性产业。

中国城市文化建设已经越来越受重视，但并不是每个城市文化建设都有好的资源和基础，从城市层面看，沿海中心城市和省会城市是文化发展的先锋，更多的城市需要有一个文化建设和发展的助推器，因此举办国内外大型活动、申办历史文化名城、举办国际艺术节文化节等，都成为城市文化建设和发展的契机。此外，公共文化服务、人口与经济规模、文化传播力等在城市文化建设中都是关键因素，对城市文化发展具有较大的促进作用。

新时代，我国城市文化发展的主要方向是，重视大城市群的引领作用，缩小城市间文化发展不平衡程度，重视城市优秀传统文化的传承与创新。各城市在推进城市文化建设时，不仅要有满腔的热情，还要有理性的认识，有对文化发展规律的科学把握，需要科学地分析形势，准确定位，科学规划，合理布局，才能把我国城市文化发展推向一个更高的阶段。

第三节　文化建设让城市涅槃焕新

城市更新并非简单的空间调整或者形象更新、口号更新等浅层符号的改变，而是把城市作为有机生命的整体从容貌、血肉、肌体、灵魂等层面进行系统的更新和完善，而其中最重要最深层次的更新则是从文化角度进行的灵魂层面的更新。新时代里，城市文化具有重要的战略地位，是推动城市经济发展和社会进步的内在动力，也是开展城市更新的主要途径。中国城市文化建设需要根植于本地历史与现实，打造传统与现代兼容的城市个性文化，进而促进中国经济发展和社会进步。

一、更新理念，再塑"肌体"

新时代城市的文化发展应该有新的理念和方法，当下中国大部分城市都在通过培育城市文化精神等城市文化建设措施，达到进一步坚定文化自信、增强城市文化感召力的建设目标。

（一）更新城市文化建设底色

城市文化既包含城市物质文化和财富，又包含城市精神文化和财富，城市文化建设也涵盖了城市物质和精神的全方位建设，是城市发展的原动力。新时代的城市发展，需要树立文化是无形资产的理念，同时还需要意识到文化竞争力是城市核心竞争力和软实力的重要组成部分，文化的发展可以优化、升级城市的产业结构，文化的繁荣可以带动现代服务业等领域的进步和发展。随着生态文明建设的大力推进，未来城市也将向着绿色的方向发展，在城市更新的过程中也将重构城市生态系统，并形成一系列以"绿色"为目标的价值判断体系，这必然影响到城市文化建设的方方面面，因此需要更新建立城市文化建设的"绿色"理念，在统一提高认识水平的基础上，推动文化产业和文化事业的更新发展。

（二）挖掘传承城市传统历史文化的新价值

任何一座城市都是在特定的自然环境、人文历史、风土人情等条件下形成的，有区别于其他城市的文化个性特征。因此要保持城市的历史文化风貌，在挖掘、弘扬城市历史文化的基础上，把厚重的历史文化、地域文化与现代文明和时代精神紧密结合起来，弘扬优秀传统文化中的仁爱之心、正义之气、礼仪之规、智谋之力、诚信之品的同时，熔古铸今，挖掘城市传统历史文化中的新时代价值，使城市文化建设理念的更新有源头活水，提升城市文化内涵和生命力。

（三）培育城市文化精神

培育城市文化精神是彰显城市个性的需要，也是城市科学发展新战略的需要。政府通过开展征集城市精神活动，大力宣传，展开讨论，形成培育和弘扬城市精神和文化的浓厚氛围，同时加强市民教育，深化文明单位、文明村镇、文明机关、文明行业等群众性文明创建活动，广泛开展交通、环保、禁烟等公共文明引导行动，推动中华民族传统美德的不断巩固发展，传承现代文明，大力培育和践行社会主义核心价值观，全面增强群众文明道德素养、文明责任意识，提高市民素质，激励公众共同参与提炼和实践城市精神文化，进而将积极向上的文化精神、文化品格转化为推动城市改革发展的强大精神支撑。

（四）加强城市文化建设宣传

在新闻媒体、网络论坛等传播媒介上开办城市历史文化、特色文化等宣传栏目，扩大城市宣传的深度和广度；策划组织一些高层次的经济、文化交流和学术研讨活动；拍摄城市历史文化名人和地域风情的宣传片，尤其是在互联网新媒体技术和影像技术兴盛的时代，城市形象宣传片已然构成了城市形象对外传播的重要方面，一部优秀的城市文化宣传片好比一座城市文化的对外"展板"，能迅速提升城市知名度和美誉度，使城市真正成为传承文明的标杆、培育文明的沃土、践行文明的高地。

二、更新品牌，再塑"新颜"

（一）盘活"文化家底"

打造文化品牌的首要任务是认真考察城市文化发展的资源，包括城市的历史传统、自然地域等，分析、研究城市文化资源优势、当前文化产业状况等，清楚城市文化发展的优势与劣势，着力挖掘具有地域特色和国际影响力的历史文化、历史名人资源，从而制定城市文化发展战略，及相应的发展战略规划，有历史文脉，加上区域承载，丰富产品内涵，配上时尚样貌，精准对接市场需求，才能让品牌拥有强大的生命力支撑。历史文化是一座城市的灵魂，只有盘活"文化家底"，把城市一些呆滞的资产增值，才能打造"爆款活动"文化品牌，让城市焕发个性文化魅力，提升城市文化人气，增强城市文化亲和力。

（二）塑造"产地＋产品"的凝练特色文化系列品牌

城市文化既包括城市的基础设施，如建筑、环境、标识等物质文化层面的反映，也包括城市的管理、道德法制的规范和建设、历史文化等制度文化层面对人的引导和保障，还包括市民的道德修养、精神风貌、性格气质等人文文化层面所营造的氛围。因此城市文化品牌的构成是一个立体的物质与精神的结合体，也是彰显城市独特风格和精神的系列名片。在城市文化建设升级的背景下，需要深度开掘和精准发展文化资源，尤其是提炼区域内独特的资源，塑造凝炼成特色文化"产地＋产品"的系列品牌，凝练成特色文化系列，形成具有核心竞争的城市名片。

（三）营销城市文化形象

在新时代城市文化建设中，要运用多元手段，营销城市文化形象。不仅要把城市历史文化元素贯彻运用好，让街道、道路、建筑房屋都成为展示深厚历史文化的窗口，还要注重历史资源与现代文化的结合，既精心保护好历史文化遗产，又遵循现代城市建设的规律，在传承与创新中焕发新的光芒，让城市建设富有特色又与时俱进。同时加强国际城市传播和文化交流，也让传统文化融入文明交流互鉴，才能彰显城市开放的风采。另外，要注重人文与自然相结合，既突出人文之厚重，又突出生态之秀美，坚持以文化人，推动城市综合文化实力出新出彩，持续打造城市形象品牌，推动并凸显城市文化品质。

发动城市市民代言。市民一般是最了解城市的历史、文化和发展的人群，也是最热爱城市的人群，因此能够更直观、更生动、更准确地表达城市之美。在城市文化品牌的策划、建设、传播以及管理过程中，市民的参与不可或缺。而让市民成为品牌的塑造者、参与者和拥有者能激发市民的创造力和主动性。在行动中，市民们往往会自觉自愿地用全部的热情去推广城市文化品牌，也会发自内心地期望城市文化建设得越来越好。

三、更新产业，再塑"动能"

中国文化产业发展迅速，不仅有力地推动了国民经济增长，促进了文化消费的跃升，丰富了人民群众的精神生活，而且推动了中国文化产品和服务在国际市场上崭露头角。中国影视作品在海外获得高票房，网络游戏在海外持续"圈粉"，甚至带动城市成为"网红城市"。这些作品以网络化、市场化以及线上线下结合等方式，呈现了中国新时代文化年轻、时尚、活力的新面貌。随着互联网、物联网、大数据、云计算等科技的发展，基于互联网和移动互联网的新兴文化业态如数字内容、视频直播等已成为文化产业发展的新动能和新增长点。

文化产业的持续发展，有赖于政策的保驾护航，国家需要从财政、税收、科技、金融等方面持续为文化产业发展释放政策红利。推动城市综合文化实力出新出彩，必须坚持以文兴业，推进文化体制改革创新试验区建设，优化提升文化产业的布局和体系，大力发展文化产业的新兴业态和新的产业模式，深化文化产业融合发展。

文化企业是现代文化产业体系的核心，为增强企业活力，需要积极推进文化领域的深度改革，做大做强骨干文化企业，激励中小企业快速发展，推动文化企业在坚持正确导向、履行社会责任中不断发展做大做强；推动文化企业以资本为纽带，跨地区、跨行业，甚至跨国家并购重组，打造主业突出、创意丰富、核心竞争力强的文化企业集团，谋划构建"产业育城平台"。同时进一步推动跨界融合，持续促进"文化＋旅游""文化＋体育""文化＋科技"等的"联姻"，强强联合，形成特色文化产业链，带动行业投资，强化文化产业竞争力，推动文化产业实力强起来。

四、更新服务，再塑"智慧"

文化源自生活，扎根于人民。推动文化发展、文明建设，必须以人民为依托，以群众为主体，为群众做好服务。

明确城市文化服务定位，将文化服务落实于百姓生活之中，坚持以文惠民的目标，注重城市文化设施建设规划，加快推进博物馆、美术馆、文化馆、科学馆、体育馆等公共文化服务设施建设，推动"绿色社区""新文化社区""智慧社区""特色街区"等的建设，建好用好管好新时代文明实践中心，办好群众性文化惠民活动，推动文化服务质量强起来。通过广泛宣传发动，热情主动服务，赢得群众对城市文明建设的充分理解和认可，调动各行各业、普通居民、志愿者、中小学生等参与文明建设的主动性、积极性、踊跃性，营造城市文明建设的良好氛围，推动文明建设共创共建共享。

加快打造文化服务平台，以多元、亲和的文化体系，构建综合文化服务支撑，满足市民群众日益增长的文化消费需求。面向群众、面向市场，是文化产业的一大特征，也是发展文化事业的落脚点。在文化事业的规划和具体建设中要体现人民至上，让文化服务走进百姓日常生活，强化文化公共服务辐射力，推动文化服务质量强起来。

城市文化建设、城市文明塑造均不是一时心血来潮能完成的，需要时间的沉淀和积累，也需要一代代人不懈奋斗、持续努力、久久为功。在城市规划、改造、建设和升级中，只有充分尊重城市历史，与时俱进地丰富城市文化现代化内涵，提升城市文化品位，真正用文化为城市立魂，城市文化才能可持续发展，城市才能富有特色、鲜活生动、熠熠生辉，市民生活才能越来越好。

参考文献

［1］Bourdieu, Pierre. Distinction：A social critique of thejudgement of taste ［M］. Translated by Richard Nice. Cambridge, MA：Harvard Univ. Press, 1984.

［2］Bourdieu, Pierre. The forms of capital ［M］// John G. Richardson. Handbook of theory and research for the sociology of education. New York：Greenwood, 1986.

［3］Charles Landry. Lineages of the creative city ［M］. Netherlands Architecture Institute, 2005.

［4］Landry, C. The creativecity：A toolkit for urban innovators ［M］. London：Earth – scan Publications, 2000.

［5］JacquesBesner, 张播. 总体规划或是一种控制方法？——蒙特利尔城市地下空间开发案例 ［J］. 国际城市规划, 2007（6）：16 – 20.

［6］陈少峰. 城市文化建设的几个视角 ［J］. 文化月刊（下旬刊）, 2013（2）：12 – 15.

［7］创意之城 设计之都 ［J］. 上海经济, 2011（11）：19 – 20, 6.

［8］崔雪芹. 科学家评估新冠肺炎暴发 50 天中国传播控制效果 ［N］. 中国科学报, 2020 – 04 – 01.

［9］单霁翔. 关于"城市"、"文化"与"城市文化"的思考 ［J］. 文艺研究, 2007（5）：35 – 46.

［10］丁凡, 伍江. 城市更新相关概念的演进及在当今的现实意义 ［J］. 城市规划学刊, 2017（6）：87 – 95.

［11］董建华, 汪小琦, 舒建英. 从"城市中建公园"到"公园中建城市"——四川成都公园城市国土空间总体规划的探索 ［J］. 资源导刊, 2021（4）：56 – 57.

［12］董鉴泓. 中国城市建设史 ［M］. 北京：中国建筑工业出版社, 2004.

［13］方励伟. 伯明翰 千业之城, 专注求恒创新 ［J］. 产城, 2018（5）：70 – 73.

［14］傅才武, 严星柔. 论武汉"英雄城市"的文化性格及未来表达 ［J］. 江汉论坛,

2020（8）：5-14.

［15］高志春．我国古代城市发展及经济特征——以唐宋为例［J］．商讯，2020（5）：12.

［16］郭潇潇．影响中国古代城市布局的因素［J］．艺术与设计（理论版），2018，2（3）：39-41.

［17］国家发展改革委．关于培育发展现代化都市圈的指导意见［ER/OL］．（2019-02-21）［2021-05-01］．http：//www. gov. cn/xinwen/2019-02/21/content_5367465. htm.

［18］胡之冠．南昌城市形象在政务新媒体的传播策略探析［J］．新闻传播，2019（4）：68-69.

［19］首店经济升级商贸，"九省通衢"重塑流通．武汉力争2025年物流总额达5.5万亿元：重现"货到汉口活"［N/OL］．（2021-03-04）［2021-05-01］ht-tps：//epaper. hubeidaily. net/pc/content/202103/04/content_84809. html.

［20］黄永林，侯顺．湖北地方特色文化与文化产业融合存在的问题与对策研究［J］．理论月刊，2013（4）：5-13.

［21］贾硕．国内外城市更新经验及启示［J］．城市管理与科技，2021，22（3）：52-54.

［22］蒋栩根．短视频时代个体叙事视角下的武汉城市形象建构——以自媒体"二更更武汉"短视频为例［J］．科教导刊（中旬刊），2019（8）：160-161.

［23］交通运输部．关于做好《国家综合立体交通网规划纲要》学习宣传贯彻工作的通知［EB/OL］．（2021-03-05）［2021-05-01］．https：//xxgk. mot. gov. cn/2020/jigou/zcyjs/202107/t20210708_3611459. html.

［24］凯文·林奇．城市意象［M］．方益萍，何晓军，译．北京：华夏出版社，2001.

［25］李勤，胡炘，刘怡君．历史老城区保护传承规划设计［M］．北京：冶金工业出版社，2019.

［26］李任．武汉非物质文化遗产传承与发展研究［D］．武汉：华中师范大学，2015.

［27］李瑶，马丽．成都公园城市建设的现状调查及其发展路径［J］．资源与人居环境，2021（4）：15-18.

［28］刘琰．中国现代理想城市的构建与探索［J］．城市发展研究，2013，20（11）：41-48.

［29］刘瑶．日本动漫产业的发展历程、驱动因素及现实困境［J］．现代日本经济，2016（1）：63-75.

［30］刘易斯·芒福德．城市文化［M］．宋俊岭，李翔宁，周鸣浩，译．北京：中国建筑工业出版社，2009.

［31］莫智勇．中国城市形象传播力研究［D］．武汉：武汉大学，2013．

［32］曲如晓，曾燕萍．国外文化资本研究综述［J］．国外社会科学，2016（2）：100－108．

［33］人民日报评论合集：新时代，我们的好时代［EB/OL］．（2012－12－11）［2021－05－01］．https：//mp. weixin. qq. com/s/j5ocuYcfkIAT4npTNL1QCw．

［34］沈宇轩．城市更新背景下城市意象的保留和传承［J］．上海城市管理，2021，30（3）：91－96．

［35］孙诗萌．浅论中国古代城市规划的"三个传统"［J］．城市规划，2021，45（1）：20－29．

［36］谭玉连．我国城市文化建设过程中政府角色的类型及制衡途径［J］．传承，2015（3）：90－93．

［37］汪国胜，赵爱武．从地域文化看武汉方言［J］．汉语学报，2016（4）：59－70．

［38］王刚．街道的句法［D］．武汉：华中科技大学，2008．

［39］王琬惠．基于文化建设的城市品牌形象系统研究［D］．北京：北京印刷学院，2020．

［40］文卓妍，李骆琪，张茜，等．日本动漫产业的优势及对江苏动漫产业发展的启示［J］．产业科技创新，2020，2（6）：10－12．

［41］吴丽云．产业链视角下的文化与旅游产业融合发展模式及路径研究［J］．泰山学院学报，2016，38（6）：12－16．

［42］武汉市人民政府．武汉市文化发展"十三五"规划［EB/OL］．（2016－12－31）［2021－05－01］．http：//www. wuhan. gov. cn/zwgk/xxgk/ghjh/zzqgh/202003/t20200316_970577. shtml．

［43］武汉市统计局．文化事业繁荣兴盛 文化产业快速发展——新中国成立70周年武汉经济社会发展成就系列报告之十五［EB/OL］．（2019－07－25）［2021－05－01］．http：//tjj. wuhan. gov. cn/tjfw/tjfx/202001/t20200115_840966. shtml．

［44］武汉市文化和旅游局．湖北武汉五项举措大力发展文化事业［EB/OL］．（2019－08－26）［2021－05－01］https：//www. mct. gov. cn/whzx/qgwhxxlb/hb_7730/201908/t20190826_845878. htm．

［45］武汉市文化和旅游局．市文化和旅游局关于印发《2020年全市文化和旅游工作要点》的通知［EB/OL］．（2020－05－06）［2021－05－01］．http：//wlj. wuhan. gov. cn/zfxxgk/fdzdgknr/ghxx/202008/t20200827_1437311. shtml．

［46］习近平．决胜全面建成小康社会 夺取新时代中国特色社会主义伟大胜利——在中国共产党第十九次全国代表大会上的报告［R/OL］．（2017－10－27）［2021－

05 – 01］. http：//www. gov. cn/zhuanti/2017 – 10/27/content_5234876. htm.

［47］习近平. 在湖北省考察新冠肺炎疫情防控工作时的讲话［J］. 中国工运，2020
 （5）：19 – 22.

［48］习近平. 在纪念马克思诞辰200周年大会上的讲话［J］. 实践（思想理论版），
 2018（6）：5 – 10.

［49］项松林，孙悦. 习近平人文城市理念论析［J］. 武汉科技大学学报（社会科学
 版），2021，23（4）：367 – 372.

［50］徐镱菱. 美国城市公园文化探析——以纽约中央公园为例［J］. 连云港职业技术
 学院学报，2018，31（4）：53 – 57.

［51］徐永健，阎小培. 城市地下空间利用的成功实例——加拿大蒙特尔市地下城的
 规划与建设［J］. 城市问题，2000（6）：56 – 58.

［52］闫晋波. "山水城市"理念与当前城市建设实践案例刍议［J］. 城市发展研究，
 2020，27（10）：1 – 5，13.

［53］严若谷，周素红，闫小培. 城市更新之研究［J］. 地理科学进展，2011，30
 （8）：947 – 955.

［54］杨晓兰. 伯明翰：城市更新和产业转型的经验及启示［J］. 中国城市经济，2008
 （11）：38 – 41.

［55］叶欣明. 荆楚革命文化对辛亥首义的影响述略［J］. 湖北经济学院学报（人文
 社会科学版），2018，15（5）：21 – 23.

［56］伊利尔·沙里宁. 城市：它的发展、衰败与未来［M］. 顾启源，译. 北京：中
 国建筑工业出版社，1986.

［57］余秋雨. 文化：精神价值、生活方式和集体人格［EB/OL］.（2013 – 04 – 23）
 ［2020 – 05 – 01］. http：//www. chinawriter. com. cn/news/2013/2013 – 04 – 23/
 160602. html.

［58］禹建湘，汪妍. 基于文化场景理论的我国城市文化创新路径探究［J］. 城市学
 刊，2020，41（2）：23 – 29.

［59］袁北星. 近代汉口商业都会的形成与汉派文化的发展［J］. 江汉论坛，2013
 （7）：133 – 136.

［60］杨超. 基于文化资本理论的城市文化空间再生产研究［D］. 成都：西南交通大
 学，2015.

［61］詹一虹，曹福然. 英国工业遗产开发的经验及启示［J］. 学习与实践，2018
 （8）：134 – 140.

［62］詹一虹，程小敏. 全球创意城市网络"美食之都"：国际标准与本土化实践

［J］．华中师范大学学报（人文社会科学版），2016，55（6）：76－86．

［63］张灿灿．我国古代城市居住区演变特征研究［J］．美与时代（城市版），2019（10）：34－35．

［64］张冬月．城市形象建构的媒体议程设置研究——以长沙为例［J］．今传媒，2019，27（10）：48－49．

［65］张广海，孙春兰．文化旅游产业融合及产业链构建［J］．经济研究导刊，2012（12）：152－154．

［66］张晓欢．从六个层面推进新时代文化建设［N］．中国经济时报，2018－09－21（005）．

［67］张宇．自然资本多元价值的识别与测度——以武汉市东湖风景区为例［D］．武汉：华中科技大学，2016．

［68］打造新枢纽重塑"货到汉口活"［EB/OL］．（2021－01－30）［2021－05－01］http：//www. wuhan. gov. cn/sy/whyw/202101/t20210130_1621902. shtml．

［69］关于制定国民经济和社会发展第十四个五年规划和二　三五年远景目标的建［ER/OL］．（2020－11－03）［2021－05－01］．http：//www. gov. cn/zhengce/2020－11/03/content_5556991. htm．

［70］中共中央宣传部．习近平新时代中国特色社会主义思想学习问答［M］．北京：学习出版社，人民出版社，2021．

［71］武汉公共文化建设纪实：让文化融入城市发展和市民生活［EB/OL］．（2016－10－13）［2021－05－01］．http：//www. wenming. cn/syjj/dfcz/hb_1679/201610/t20161013_3814561. shtml．

［72］朱伟珏．"资本"的一种非经济学解读——布迪厄"文化资本"概念［J］．社会科学，2005（6）：117－123．

后　记

　　城市对城市人类发展有多重要？世界上超过一半的人口居住在城市里，每天与居住的城市同呼吸共命运。预计到 2030 年，全球将有 41 个常住人口过千万的超大城市。而大范围快速的城市化，加剧了城市所面临的挑战，如紧张的公共空间、难解的贫困问题、复杂的环境变化等。在城市化进程中，失业、社会不平等、暴力等现象也在增多。

　　文化对城市发展有多重要？世界各地的城市建设必须走上可持续发展之路才能应对上述挑战，而文化在城市可持续发展的过程中拥有不可小觑的力量。文化是一座城市的灵魂象征，城市文化建设有助于城市的繁荣发展并享有幸福生活的未来。在增强城市吸引力、激发城市创造力和培养可持续发展能力方面，文化是关键；在帮助人们阅读历史痕迹、保护集体记忆、了解传统对日常生活的重要性方面，文化是关键；在追求经济快速发展的同时享受美好、和谐方面，文化是关键。如果说可持续发展目标以经济、社会和环境为三大支柱目标，那么文化和创造力则为每个支柱做出重要贡献。

　　中国特色社会主义进入新时代，我们国家实现了从"赶上时代"到"引领时代"的伟大跨越，在中华人民共和国发展史上、中华民族发展史上具有重大意义，在世界社会主义发展史上、人类社会发展史上也具有重大意义。这意味着中华民族迎来了从站起来、富起来到强起来的伟大飞跃，迎来了实现中华民族伟大复兴的光明前景，验证了中国特色社会主义道路、理论、制度和文化的强大生机活力。在经济建设、政治建设、文化建设、社会建设和生态文明建设的"五位一体"格局中，中国在新时代要不断提出新的中国智慧和中国方案，尤其是文化建设中的城市文化建设方案。

而武汉市作为湖北省省会、国家中心城市、长江经济带核心城市和国际化大都市，在世界城市建设中有着独特的"武汉模式"，在应对新冠肺炎疫情的过程中也被公认为"英雄城市"。在新时代，武汉致力于打造全国经济中心、国家科技创新中心、国家商贸物流中心、国际交往中心和区域金融中心，以"创新引领的全球城市，江风湖韵的美丽武汉"为城市发展愿景，兼顾建设更具竞争力的"硬实力"和可持续发展的"软实力"，在打造创新城市、枢纽城市、安全韧性城市、世界滨水文化名城和健康宜居城市中不遗余力地奋力砥砺前进。笔者为深度剖析武汉城市文化建设的经验，对武汉市文化产业发展的智慧和文化事业的建设密码进行系统研究，特撰写本书，为世界城市文化建设提供有益的参考。

由于本书立足武汉文化建设实践，聚焦现实发展经验和国内外优秀案例，前期投入大量精力开展调研、访谈工作。因此除主要著书作者外，要感谢吴天勇部长，在拟定书稿框架方面给予了许多宝贵的指导；要感谢刘玉堂教授，在完善书稿大纲时提出关键性修改建议；要感谢我的博士后孙志鹏，对完善、丰富文稿提出颇有新意的想法；要感谢我的博士生陈鹤在第一章和第四章前期写作时给予的帮助以及硕士生王逸思、董天和鲁佳艺在第四章的资料搜集和整理方面付出的努力。此外，本书参阅了业界专家和学者的相关著作及文章，借鉴引用了一些颇有见地的观点，谨向相关专家、学者及同行表达诚挚的感谢！希望本书能为城市文化建设及发展提供有益的思考，因作者时间、经历有限，本书存在不足之处，请广大读者和专家指正。

詹一虹

2021 年于武昌桂子山